Hermann Hüffer

Die Politik der deutschen Mächte im Revolutionskriege

bis zum Abschluss des Friedens von Campo Formio

Hermann Hüffer

Die Politik der deutschen Mächte im Revolutionskriege
bis zum Abschluss des Friedens von Campo Formio

ISBN/EAN: 9783744694797

Hergestellt in Europa, USA, Kanada, Australien, Japan

Cover: Foto ©Suzi / pixelio.de

Weitere Bücher finden Sie auf **www.hansebooks.com**

Die Politik

der

deutschen Mächte im Revolutionskriege

bis zum

Abschluß des Friedens von Campo Formio

von

Hermann Hüffer.

~~~~~~~~~~~~~

Zugleich als Erwiederung auf Heinrich v. Sybels Ergänzungsheft
zur Geschichte der Revolutionszeit.

Münster.

Druck und Verlag der Aschendorff'schen Buchhandlung.

1869.

Vorwort.

I.

Im vergangenen Jahre wurde ein Buch über diplomatische Verhandlungen der Revolutionszeit, insbesondere über die Stellung Oestreichs und Preußens gegenüber der französischen Republik von mir veröffentlicht. Die Mittheilung mancher vordem unbekannter Urkunden, hoffte ich, könne einiges Interesse gewinnen, und der Geist der Darstellung sich vielleicht geeignet zeigen, die in unserem Vaterlande und in unserer Geschichtschreibung bestehenden Gegensätze zu Gunsten einer unbefangenen, für alle Parteien gerechten und billigen Auffassung wenigstens zu mildern.

Jetzt, da der Erfolg des Buches sich annähernd beurtheilen läßt, darf ich glauben, daß meine Hoffnung nicht ganz unerfüllt geblieben sei. Aus verschiedenen Theilen Deutschlands wie aus fremden Ländern, von Fachgenossen und ferner Stehenden, im brieflichen Verkehr und in öffentlichen Blättern sind mir so viele Zeichen der Anerkennung und Theilnahme zugekommen, daß ich nicht ohne Freude und Dankbarkeit mich ihrer erinnern kann.

Damit nichts fehle, ist denn auch ein Gegner hervorgetreten. Herr Professor Heinrich v. Sybel hat in der „historischen Zeitschrift" (XIX, 447 fg.) und beinahe gleichzeitig in einem umfänglichen Werke: „Oestreich und Deutschland im Revolutionskriege" [1]) mein Buch einer ausführlichen und eingehenden Prü-

---

[1]) Als „Ergänzungsheft zur Geschichte der Revolutionszeit von 1789 bis 1795" gedruckt, XIV, 184, LVII Seiten 8°, Düsseldorf 1868.

1

fung unterzogen. Eine Aeußerung von seiner Seite kam mir
eben so wenig unerwartet als unerwünscht. Ich hatte mich
für verpflichtet gehalten, die „Geschichte der Revolutionszeit"
nicht unberücksichtigt zu lassen; ich hatte die bedeutenden Eigenschaften dieses Werkes und Alles, was ich ihm verdanke,
ich darf wohl sagen, mit Vorliebe in's Licht gestellt, zugleich
aber auch die Fälle nicht verschweigen dürfen, in welchen mir
eine abweichende Meinung als die richtige erschien. Durch
eine Erwiederung des Herrn v. Sybel, durfte man erwarten,
werde die Wahrheit wie die Wissenschaft nur gewinnen können.

Leider ist diese Erwartung durch die Art, wie Herr v. Sybel
seine Aufgabe erfaßte, der Erfüllung nicht genähert worden.
Sein Buch ist augenscheinlich unter dem Eindrucke einer lebhaften geistigen Erregung geschrieben, welche zwar den raschen
Fluß und den vernehmlichen Klang der Rede, aber seltener die
Schärfe und Sicherheit des Urtheils zu fördern pflegt, und sogar der Treue des Gedächtnisses mitunter Abbruch thut. Statt
meine Ansichten zu widerlegen, hat es ihm nur zu oft gefallen,
mir ganz fremde, ja Ansichten, gegen die ich ausdrücklich mich
verwahrt hatte, zuzuschieben, statt meines Buches hat er vielmehr
meine Person zum Zielpunct seiner Angriffe genommen. Wollte
ich in dieser Art und in demselben Tone erwidern, so würde
wohl die Zahl unerfreulicher Zänkereien, aber schwerlich die Zufriedenheit meiner Leser gesteigert werden; auch brauche ich nicht
zu versichern, daß dergleichen von meiner Seite nicht zu besorgen steht.

Herr v. Sybel scheint selbst zu empfinden, daß seine Art,
den Streit zu führen, etwas Bedenkliches in sich trage. Vielleicht
deshalb erachtet er für räthlich, zuerst gegen mich den Vorwurf zu erheben, „ich habe die Linie, welche wissenschaftliche
Discussion und feindselige Polemik scheidet, überschritten" (S.
VIII). Er nimmt es übel auf, wenn ich bemerkte: nicht leicht
werde Jemand in Abrede stellen, daß auch die „Geschichte der
Revolutionszeit" für die Ausscheidung Oestreichs aus dem deutschen Staatenverbande habe wirken sollen und wirksam gewor-

den sei. Auf's Entschiedenste versichert er, dies sei nicht der Fall, und findet schließlich, daß ich die „Anklage auf leichtfertige und böswillige Entstellung des historischen Thatbestandes in Folge willkürlicher Parteitendenz" gegen ihn erhebe. Wenn Herr v. Sybel bei mir die Meinung voraussetzt, daß seine politischen Ansichten auf seine Darstellung von Einfluß, und von zu großem Einfluß gewesen seien, so kann ich ihm nicht Unrecht geben; sollten die Irrthümer, welche ich in seinem Buche nicht übergehen durfte, den Wunsch erregen, er möchte bei Darlegung des historischen Thatbestandes mit etwas größerer Sorgfalt zu Werke gegangen sein, so würde ich mich auch darüber nicht wundern; auf das Entschiedenste muß ich aber verneinen, daß ich ihm oder sogar Häusser eine böswillige, also absichtliche Entstellung Schuld gegeben hätte. Herr v. Sybel selbst hat nicht den geringsten Anhaltspunkt dafür erweisen können. Ob der Ton meines Buches feindselig ist, mögen die Leser entscheiden; von den zahlreichen Beurtheilungen, die mir bisher vor Augen kamen, haben mehr als die Hälfte besonders hervorgehoben, daß gerade die polemischen Stellen rein sachlich gehalten, von persönlicher Bitterkeit — die auch schlechterdings nicht vorhanden war — durchaus frei geblieben seien. Auch mein Gegner klagt sonderbarer Weise nicht sowohl über die Schärfe und Heftigkeit, als über die „glatte und glimpfliche Form", die „milde und höfliche Ueberlegenheit" meiner Polemik, eine Beschwerde, welche ich nur dadurch zu erklären weiß, daß ihm die eindringlichere Wirkung einer ruhig begründenden Erörterung vor leidenschaftlich persönlichen Anschuldigungen nicht entgangen ist. Mich wundert nur, daß er in seiner letzten Schrift dieser richtigen Erkenntniß nicht etwas größeren Einfluß zugestehen wollte.

Herr v. Sybel selbst hat in einer oft genannten Rede [1]) „die Verarbeitung des Stoffes nach politischen und sittlichen Prinzipien für die höchste Aufgabe des Historikers" erklärt. Sonder-

---

[1]) Ueber die neueren Darstellungen der deutschen Kaiserzeit. München 1859, S. 10.

bar, daß er nun gleichwohl den Einfluß seiner politischen An=
sichten auf seine Darstellung mit solcher Heftigkeit so weit, und
viel weiter als nöthig zurückweist. Sollte dies nicht in der
psychologischen Wahrnehmung seine Erklärung finden, daß Je=
mand immer da, wo er seine Schwächen fühlt, am empfindlich=
sten ist? Denn an sich ist jener Einfluß nicht einmal als etwas
Tadelnswerthes anzusehen; es ist beinahe unmöglich, daß irgend
ein Historiker, auch wenn er wollte, sich völlig ihm entziehen
könnte. Schädlich wird er erst dann, wenn er den Schriftsteller
verleitet, von den Ereignissen unbewußt und unwillkürlich ein
Bild zu entwerfen, das mehr seinen Wünschen als der Wahrheit
der Thatsachen entspricht. Aber selbst in einem Vorwurfe dieser
Art liegt noch keine Beleidigung, am wenigsten ein Angriff ge=
gen die Moral des Schriftstellers; dieser läge erst in der Be=
hauptung, daß absichtlich und gegen besseres Wissen eine Ent=
stellung vorgenommen sei. Allein ich wiederhole: eine solche
Behauptung habe ich in Bezug auf die „Geschichte der Revolu=
tionszeit" nicht im Sinne gehabt und noch weniger ausgesprochen.

Dies folgt schon daraus, daß die von Herrn v. Sybel ge=
rügten Worte meiner Vorrede sich nicht allein auf ihn, sondern
gerade so wohl auf Häusser bezogen. Nun giebt es nicht viele
deutsche Historiker, die ich mehr als Häusser verehrte, wenige,
denen ich mehr als ihm zu danken hätte; ich habe dies mit den
unzweideutigsten Worten an zahlreichen Stellen meines Buches
ausgesprochen. Wie sollte es mir in den Sinn gekommen sein,
gegen einen solchen Mann den Vorwurf absichtlicher Entstellung,
den ärgsten, der dem Historiker gemacht werden kann, zu erhe=
ben? Herr v. Sybel freilich hat andere Gesinnung in mei=
nem Buche bemerken wollen. Er tadelt, daß ich Häusser nicht
die gebührende Achtung erwiesen habe; ich „setze mich gleich=
müthig über ihn in die überlegene Stellung des weisen und ge=
rechten Richters" (S. VIII), und „schlimmer als alles sei das Lob,
das mit absprechender Milde gelegentlich über ihn verhängt
werde." Sonderbar, daß auch hier wieder die Ansicht des Herrn
v. Sybel sehr gewichtigen Urtheilen geradezu entgegensteht. Ei=
ner unserer ersten Historiker, einer der vertrautesten Freunde

Häusser's — ich will seinen Namen nicht in diese unerfreulichen Streitigkeiten verflechten — schreibt mir wörtlich: „Es thut mir leid, daß Häusser das Erscheinen Ihres Buches nicht mehr erlebt hat; er würde der erste gewesen sein, demselben mannigfache Förderung zu entnehmen. Die Art, wie Sie seinem Werke haben Gerechtigkeit widerfahren lassen, hat mir besonders wohlgethan." Einer von Häusser's nächstverbundenen Schülern, Professor Kluckhohn, hat in der Biographie seines Lehrers als Beweis für die Gediegenheit und Sorgfalt der Häusserschen Arbeiten aus meinem Buche gerade die Stellen abdrucken lassen[1]), welche Herr v. Sybel als „unpassende, tactlose und unbescheidene" mir am heftigsten zum Vorwurfe macht. Aber freilich, wie ist auch Herr v. Sybel mit diesen Stellen umgegangen: „Von Häusser's Werke", heißt es gleich in der Vorrede (S. IX), „wird einmal bei Hüffer gesagt: im Uebrigen mache ich die Erfahrung, daß dies Buch bei längerem Studium an Werthe eher gewinnt als verliert. Gerade da ich jetzt . . . nach längerer Zeit, und nachdem ich selber das Berliner Archiv benutzen konnte, die ersten Bände wieder durchgehe, finde ich, daß sie meistens diese Probe recht wohl ertragen." „Häusser", setzt Herr v. Sybel hinzu, „erträgt diese Probe, daß Hüffer seine Bände wieder durchgeht, recht wohl! Ist es möglich, sich passender, tactvoller, bescheidener auszudrücken?" Ich weiß nicht, ob nicht manche Leser des Herrn v. Sybel diese Stelle in seinem Sinne beurtheilen, aber was werden diejenigen sagen, welche sich trotz der mangelnden Seitenzahl die Mühe nicht verdrießen lassen, die aus dem Zusammenhange gerissenen Worte in meinem Buche aufzusuchen? Ich nenne zu Anfang des Abschnittes über die Präliminarien von Leoben Häusser's deutsche Geschichte von alten Büchern, welche mit jener Zeit sich beschäftigen, das gründlichste und brauchbarste, besonders seitdem es in der dritten Auflage durch die umfassende Benutzung des Preußischen Staatsarchivs an Werthe wesentlich gewonnen habe. Wer diese Worte im Gedächtniß behält, kann über den Sinn jener

---

[1]) Preußische Jahrbücher, Juni 1868, S. 628.

späteren Stelle keinen Augenblick im Zweifel bleiben. Nicht
darin liegt die von Häusser bestandene Probe, daß ich seine
Bände noch einmal durchgegangen bin — was für eine Probe
wäre das? — sondern darin, daß ich nach ihm das preußische
Archiv benutzen und dadurch, wie es später (S. 292 fg.) gesche=
hen ist, die Richtigkeit und Genauigkeit seiner archivalischen
Forschungen bestätigen konnte. Diese Probe ist offenbar die
stärkste, die ein auf archivalischem Material beruhendes Buch
bestehen kann; anstellen kann sie jeder, der zu denselben Ar=
chivalien den Zutritt erhält und zu lesen und zu vergleichen
sich die Mühe giebt. Wo anders liegt also das Tactlose und
Unbescheidene meiner Worte, als in der Mißdeutung, die sie
durch Herrn v. Sybel erleiden müssen?

Und dies ist nicht die einzige Stelle, mit welcher er in sol=
cher Weise verfahren ist. Als ich seine Schrift zum ersten Male
las, hatte ich gar nicht das Gefühl, daß sie gegen mich gerichtet
sei, so völlig verschieden fühlte ich mich von dem Autor, welchem
er meinen Namen beilegt, und dessen Ungeheuerlichkeiten er mit
anerkennenswerther Fertigkeit in ihr Nichts zurückweist. Am
liebsten hätte ich kein Wort erwidert, und würde es noch jetzt
für überflüssig halten, wenn Allen, welche die Schrift des Herrn
v. Sybel lesen, mein Buch zur Hand oder noch vollständig im
Gedächtnisse wäre. Da sich aber schwerlich darauf rechnen läßt,
und vielleicht nur wenige Leser Zeit und Geduld finden, beide
Bücher beständig mit einander zu vergleichen, so könnte doch die
Zuversicht der Sybel'schen Behauptungen bei Manchen eine ir=
rige Ansicht hervorrufen, und so habe ich mich entschlossen, die
folgenden Blätter nicht zu unterdrücken.

II.

Zuerst bestreitet Herr v. Sybel mir überhaupt das Recht,
in den vorliegenden Fragen eine Meinung abzugeben. Gleich
im Eingange (S. VI) nennt er mich einen „Professor des
Kirchenrechts"; „eine genaue und methodische Bildung in der
Jurisprudenz will er zwar bereitwillig mir zugestehen, aber auch

dicie", meint er (S. XI), „schlage mir auf dem neuen Gebiete übel aus, weil ich diplomatische Actenstücke wie Paragraphen kanonischer Gesetze interpretire." Wiederholt geht er darauf zurück, daß ich als Professor des Kirchenrechts gar nicht die Befugniß habe, über historische Dinge ein Urtheil abzugeben. Hier wäre doch zunächst zu fragen: Kommt es darauf an, wer ein Buch geschrieben hat, oder darauf, was darin steht? Sollen wir den Zunftgeist, den wir aus den Gewerbegesetzen glücklich ausgetrieben, in die Wissenschaft mit sieben andern bösen Geistern wieder zurückrufen, und darf, wer es versucht, die Freiheit der Wissenschaft noch auf seine Fahne schreiben? Ferner ist zu bemerken, daß ich gar nicht Professor des Kirchenrechts bin, sondern diesen Titel nur der Bereitwilligkeit des Herrn v. Sybel verdanke, dem er, ich sage nicht für welche anderen Zwecke noch, geeignet scheinen mochte. Herr v. Sybel weiß recht wohl, daß ich nicht zu den ordentlichen, sondern zu den außerordentlichen Mitgliedern der juristischen Facultät in Bonn gehöre, und ohne Anweisung für ein bestimmtes Fach eben so wohl mit Vorlesungen über Staatsrecht als über Kirchenrecht mich beschäftige. Daß aber ein Docent des Staatsrechts über die Staatsverträge von Basel, Leoben und Campoformio eine Meinung zu äußern nicht berechtigt sei, scheint selbst Herrn v. Sybel nicht vollkommen einzuleuchten; so entschloß er sich, die Anklage der Competenzüberschreitung und des Einbruchs in seine Domäne durch die Creirung eines neuen Titels zu begründen. Wer den Lauf meiner Studien nur einigermaßen verfolgen will, findet auch, daß sie von Anfang an eben so sehr einen historischen als juristischen Charakter trugen. Schlimm genug für den Juristen und vielleicht noch schlimmer für den Historifer, wenn er den Werth, ja die Nothwendigkeit, juristische Kenntnisse mit geschichtlichen zu verbinden, nicht begreift! Ein großer Theil meiner literarischen Arbeiten, sowohl der juristischen als der historischen, hat zudem gerade die Einwirkung der französischen Revolution auf Deutschland zum Gegenstande. Ich darf glauben, selbst nach dem strengsten Codex der Sybel'schen Zunftgesetze würde ein unbefangener Richter immer noch sich dahin aussprechen, daß nicht leicht Jemand durch frühere Studien entschiedener als ich auf eine Aufgabe hingewiesen war, wie ich sie in meinem letzten Buche mir gestellt habe.

Sie zu bewältigen konnte ich, mir scheint, nicht mit Unrecht als einen Vortheil betrachten, daß ich Actenstücke aus den Archiven aller drei betheiligten Hauptmächte benutzen durfte, während Herr v. Vivenot auf das östreichische, Häusser für die wesentlichsten Fragen auf das preußische, Herr v. Sybel auf dies letztere und unvollständige Excerpte aus dem französischen und dem englischen Archiv beschränkt war. Ich erkannte nur zu wohl, wie viel mir bei alle dem zu untersuchen übrig blieb. Eben deshalb nannte ich mein Buch (S. 16) nicht eine Geschichte, sondern „Studien", nicht über alle, sondern über einzelne „diplomatische Verhandlungen der Revolutionszeit". Vollständigkeit ist dabei für jetzt überhaupt nicht zu erreichen; man muß sich bescheiden, einen nach dem andern die Bausteine herbeizuführen, aus denen dereinst ein Ganzes entstehen mag. Ob meine Ergebnisse der Mittheilung werth gewesen, darüber steht mir ein Urtheil nicht zu; das Urtheil Anderer ist, soweit ich bis jetzt sehe, nicht zu meinen Ungunsten ausgefallen, wie denn auch der größere Theil, insbesondere die zweite Hälfte meines Buches, beinahe ausschließlich auf vordem unbekannten oder unzureichend benutzten wichtigen Correspondenzen beruht. Für Herrn v. Sybel kam es darauf an, meiner Arbeit diesen Vorzug abzusprechen, und man muß gestehen: an Zuversicht hat es seinen Behauptungen nicht gefehlt.

Meine „Wiener Actenkenntniß," sagt er (S. X), „beschränke sich genau auf die beiden Friedensschlüsse von Leoben und Campoformio, eine einzige Unterhandlung also, April bis October 1797; Alles, aber auch alles Andere habe ich unbeachtet liegen lassen." Dies ist zunächst thatsächlich unbegründet. Die Nachrichten über Zwanziger vom September 1796, über den Briefwechsel Thuguts mit Degelmann, Clarke's mit Thugut und Alvinzi (1796 und Anfang 1797), woher sind sie denn geschöpft? Wie konnte Herr v. Sybel die gesammte Reichstagscorrespondenz zwischen Thugut, dem Fürsten Colloredo und dem kaiser-

lichen Concommiſſar Freiherrn v. Hügel in Regensburg aus dem
Jahre 1797 überſehen, welche ich zuerſt benußt und ſehr häufig
angeführt habe? Auch die „ruſſiſche Correſpondenz" habe ich am
allerwenigſten, wie Herr v. Sybel mir vorwirft, unbeachtet lie=
gen laſſen, ſondern mehrere wichtige Noten Thuguts, wie die
vom 9. und 30. April, 12. Juni 1797, welche auf beſonderen
Wunſch mir zur Einſicht geſtattet waren, mitgetheilt, und mehr=
mals dem Bedauern, daß nicht die ganze Folge mir bekannt
geworden, Ausdruck gegeben. Man berückſichtige aber Eins.
Ich war vor vier Jahren der erſte Fremde, dem der Einblick
in irgend welche Correſpondenzen des öſtreichiſchen Archivs aus
der Revolutionszeit geſtattet wurde. Schon dies mußte ich bei
den damals ſtrengen Vorſchriften für eine ungewöhnlich große
Gunſt erkennen, die gleich anfangs durch zu weit gehende For=
derungen in Anſpruch zu nehmen, eine natürliche Beſcheidenheit
zu verbieten ſchien.

„Nicht einmal für die vier [den Präliminarien] vorausge=
henden Jahre", alſo 1793—1796, fährt Herr v. Sybel fort,
„hat Hüffer ein Blatt im Wiener Archive betrachtet, ſondern ſich
gewiſſenhaft auf die von Häuſſer, Vivenot, Wißleben und mir
gemachten Mittheilungen beſchränkt." Daß dieſe Angabe in Bezug
auf das Wiener Archiv unrichtig ſei, habe ich eben gezeigt, aber
noch überraſchender iſt die Folgerung, welche Herr v. Sybel
daraus zieht: „ich habe alſo nicht das geringſte Material zuſam=
mengebracht, welches nicht auch ihm bei der letzten Auflage ſei=
nes Buches vorgelegen hätte." Denn die Unterhandlungen des
Directoriums durch Theremin, Poterat, Zwanziger, Clarke, alles
dieſes habe ich, ſowie Clarke's geheime Sendung nach Florenz,
ſeine Verhandlungen mit Gherardini in Turin aus den Pa=
riſer und Wiener Archiven zuerſt mitgetheilt oder wenigſtens
zu genauerer Kenntniß gebracht. Aber noch mehr: für die Jahre
1794 und 1795 konnte ich den Briefwechſel Barthelemy's mit
dem Wohlfahrtsausſchuß, ferner mit dem Directorium und dem
Miniſter Delacroix benußen. In die wichtigſten Bände dieſer
Correſpondenz hat Herr v. Sybel, obgleich er ſeit ſo vielen
Jahren ſich der Benußung der franzöſiſchen Archive rühmt und

schon drei Auflagen einer Revolutionsgeschichte herausgegeben
hat, bis in den Sommer 1867 noch keinen Blick geworfen [1]),
gerade durch mich hat er damals von ihrer Existenz auf dem
Ministerium des Auswärtigen die erste Nachricht erhalten.

Und nun das Berliner Archiv! Herr v. Sybel sagt (S. X
und Zeitschrift S. 447) „ich habe es noch einmal durchmustert",
aber auf die von ihm und Häusser mitgetheilten Materialien
mich beschränkt und „hier, wie in Wien, die Petersburger
Correspondenz zu studiren mir erspart". Jeder, welcher meine
und Häusser's Darstellung der Verhandlungen von 1796 und
1797 gelesen hat, mag entscheiden, ob hier eine Beschränkung
auf Mittheilungen Anderer vorliegt oder eine neue Bearbeitung, welche den Werth des archivalischen Materials erst deutlich erkennen läßt. Wenn ich die Petersburger Correspondenz
nicht im Einzelnen benutzte, so hatte ich dafür den guten
Grund, daß ich die Verhandlungen zwischen Preußen und den
Ostmächten gar nicht im Einzelnen mittheilen wollte, daß ich
die bereits vorliegende Bearbeitung des Herrn v. Sybel für
zuverlässiger halten durfte, als mir nach späteren Erfahrungen

---

[1]) Dies ist übrigens nicht das einzige Beispiel von dem Unterschiede zwischen den gerühmten und den thatsächlichen archivalischen Untersuchungen
des Herrn von Sybel. Ernst Herrmann bemerkt in einer Nachschrift
zu seinen Correspondenzen aus der Revolutionszeit S. 670: „Um das
von mir gegen ihn geltend gemachte, sehr wichtige Argument, daß ihm
die Elgin'schen Originaldepeschen total unbekannt geblieben, zu entkräf-
ten, nahm Sybel die Miene an, als sei meine Behauptung seiner un-
vollständigen Quellenkenntniß keine begründete (histor. Zeitschr. X, 411),
während doch Jeder, der die Registratur des Londoner State Paper
Office einzusehen Gelegenheit hat, sich davon überzeugen kann, daß Sybel überhaupt nur eine sehr beschränkte Erlaubniß zur Benutzung desselben erhalten, von der er übrigens nur mittelbar Gebrauch gemacht, und
die sich namentlich gar nicht auf das Jahr 1794, um das
es sich handelt, erstreckt hat. ——— Gegen (meine Benutzung der
Ewart'schen Depeschen) beruft er sich auf die Acten des Berliner geheimen Staatsarchivs, hat aber die Beschämung erfahren müssen, daß
gerade durch die ihm entgangenen Acten eben dieses Archivs die allein richtige Auffassung sich herausgestellt hat."

gestattet ist, und daß man den wesentlichsten Inhalt zudem schon aus Lucchesini's Briefwechsel kennen lernt.

Ich muß fürchten, den Leser zu ermüden, wenn ich Behauptungen, die wohl einzig einer übergroßen Erregtheit ihren Ursprung verdanken, im Ernste zu widerlegen suche. Nur Weniges sei als besonders charakteristisch noch erwähnt. Wenn ich sage (S. 185): Ich sei ein abschließendes Urtheil über Thugut auszusprechen nicht im Stande, weil meine Untersuchungen — das heißt, wie Niemand bezweifeln konnte, meine archivalischen Untersuchungen — den letzten Theil seiner Wirksamkeit noch nicht umfassen, so macht Herr v. Sybel daraus (S. X), ich „habe die Jahre 1798—1800 überhaupt noch nicht studirt und bekenne selbst die Unvollständigkeit meines Wissens an mehreren Stellen meines Buches wie eine ganz harmlose Sache." Es versteht sich, daß ich Alles, was von englischen Correspondenzen gedruckt mir zugänglich war, also den Briefwechsel des Lord Malmesbury, des Lord Auckland nicht außer Acht lassen durfte, insbesondere habe ich den Briefwechsel des Herzogs von Buckingham mit seinen politischen Freunden häufig benutzt, auch wörtlich angeführt (S. 85). Dies hält aber Herrn v. Sybel nicht ab, in seiner Zeitschrift (S. 150) zu behaupten, daß „diese ganze Correspondenz mir unbekannt geblieben sei."

Während mein Buch gedruckt wurde, hatte Ernst Herrmann, wie den Lesern erinnerlich sein wird, die Güte, mir unaufgefordert, ganz unerwartet, Abschriften aus dem englischen Archive mitzutheilen. Ich mußte es als besonders glücklichen Zufall betrachten, daß ich gerade bei der letzten Correctur des 21. Bogens die Urkunde, deren Nichtkenntniß ich auf eben diesem Bogen beklagt hatte, noch erhielt und mit Hülfe derselben ein nicht unbedeutendes Ereigniß wesentlich richtiger darstellen konnte. Den Inhalt der übrigen Urkunden, die sich auf den früheren Bogen nicht mehr verwerthen ließen, theilte ich im Auszuge am Schlusse mit. Herr v. Sybel macht daraus folgende Erzählung, die ich, so gerne ich ihm diese Beschämung ersparte, meinen Lesern nicht vorenthalten darf. „Als Hüffers Buch beinahe fertig war", schreibt er (S. X), „ist ihm der Gedanke gekommen, daß es vielleicht nicht übel wäre, die Materialien des englischen Archives zu Rathe zu ziehen; diese Documente machen die erheblichsten Puncte seiner Erörterung einfach zu Nichte" — man wird sehen, daß sie vollkommen damit übereinstimmen — „ihn sicht das nicht an; er findet: was ich geschrieben habe, habe ich geschrieben, und begnügt sich, damit seinem Buche auch der englische Schmuck nicht fehle, einige Notizen daraus in einem Nachtrage unterzubringen, an welchem entlegenen Orte ihr Inhalt hoffentlich seiner Argumentation keinen weitern Schaden thun wird."

Das Merkwürdigste bleibt aber Folgendes: Derselbe Herr v. Sybel, welcher behauptet, ich habe mich bei Benutzung des Berliner Archivs auf die von ihm und Häußer bereits mitgetheilten Materialien beschränkt, hat es doch nicht verschmäht, von der wichtigsten Quelle für die Beziehungen zwischen Preußen und Frankreich gerade durch meine Vermittlung sich genaue Kenntniß zu verschaffen. Ich selbst habe dem Herrn von Sybel im December 1866 auf sein Ersuchen meine umfangreichen Excerpte aus des Freiherrn v. Sandoz-Rollin Correspondenz vom November 1795 bis zum December 1797, das heißt aus sieben der stärksten Foliobände, noch ehe ich selbst sie benutzen konnte, zur Verfügung gestellt. Wenn ich seinen Versicherungen aus jener Zeit glauben darf, so ist meine Arbeit nicht ohne Nutzen für ihn gewesen. Jedenfalls muß sie also doch Einiges enthalten haben, was weder von ihm noch von Häußer aus Berliner Archivalien früher mitgetheilt war.

Ich brauche nicht zu sagen, mit wie großem Widerstreben ich persönliche Beziehungen berühre, und Dienstleistungen, die ich am liebsten am nächsten Tage vergessen hätte, dem Empfänger wieder in's Gedächtniß rufen muß. Leider werde ich durch Herrn v. Sybel gezwungen, der sich nicht gescheut hat, auch diese persönlichen Angelegenheiten in den Kreis der Erörterung zu ziehen und zum Angriff gegen mich zu benutzen. „Er habe", sagt er (S. VI), „während der Ausarbeitung meines Buches vielfach mit mir verkehrt, mehrmals die Differenzpunkte unserer

Auffaſſung eingehend mit mir verhandelt, von mir archivaliſche
Ercerpte empfangen und ſeinerſeits mir literariſche und
archivaliſche Notizen geliefert. Erſt mein Buch habe ihm
zu ſeinem Leidweſen die Fortſetzung dieſer Beziehungen unmöglich gemacht.“ Das Wahre darin iſt Folgendes. Seit dem
Sommer 1866 bis heute habe ich Herrn v. Sybel etwa acht-
bis zehnmal geſprochen, über meine Arbeiten ihm bereitwillig
Aufſchluß gegeben, die Punkte genannt, in denen meine Auffaſſung von der ſeinigen abweiche, und nicht verhehlt, daß ich
ſie in meinem Buche zu entwickeln beabſichtige. Ich habe ihm
die erwähnten Auszüge der Sandoz'ſchen Correspondenz auf
ſein Erſuchen mitgetheilt, auch zuweilen Bücher ihm zum Gebrauch überlaſſen und von ihm erhalten. Daß ich aber literariſche oder archivaliſche Notizen bekommen hätte, iſt mir durchaus nicht bewußt. Schriftlich — wie man doch nach Herrn v.
Sybel's Ausſage erwarten müßte — habe ich ſicher keinen einzigen Buchſtaben erhalten, und wenn im mündlichen Verkehr
zwiſchen uns von Archiven Rede geweſen iſt, ſo erinnere ich
mich doch keiner Mittheilung, die mir für mein Buch auch nur
von dem allergeringſten Nutzen geweſen wäre. Ich will damit
nicht ſagen, daß er mir nicht Einiges würde mitgetheilt haben,
wenn ich ihn darum erſucht hätte; und ich hätte ihn, nachdem er von mir angenommen, erſuchen können; aber ich
wollte nicht, ich wollte ihm Nichts verdanken, bis ich vorerſt
mich verſichert' hätte, daß er mein Buch nicht in anderem Sinne
auffaſſen würde, als es geſchrieben war. Um über dieſen Sinn
keinen Zweifel zu laſſen, hatte ich — — aber wozu noch den
Leſer mit dieſen Richtigkeiten behelligen? Herr v. Sybel wird
zuverläſſig keine Feindſeligkeit darin finden, wenn ich hier ab-
breche. Ich ſage nur: ſo deutlich, als irgend möglich, glaube
ich gezeigt zu haben, daß ich einen wiſſenſchaftlichen Gegenſatz
in keiner Weiſe zu einem perſönlichen machen wollte.

III.

Einen persönlichen Gegensatz hervorzurufen hat gleichwohl dem Herrn v. Sybel räthlich geschienen, und von seinem Verfahren dabei kann man schon aus dem, was hier gesagt wurde, sich eine Vorstellung machen. Wie er den Kreis meiner Kenntnisse und Untersuchungen nach seiner Willkür bestimmte, so schreibt er mir auch gerade die Gesinnungen zu, welche ihm die bequemsten sind, völlig unbekümmert, ob ich sie ausgesprochen oder nicht ausgesprochen, oder sogar ausdrücklich zurückgewiesen habe. Es ist Aufgabe der folgenden Blätter, dies im Einzelnen darzulegen. Nur zwei Punkte hebe ich gleich hervor, weil sie die wichtigsten sind und die Grundzüge meiner Auffassung so wie den Charakter der Sybel'schen Polemik deutlich erkennen lassen.

Ich schrieb mein Buch mit dem Bestreben, unabhängig von den Neigungen und Gegensätzen unserer Tage ausschließlich die historische Wahrheit und Gerechtigkeit für die Bildung meines Urtheils maßgebend zu machen. Dieses Streben spricht, wenn ich nicht irre, aus jeder Seite, und so war ich in der That zu Ergebnissen gelangt, die den Wortführern keiner der beiden Parteien, welche in unserer Geschichtschreibung sich gegenüber stehen, durchaus behagen konnten. Bis in die neueste Zeit war auf die historische Darstellung der Revolutionszeit der politische Standpunkt der Geschichtschreiber von entschiedenem, ja entscheidendem Einfluß gewesen. Für die eine Seite galt der Basler Friede als der schwärzeste Verrath, der Preußen für immer unfähig mache, die Führung deutscher Angelegenheiten zu übernehmen, auf der andern Seite, besonders in der Darstellung des Herrn v. Sybel, sollte Oestreichs neidische und treulose Politik beinahe an allen Uebeln, selbst an dem Basler Frieden vornehmlich Schuld tragen, wonach denn ebenfalls die Nutzanwendung nicht ausbleiben konnte. Im Gegensatz dazu hob ich hervor, daß zunächst eine so weitgehende Einwirkung der politischen Parteiansichten auf die Darstellung

historischer Thatsachen für unsere Geschichte und, insofern die
Geschichte zu den werthvollsten Gütern einer Nation gehört, für
unser Vaterland selbst zum Nachtheil geworden sei, daß aber in
jenen älteren Verhältnissen die Entscheidung der neueren poli=
tischen Fragen sich gar nicht finden lasse (S. 11, 123). Nicht
die größere oder geringere Moralität der leitenden Staatsmän=
ner, sondern im Wesentlichen das politische Interesse der Staa=
ten sei es, was ihre Politik bestimme; aus dem verschiede=
nen Interesse müsse auch das verschiedene Verhalten Oestreichs
und Preußens gegenüber der Reichsverfassung erklärt werden.
Ich wies nach, daß Oestreich trotz der gelockerten Bande dieser
Verfassung noch immer nicht unbedeutende Vortheile daraus zog,
also schon deshalb nicht, wie Herr von Sybel annimmt, bei ih=
rem Untergang ganz gleichgültig bleiben konnte. Preußen dagegen
mußte nach seiner ganzen Entwicklung die Institutionen des Reichs
mehr als Hemmniß denn als Förderung empfinden. Gleich=
wohl blieb es, wie ich deutlicher als irgend Jemand gezeigt
habe, für die Erhaltung derselben nicht unthätig; selbst nach
dem Basler Frieden setzte es alle diplomatischen Mittel zu die=
sem Zwecke in Bewegung, nur waren seine Interessen nicht aus=
reichend, um einen kostspieligen, unglücklichen Krieg viele Jahre
lang fortzuführen, und darin hat man allerdings einen wesent=
lichen Grund für den Untergang der Reichsverfassung zu erken=
nen. So wenig sich dies läugnen läßt, so bestimmt hatte ich
aber hervorgehoben, daß man die Reichsverfassung nicht mit
Deutschland und der deutschen Nation verwechseln dürfe. „Neh=
men wir an", hatte ich gegen Vivenot bemerkt (S. 292), „daß
seine Darstellung der deutschen Zustände begründet sei, daß in
dem Chaos der Reichsverfassung weder Energie des Handelns,
noch Redlichkeit der Gesinnung, weder Treue gegen das Ober=
haupt, noch Aufopferung für das Allgemeine zu finden waren,
was folgt daraus? Sicher kann man diese Eigenschaften dem
deutschen Volke, wie es in den Schriften und der Wirksamkeit
einer Reihe der ausgezeichnetsten Männer, in der Verfassung
und Entwicklung der bedeutenderen Territorien zur Erscheinung
kommt, nicht absprechen. Es folgt also, daß die deutsche Nation

und das deutsche Reich nicht ein und dasselbe waren. Es folgt weiter, da Oestreich seit Jahrhunderten an der Spitze dieses Reiches stand, daß es — ich lasse dahin gestellt, ob mit oder ohne Schuld — diesen Mängeln durch eigene Kraft nicht abhelfen und der Nation das nicht gewähren konnte, was doch zu ihrem Gedeihen unentbehrlich war. Es folgt endlich, daß man sich nicht wundern darf, wenn ein emporstrebender Staat wie Preußen, der schon eine bedeutende Entwicklung hinter sich und noch höhere Ziele vor sich sah, nicht seine ganze Kraft aufbieten mochte, um mit großen Opfern einen an sich werthlosen, ja für seine eigensten Interessen mehr hemmenden als fördernden Zustand aufrecht zu halten."-

Jeder, der diesem Gedankengange nachgeht, mag entscheiden, ob er darauf berechnet ist, gegen Preußen gehässige Anklagen oder ungünstige Folgerungen hervorzurufen. Ich hatte die preußische Politik jener Zeit nicht in jedem Punkte, insbesondere den Basler Frieden nicht gerechtfertigt, aber um so deutlicher Alles hervortreten lassen, was irgend zur Erklärung und Entschuldigung dienen kann. Ich hatte nachgewiesen, wie er aus der Lage und den damaligen Interessen Preußens hervorgegangen sei, und eben dadurch jede Folgerung für die jetzige Zeit als unstatthaft zurückgewiesen. Denn da die Stellung Preußens zu Deutschland seit dem Ende des vorigen Jahrhunderts und insbesondere mit dem Jahre 1815 sich völlig geändert hat, so ist offenbar, daß man was damals geschehen in keiner Weise als Maßstab für die jetzigen Verhältnisse benutzen könne. Vergleicht man meine Beurtheilung preußischer Verhältnisse mit den Worten Häusser's, so wird man die letzteren eher strenger als milder finden. Nur darin unterschied ich mich von ihm und allerdings in viel größerem Maße von Herrn v. Sybel, daß ich auch die östreichische Politik nicht von vornherein mit feindseligen Augen betrachtete, sondern, so weit es der Wahrheit gemäß, sie billig, ja mit Wohlwollen zu beurtheilen suchte.

Aber der Standpunkt, welchen ich danach einnahm, schien Herrn v. Sybel für den Angriff nicht günstig; deshalb versetzt er mich zuerst auf einen durchaus verschiedenen, um dann nach

Belieben seine Streiche gegen mich zu führen. Ich bemerke
(S. 123), Preußen habe im Gegensatze zu der Reichsgewalt sich
entwickelt, unterscheide aber ausdrücklich zwischen dem deutschen
Reich und der deutschen Nation. Herr v. Sybel läßt mich
gerade umgekehrt beide mit einander identificiren. „Die Existenz des preußischen Staates," behauptet er (S. XII),
„sei für mich die einzige, die große und permanente
Verschuldung an Deutschland". Ich brauche nicht auseinanderzusetzen, was ein Vorwurf dieser Art gegen einen preußischen Professor und ein Mitglied des norddeutschen Reichstags
in sich schließt, noch weniger verlange ich, daß meine Leser an-
hören, was sich darauf erwidern ließe. Ich frage nur, was
muß Herr v. Sybel von der eignen Sache halten, die er mit
solchen Waffen zu vertheidigen sucht?

Nicht einem solchen Gegner zur Erwiderung, sondern als erfreulichen Beweis, daß ein unbefangenes, unabhängiges Wort in
unserem Vaterlande sich nicht zu scheuen hat, bemerke ich, daß
gerade in norddeutschen Blättern die günstigsten Urtheile für
mich laut geworden sind, daß mir hervorragende Mitglieder aller Parteien des Reichstags ihre Zustimmung, daß die Akade-
mie meiner Vaterstadt Münster öffentlich ihre Anerkennung ausgesprochen hat. Noch weniger ist es im Auslande Jemanden
eingefallen, daß mein Buch sich feindselig gegen Preußen zeige.
Im ersten Juniheft der Révue des deux mondes wird es gerade im Gegentheil ein plaidoyer pour la Prusse genannt,
ein Ausdruck, den ich übrigens weit entfernt bin, als begründet
oder gar als Lob zu betrachten. Ich „plaidire" für das, was
ich als Recht erkenne, weil ich es als Recht erkenne; für nichts
Anderes, aus keinem anderen Grunde. Der irrt sehr, welcher
glaubt, ich würde zum Vortheile Preußens oder gar zum Nachtheile Oestreichs von der Wahrheit mich entfernen. Aber was
ich in meinem Leben gesagt, geschrieben oder gethan habe, so
wenig es sein mag, es ist doch genug, mich der Antwort auf
eine Sybel'sche Denunciation zu überheben.

Herr v. Sybel behauptet weiter (S. XI): „ich table Bi-
venot ziemlich ebenso häufig als ihn selbst, aber der Zufall

wolle, daß ich von Vivenot zwar oft genug in bedeutungslosen Nebenpuncten abweiche, aber fast bei allen wichtigen für den Charakter der preußischen und östreichischen Politik entscheidenden Momenten Vivenots Ergebnisse mir aneigne." Sehen wir, wie es sich damit verhält. Vivenot sagt, der Rückzug der Preußen aus der Champagne sei durch verrätherisches Einverständniß mit den Franzosen zu erklären; ich habe gerade als ein Verdienst Häusser's und des Herrn v. Sybel anerkannt, daß nach ihren Mittheilungen von solchem Einverständniß nicht die Rede sein könne. Vivenot hat den Einfluß der polnischen Streitigkeiten auf den Krieg am Rheine entweder nicht in Anschlag gebracht oder zurückgewiesen; ich bezeichne auch hier als Verdienst des Herrn v. Sybel die enge Verbindung der östlichen mit den westlichen Ereignissen aus den Urkunden dargethan zu haben. Vivenot schiebt die Unglücksfälle des Krieges zu Ende des Jahres 1793 ausschließlich dem bösen Willen der preußischen Staatsmänner und Heerführer zu; ich zeige, durchaus in Uebereinstimmung mit Häusser, daß die Schuld nicht weniger auf der einen als auf der andern Seite lag. Vivenot, und sogar Häusser nennen den Abschluß des Haager Vertrages vom 19. April 1794 eine Schmach, die Verletzung einen Wortbruch Preußens; ich habe zuerst aus den Quellen den Beweis geführt, daß dieser Vertrag Preußen nicht in der Art, wie man angenommen hat, verpflichten konnte, was Herr v. Sybel vergebens durch eine unrichtige Deutung des Wortlautes zu erzwingen suchte. Vivenot findet nicht Worte genug, seinen Abscheu über den verrätherischen Abschluß des Basler Friedens auszudrücken; er nimmt an, daß die Preußen Mainz dem Feinde in die Hände zu spielen, daß sie nach dem Frieden den Umsturz der Reichsverfassung, den Anschluß an Frankreich, die Auslieferung des linken Rheinufers herbeizuführen suchten. Ich habe von allen diesen Ansichten das Gegentheil ausgesprochen, einige Male zuerst erwiesen. Aber wozu noch länger gegen eine bodenlose Behauptung streiten? Dem geringschätzigen Urtheil des Herrn v. Sybel und mancher andern gegenüber habe ich gern hervorgehoben, was in dem Vivenot-schen Werke Bedeutendes, Treffendes und für mich besonders Dan-

kenswerthes enthalten war; aber wer sehen will, sieht auch, daß
der Standpunkt des Verfassers selbst in Bezug auf Oestreich
von dem meinigen wesentlich verschieden ist. Ich kann nur annehmen: Herr v. Sybel hat entweder was ich schrieb, nicht gelesen, oder was er selbst schrieb, nicht bedacht.

IV.

Wenn Herr v. Sybel meine Ansichten über Preußen und
preußische Politik gewissermaßen nach der linken Seite verschiebt,
so bemüht er sich, was ich über Oestreich, insbesondere über
den Minister Thugut sagte, nach der rechten zu verrücken, damit
beide möglichst weit von einander, und von der richtigen Mitte,
die ich einzuhalten suchte, sich entfernen. Thugut war bisher von
den meisten Schriftstellern in den ungünstigsten Farben geschildert. Häußer nennt ihn selten ohne tadelndes Beiwort, und
die Darstellung des Herrn v. Sybel gipfelt in dem Nachweis,
wie der östreichische Minister durch Arglist, Neid, Bosheit und
Lügenhaftigkeit, so wie durch gänzlichen Mangel eines Gefühls für
Deutschland den Zwist der deutschen Mächte, den Verlust des
linken Rheinufers, kurz das gesammte Unheil unseres Vaterlan-
des verschuldet habe. Demgegenüber wurde- in dem Vivenot-
schen Buche einer ungetheilten Bewunderung für beinahe Alles,
was er gethan, der lebhafteste Ausdruck gegeben, insbesondere
der nationale Charakter seiner Politik hervorgehoben. Ich war,
wie ich auch gestand (S. 178), mit wenig günstigem Vorur-
theil an die Arbeit gegangen; aber, wie ich mehr und mehr
von ihm kennen lernte, so hatte auch meine Meinung sich
zum Besseren gewendet; seine eigenen Schriften nahmen für
ihn ein, und bei den Zeitgenossen fanden sich Zeugnisse, die
nicht zu der unbedingten Verwerfung seines persönlichen Charakters stimmten. Keinesweges war mir in den Sinn gekommen, ihn apologetisch als ganz rein und mustergültig hinzustel-
len. Ich hoffe, daß eben dadurch meine Arbeit von den in neue-
rer Zeit so beliebt gewordenen „Rettungen" sich unterscheiden

werde. Getadelt hatte ich (S. 186) den Geist der inneren Verwaltung, der während seines Ministeriums zur Herrschaft kam,
„den Druck, der auf dem geistigen Leben lastete, der jede freie
Entwicklung verhinderte, durch die Absonderung von deutscher
Wissenschaft und Literatur die fruchtbarsten Keime der Bildung
erstickte und die Empfänglichkeit für würdige und ernste Dinge
in dem Behagen eines sinnlichen Wohlseins mehr und mehr verschwinden ließ." In seiner äußeren Politik war vor Allem
die heftige, Deutschland und den eigenen Interessen Oestreichs nachtheilige Abneigung gegen Preußen von mir beklagt. Ebenso bestimmt mußte ich gegen mehrere und sehr
wichtige seiner politischen Maßnahmen mich aussprechen, insbesondere gegen die Ablehnung des preußisch-englischen Anerbietens im Februar 1794 (S. 53), gegen die geheime Declaration
vom 3. Januar 1795, das Verfahren gegen Venedig, die Preis-
gebung des gesammten linken Rheinufers, um die Legationen
zu gewinnen (S. 476). Aber daneben hatte ich auch die für
ihn günstigen Zeugnisse nicht verschwiegen, seine zähe Ausdauer,
seinen standhaften Muth hervorgehoben und der Ansicht Raum
gegeben, daß in diesem Manne eine Persönlichkeit von entschiedener Bedeutung, ein Geist von seltener Schärfe und ein Wille
von eiserner Festigkeit zu erkennen sei. Nach Allem erklärte ich
jedoch, daß ich nur einzelne Bemerkungen geben, dagegen eine
eigentliche Charakteristik und ein abschließendes Urtheil nicht
eher mir erlauben könne, als meine Untersuchungen auch den
letzten Theil seiner Wirksamkeit umfaßt hätten. Gegen diese
Ausführung hat Herr v. Sybel alle Künste seiner Dialectik aufgeboten, die freilich eben hier besonders nützlich und nothwendig erscheinen mochten. Denn nicht leicht wird jemand über die
Politik wie über den Charakter Thugut's gemäßigter und vorsichtiger als ich, sich ausdrücken; auch hat es manches kühnen
Griffes bedurft. um meine Worte den Absichten meines Gegners
dienstbar zu machen. Was zunächst die Politik angeht, so behauptet er (S. 137), „mein ganzes Buch sei nur eine Reihe
von Variationen über die höchste Standhaftigkeit Oestreichs in
Vertheidigung des Reiches." Unaufhörlich läßt er mich von

der bewährten reichspatriotischen Gesinnung Thugut's reden
(S. 170, 175), macht mich zum Verfasser einer „Epopoe von
Thugut dem Großdeutschen" und bemerkt einmal (S. 58), „mehr
als ich könne kein Dichter für seinen Helden thun." Von allem
diesen ergibt sich aus meinem Buche eher das Gegentheil. Ein
politisches Nationalgefühl, bemerkte ich (S. 126), sei überhaupt
damals in Deutschland nicht vorhanden gewesen; auch was Oestreich für die Reichsverfassung gethan, sei nicht in rein nationa-
lem Sinne geschehen, denn das Reich selbst sei kein nationales,
sondern ein internationales Institut gewesen. Der eigene Vortheil habe in Oestreich nicht weniger wie in Preußen die politischen Maßnahmen entschieden, und daß Oestreich so wenig
wie die übrigen deutschen Staaten eigene Interessen den allgemeinen nachgesetzt, daß Deutschland dies schmerzlich habe
empfinden müssen, nach Beispielen dafür brauche man nicht zu
suchen. Weil aber die Reichsverfassung Oestreich doch nicht unbedeutende Vortheile geboten, deshalb sei es schon in sich unwahrscheinlich, daß man sie ganz ohne Bedenken aus der Hand
geben und seine eigene Machtstellung habe zerstören wollen.
Und so trat ich allerdings der Ansicht des Herrn v. Sybel entgegen: Oestreich habe bei jeder Gelegenheit ohne alle Noth das
linke Rheinufer und die Reichsverfassung den Franzosen zu
Markte getragen. Ganz denselben Maßstab legte ich für Thugut
an. Ausdrücklich sagte ich, daß die östreichischen Staatsmänner
sich vor Allem als östreichische Minister fühlten, zwar die Interessen Deutschlands keineswegs gering, doch die östreichischen noch
höher achteten (S. 476), also nicht anstanden, wenn östreichische
und deutsche Interessen in einen Gegensatz traten, die deutschen
den östreichischen zu opfern, aber so lange beide zusammengin-
gen, auch beide nach besten Kräften vertheidigten. Diese Auffassung liegt so sehr in der Natur der Sache, wird so un-
zweideutig durch alle Ereignisse bestätigt, daß ich kaum begreife,
wie jemand dagegen Widerspruch erheben mochte. Ich kann
lediglich bei dem, was ich früher sagte, bleiben; die heftigen
und triumphirenden Reden des Herrn v. Sybel erscheinen mir,

und, ich hoffe, bald auch meinen Lesern als eine völlig leere Declamation.

Nicht anders verhält es sich mit einem weitern Vorwurf in Bezug auf Thugut's persönlichen Charakter. Gegenüber der bodenlosen Unredlichkeit, Hinterlist und Falschheit, welche Herr v. Sybel und Häusser dem östreichischen Minister Schuld geben, überraschte es mich in der That, daß die mir vorliegenden archivalischen Urkunden dafür keinen Beweis lieferten, sondern im Gegentheil die meisten und die schwersten Anklagen geradezu widerlegten. Diese einfache Thatsache theilte ich mit, wieder ohne ein abschließendes Urtheil auszusprechen; nicht einmal von dem durch die Franzosen erhobenen Verdacht, daß Thugut während seiner Gesandtschaft in Constantinopel sich bestechlich erwiesen habe, wagte ich ihn frei zu sprechen, sondern verschob auch hier das Endurtheil auf die Kenntniß der in französischen Archiven wahrscheinlich noch vorfindlichen Urkunden. Ich setzte sogar (S. 179) ausdrücklich hinzu: „daraus, daß ich ihm eine Unwahrheit nicht nachweisen könne, folge gewiß nicht, daß er niemals einen Fehler dieser Art sich habe zu Schulden kommen lassen; ich kenne zu wenig von seiner Wirksamkeit, um mir ein solches Urtheil zu erlauben, und zu viel von der Diplomatie des vorigen Jahrhunderts, um es für wahrscheinlich zu halten.“ Den letzten Theil dieses Satzes unterdrückt Herr v. Sybel, wo er ihn anführt (S. 11); gewiß mit gutem Grunde, weil sonst das Feuer seines Witzes hätte unangezündet bleiben müssen, und läßt mich dann, wenn ich richtig zählte, ein und zwanzig mal behaupten, Thugut habe nie in seinem Leben, auch nicht in den gewöhnlichen Winkelzügen der Diplomatie, nur im Geringsten die Wahrheit verletzt. Wenn ich dann zwei Beispiele anführe, in denen unbestreitbar mehr eine rasche, rücksichtslose Offenheit, als verstecktes Wesen und zweideutiges Hinhalten hervortritt, so folgert er eben so sicher: ich erkläre Thugut ein für alle Male für rücksichtslos offenherzig, obgleich ich ihn, wo ich einmal ein allgemeines Urtheil aussprach (S. 166), gerade im Gegentheil einen „äußerst verschwiegenen Mann“ genannt habe.

Unerschöpflich, wenn nicht in neuen, doch in wiederholten Freudenbezeugungen ist Herr v. Sybel, wenn er glaubt,
Thugut der Lüge überführt und als recht vollendeten Bösewicht
hingestellt zu haben. Man weiß, mit welcher Fertigkeit die In-
quisitoren des Herzogs von Alba wen sie wollten zum Schelmen
und Missethäter verhörten. „Ich versichere Euch", sagt Vansen
im Egmont, „mit mehr Sorgfalt suchen die Bettelweiber nicht
die Lumpen aus dem Kehricht, als so ein Schelmenfabrikant
aus kleinen, schiefen, verschobenen, verrückten, verdrückten, ge-
schlossenen, bekannten, geläugneten Anzeigen und Umständen sich
endlich einen strohlumpenen Vogelscheu zusammenkünstelt." Die
Proceduren des Herrn v. Sybel erinnern unwillkührlich an diese
Worte, und bei der Hast, mit welcher er zu Werke geht, begegnen
ihm sonderbare Dinge. Aeußerungen Thugut's über Berlin werden auf Wien bezogen, und Vorwürfe, die er gegen seine Feinde
erhebt, ihm als eigene Absicht in den Mund gelegt, um ihn mit
sich selbst in Widerspruch zu bringen. Denn daß er niemals die
Wahrheit redet, steht im Voraus fest. Lieber als den bestimmtesten Versicherungen, den unzweideutigsten Urkunden zu glauben,
erfindet Herr v. Sybel ein System von Fälschungen, gegen das
die falschen Dekretalen als unschuldige Spielerei erscheinen. Nicht
blos einzelne Briefe, ganze Correspondenzen läßt er Thugut
anfertigen, um den Engländern vorgezeigt und als Mittel der
Gelderpressung benutzt zu werden. Schließlich stellt sich dann
heraus — doch ich will nicht vorgreifen; ich bemerke nur: wenn
es zweifelhaft bleibt, ob Thugut zur Zeit seines Lebens seine
Freunde zu täuschen gewohnt war, so ist es um so gewisser, daß
er gerade fünfzig Jahre nach dem Tode seinen nicht eben größten aber doch eifrigsten Widersacher auf sonderbare Weise in
die Irre führte.

Mit jedem Schlage gegen Thugut glaubt Herr v. Sybel auch
mich als dessen Bürgen zu treffen, insbesondere wenn er die
vor Kurzem aus dem englischen Archiv ihm zugegangenen Excerpte zu diesem Zwecke benutzen kann. Wie er dabei verfährt, und was er endlich zu Wege bringt, habe ich schon an-

gedeutet. Allein gesetzt, Thugut würde wirklich in mehreren Fällen der Unwahrheit überwiesen, so wäre es sehr übel für ihn, aber an dem, was ich in meinem Buche behauptet, änderte es nichts. Ich würde bei diesen Ergebnissen der Inquisition vielleicht keine so herzliche Freude, wie Herr v. Sybel, an den Tag legen, aber sie darum nicht weniger gewissenhaft und sorgfältig zu Rathe ziehen, wenn ich am Ende meines Werkes ein abschließendes Urtheil über den Minister auszusprechen mir getrauen darf. Wie sich dies gestalten wird, läßt sich noch nicht bestimmen; nur so viel halte ich mich schon im Voraus zu gestehen verpflichtet, daß meine Ergebnisse für eine poetische Darstellung sich schwerlich besonders eignen werden, und daß ich das Lob, „eine Epopöe über Thugut verfaßt und so viel als ein Dichter nur thun kann, für meinen Helden gethan zu haben", mehr dem Wohlwollen des Herrn v. Sybel als meinen eigenen Leistungen zuschreiben muß. Denn der Dichter verlangt oder bildet nöthigenfalls die völlige Einheit des Charakters, die rücksichtslose Consequenz sei es der Tugend oder des Lasters; aber so weit ich bis jetzt sehe, findet man bei Thugut beide in mannichfacher Mischung sich gegenseitig bedingend und beschränkend, wie es eben gewöhnlich nicht nur bei den Menschen sondern auch bei den Ministern der Fall ist. Dagegen läßt sich gar nicht verkennen, welche Vortheile der Sybel'sche Thugut einer romantischen Darstellung bieten müßte. Wäre er doch vollkommen würdig, neben Franz Moor, Jago und anderen berühmten theatralischen Bösewichtern zu figuriren. Dies hat auch eine vielgelesene deutsche Schriftstellerin Luise Mühlbach mit feinem Sinne sogleich empfunden und ihre Charakteristik Thugut's durchaus mit der Sybel'schen in Uebereinstimmung gebracht.

Auf die von mir angeführten Zeugnisse für Thugut hat Herr v. Sybel sich nicht weiter eingelassen. Nur gegen zwei erhebt er Einspruch. Ich berufe mich, wirft er mir vor (S. XI), auf das Zeugniß des englischen Gesandten Sir Morton Eden, „der am 10. August 1793 erkläre, daß Thugut mit-

theilſam ſei und ihn nie getäuſcht habe: leider habe Sir Morton
ſelbſt im Jahre 1797 ſich zu dem geraden Gegentheile dieſer
Anſicht bekehrt, und auch hier wäre es alſo nützlich geweſen,
wenn ich einige Blätter weiter in der Weltgeſchichte geleſen
hätte." Wo und wie Sir Morton im Jahre 1797 die Acten
ſeiner Bekehrung niedergelegt, darüber hat es Herrn v. Sybel nicht gefallen, ſich zu äußern. Er verweiſt ſtatt deſſen
auf „die Blätter der Weltgeſchichte." Dies Citat iſt außerordentlich charakteriſtiſch, man könnte ſagen ein claſſiſches Zeugniß
für das Verfahren des Herrn v. Sybel. Nichts iſt ihm unbe-
quemer, als der altpedantiſche Brauch genauen und deutlichen
Citirens, und nicht leicht, beſonders wenn er an fremde Worte
die kritiſche Schneide legt, läßt er ſich herbei, eine Seitenzahl
oder ein genaues Datum anzuführen. Für manche ſeiner Leſer
mag dies den Vortheil haben, daß ſie ſich gar nicht in die Gefahr begeben, nach unnützem Nachſuchen nichts oder doch nicht
das Erwartete zu finden. Wer aber zu einem Acte des Glau-
bens nicht immer Neigung, oder bereits die Erfahrung gemacht
hat, daß die Zuverläſſigkeit Sybel'ſcher Behauptungen der Zu-
verſicht, mit welcher ſie ausgeſprochen werden, nicht immer gleich-
kommt, möchte bisweilen und vielleicht auch im vorliegenden
Falle etwas genaueren Nachweis für angemeſſen erachten. Dieſem und zugleich dem Herrn v. Sybel würde ich nun rathen,
ſtatt in den Blättern der Weltgeſchichte, lieber in dem leichter
zugänglichen Buche, welchem ich meine Citate entnahm, nämlich
in der Correſpondenz des Lord Auckland einige Seiten weiter
zu leſen. Vom April 1797 bis zum Ende des Jahres iſt darin
leider keine Depeſche Edens mitgetheilt. Aber am 8. März
1798 berichtet er Folgendes: „Herrn von Thugut ſehe ich jetzt
niemals, höre jedoch, daß er fortfährt, gegen Alle, die ihm
nahe kommen, in den ſtrengſten Ausdrücken die Verträge von
Leoben und Udine zu mißbilligen, als ſchmachvoll für ſein Vaterland und zum Umſturz aller Throne Europa's führend. In
dieſer Meinung muß er aufrichtig ſein, die Thatſachen ſind zu
greifbar, als daß nicht ein Mann von viel weniger Scharfſinn

als er sie beurtheilen könnte. Aber wie kann er denn in seiner
Stellung bleiben und ihnen dadurch die Weihe geben. Denke ich
an seine frühere Festigkeit, an die wahre Freundschaft und
Verehrung, welche ich für ihn empfand, so vermehrt sein gegen-
wärtiges Betragen noch die Bitterkeit meiner Gefühle bei den
traurigen Ereignissen, deren Zeuge ich gewesen bin." [1] Ich
frage, ist dies die Sprache eines Mannes, der von einer vormals günstigen Meinung über Thugut „sich zu dem geraden
Gegentheil bekehrt hat"? oder bricht nicht gerade durch diese
kummervollen, zürnenden Worte um so entschiedener das Gefühl
einer wahren Hochachtung hindurch? Auch daß Thugut ihm jemals Unwahres mitgetheilt, sagt Eden durchaus nicht. Nur
das ist ihm räthselhaft, wie der Minister bei so veränderter
Politik — und man muß hinzusetzen, früheren Aussagen entgegen — noch länger in seiner Stellung bleiben konnte. In
wie weit Thugut hier wirklich ein Vorwurf trifft, muß ich, bis
die innere Geschichte des Wiener Hofes mir genauer bekannt ist,
dahin gestellt sein lassen, aber sicher werden die von mir angeführten Zeugnisse Edens durch dies spätere nicht widerlegt,
sondern bestätigt.

Den zweiten Angriff richtet Herr v. Sybel gegen das, was
ich aus den Denkwürdigkeiten des Fürsten v. Ligne [2] über
Thugut anführe. Ich weiß nicht, warum er gerade hierauf
verfallen ist. Vermuthen könnte man, er habe, so wenig er im
Allgemeinen den östreichischen Ministern hold ist, doch einmal
den bekannten Ausspruch eines jüngeren von Thugut's Nach-
folgern über die Dankbarkeit zur Anwendung bringen wollen.
Denn lediglich durch mich und aus dem Exemplar, das ich im
Mai 1867 aus Paris mitbrachte, hat er von jenen Denkwürdigkeiten Kenntniß erhalten. Er wirft mir vor (S. 11),
ich „erwähne sie nur, um daraus hervorzuheben, daß Ligne sich
über den östreichischen Minister gemäßigter als Hormayr aus-

---

[1] Correspondence of Lord Auckland III, 388.
[2] Mémoires du Prince de Ligne par Albert Lacroix, Bruxelles 1860.

drücke, und daß er die Standhaftigkeit desselben im französischen Kriege betone." In Wahrheit habe ich (S. 177) so genau, als sich schickte, einen Auszug mitgetheilt, und darin, neben dem Lob, die Gegenstände von Ligne's Tadel: die verderbliche Hartnäckigkeit, den Eigenwillen, die Herrschsucht, die Undankbarkeit gegen Freunde nicht vergessen. Jeder Leser meines Buches konnte sich davon überzeugen. Aber darf ich Herrn v. Sybel in diesem Falle zu den Lesern meines Buches rechnen? Ich könnte hier wie noch einige Male daran zweifeln. Er hat die Charakteristik Thugut's, wie sie Ligne gibt, beinahe vollständig übersetzt. Darin findet sich auch die Bemerkung: „Il a eu le bonheur, d'être calomnié. C'est peut-être le seul, à qui cela ait été utile. Herr v. Sybel hat diese Worte (S. 13) nicht richtig aufgefaßt. Er übersetzt: „Er hat das Glück gehabt, verläumdet zu werden; es war vielleicht das einzige Glück, das ihm wirklich Vortheil gebracht hat." Ich würde auf dies Mißverständniß keinen Werth legen, obgleich es in der That eine geistvolle Bemerkung zu einer Albernheit entstellt. Das Sonderbare ist Folgendes. Ich selbst theile in meinem Buche (S. 185) diese selbigen Worte mit und gebe, wie sie denn nicht leicht zu verfehlen war, die Uebersetzung: „Er hat das Glück gehabt, verläumdet zu werden; er ist vielleicht der einzige, dem es (das Verläumdetwerden) nützlich gewesen ist." Aber Herrn v. Sybel sind diese Worte offenbar entgangen, sonst würde er doch meine Uebersetzung entweder angenommen oder angegriffen haben. Nachdem er also zuerst mir vorgeworfen, ich habe nicht genug aus Ligne's Buche mitgetheilt, gibt er dann den Beweis, daß er, was ich mittheilte, nicht einmal gelesen hat, ein Verfahren, welches man allerdings unter die literarischen Curiositäten rechnen dürfte.

Immer würde ich Herrn v. Sybel die Eigenheiten seiner Polemik gern zu Gute halten, wenn er wirklich meine Ansichten

berichtigt und meine Untersuchungen auf einen bessern Weg geleitet hätte. Ob und in wie weit dies geschehen sei, wird auf
den folgenden Blättern, und, ich glaube, am leichtesten deutlich
werden, wenn man mir erlaubt, dem Laufe seiner Darstellung oder
vielmehr seinen Einwendungen gegen die meinige zu folgen.
Denn ich habe keineswegs die Absicht, alle neuen und selt-
samen Ansichten des Herrn v. Sybel in seinem letzten Buche
hier zu erörtern. Nach den Erfahrungen, die ich gemacht,
wird man, denke ich, begreiflich finden, wenn ich meine literarischen Beziehungen zu ihm nicht weiter als nöthig auszudehnen
suche.

Die vorliegende Schrift wurde zum größeren Theile im
Juli und August des vorigen Jahres verfaßt, aber durch drin-
gendere Arbeiten und andauerndes Augenleiden, das mich noch
jetzt nicht ganz verlassen hat, unterbrochen. Erst im Januar konnte
ich wieder beginnen. Eben da ich das Vorwort schließe, erscheint
das neue Werk des Herrn von Vivenot: „Thugut, Clerfayt und
Wurmser."[1) Meine Leser wissen, wie manchen Ansichten des Verfassers ich früher entgegentreten mußte; um so lieber spreche ich meinen
Dank aus für die Art, wie Herr v. Vivenot mein Buch aufgenommen hat. Weit eher bei ihm als bei Herrn v. Sybel hätte
ein Gefühl persönlicher Gereiztheit sich erklären lassen. Herr
v. Vivenot hat in der edelsten Weise sich gerächt, indem er die
Aushängebogen seines neuen Werkes mit zuvorkommender Freundlichkeit mir zugesendet und mich dadurch in den Stand gesetzt
hat, sie auf den folgenden Seiten zu meinem großen Vortheile
noch zu benutzen. Auch die schärfste Kritik wird nicht in Abrede stellen, daß Herr v. Vivenot durch diese wichtige Urkunden-
sammlung sich ein entschiedenes Verdienst um die Wissenschaft
erworben hat; und wenn die Gelehrten-Geschichte nur zu häufig

---

[1) Thugut, Clerfayt und Wurmser. Original-Documente aus dem K. K.
Haus-, Hof- und Staats-Archiv mit einer historischen Einleitung, herausgegeben von Alfred v. Vivenot, Wien 1869.

von Neid, Rachsucht und gleich uneblen Leidenschaften berichten muß, so wird man um so lieber von einem erfreulichen Zuge des Gegentheiles Kenntniß nehmen.

Bonn, im März 1869.

Hermann Hüffer.

Erstes Kapitel.

Das Zerwürfniß zwischen Oestreich und Preußen.

In meinem Buche sprach ich zuerst von der Lage Europa's zu Anfange der französischen Revolution, von dem Ursprung des Revolutionskrieges und der Politik Kaiser Leopold's. Diese Darstellung läßt Herr v. Sybel unangefochten, ebenso, was ich über seine Streitigkeiten mit Ernst Herrmann sage. Es scheint, daß er die früher so lebhaft vertheidigte Annahme, man müsse Leopold als den Anstifter des polnischen Staatsstreichs vom 3. Mai 1791 betrachten, nunmehr aufgegeben hat. Er beginnt mit der zweiten Theilung Polens als der Ursache des Zerwürfnisses zwischen Preußen und Oestreich, seiner Art gemäß, indem er einen Satz meines Buches herausgreift und daran seine Bemerkungen knüpft. Der enge Zusammenhang der Ereignisse im Osten mit den westlichen wurde zu wiederholten Malen von mir hervorgehoben; nur konnte ich dem Herrn v. Sybel nicht zustimmen, wenn er ihn, wie in Bezug auf den Basler Frieden, überschätzte, alles Unrecht einzig auf Seiten Oestreichs und in den polnischen Ereignissen „den evidentesten Beleg zu dem Satze fand, daß der Rhein nur deshalb an die Franzosen verloren ging, weil in der großen Allianz, welche ihn zu vertheidigen hatte, Oestreich trotz aller Vertragspflichten die polnischen Wünsche Preußens zu kreuzen suchte." [1]   Keinesweges hatte ich die

---

[1] Historische Zeitschrift XV, 108.

östreichische Politik in Polen gerechtfertigt und leider sagen müssen, was Gesinnungen angehe, habe keiner der beiden deutschen
Staaten vor dem andern etwas voraus. Frage man aber, wer
durch bestimmte Handlungen an dem späteren Zerwürfniß die
Schuld trage, so scheine mir der größere Theil nicht auf Oestreich zu lasten. Ich hatte dafür zunächst (S. 132) auf die zweite
Theilung Polens mich berufen. Die Verhandlungen darüber
fallen bekanntlich in das Jahr 1792. Preußen verlangte, um
ferner an dem Kriege gegen Frankreich Theil zu nehmen, daß
ihm von Oestreich und Rußland eine Entschädigung in Polen zugesichert würde. Ueber diese Forderung kam es im
Herbst in Luxemburg, dann in den letzten Monaten des Jahres
zwischen Haugwitz, Spielmann und Cobenzl in Wien zu lebhaften Erörterungen. Am 9. December erklärte Cobenzl, man sei
bereit, Preußen die eventuelle Occupation des polnischen Gebietes zu gestatten, müsse aber bis zur Ausführung des belgischen
Tausches einen dem preußischen gleichkommenden Antheil in
Polen selbst zum Pfande nehmen. Endlich am 24. December
schreibt Haugwitz, der kaiserliche Hof habe nunmehr seine Einwilligung gegeben; man könne sofort von der polnischen Entschädigung Besitz ergreifen, wenn nur Rußland und Preußen
für die Ausführung des belgischen Tausches sich verbürgen wollten. [1] Dies Zugeständniß hat später bittere Streitigkeiten hervorgerufen. Es war nicht schriftlich gegeben und von dem östreichischen Ministerium ist es nachmals ganz in Abrede gestellt:
aber auch die verlangte Garantie war Preußen nicht geneigt zu
übernehmen. Gleichwohl wurde am 23. Januar 1793, ohne
daß Oestreich die geringste Kenntniß gegeben wäre, zwischen
Rußland und Preußen der Vertrag über die zweite Theilung
Polens unterzeichnet. Ich theilte dies in meinem Buche mit
und bemerkte, eine Rechtfertigung des Basler Friedens wisse ich
in diesem Vorgange nicht zu finden. Denn, sagte ich, „nimmt
man auch an, was nicht einmal feststeht, daß Haugwitz zu Ende
des Jahres 1792 die Einwilligung Oestreichs erhalten hatte, so

---

[1] Oestreich und Preußen, S. 42.

bezog sie sich doch gewiß nicht auf die Art, in welcher jetzt der Theilungsvertrag zur Ausführung gelangte. Kein Unbefangener kann in Abrede stellen, daß durch diese Politik der Kaiser in empfindlicher Weise getäuscht wurde." Die beiden Puncte: Oestreichs Einwilligung stehe nicht fest, und: der Kaiser habe sich empfindlich getäuscht fühlen müssen, bestreitet Herr v. Sybel, aber durch Urkunden, welche meine Ansicht mehr bestätigen als widerlegen. „Alles, was im December 1792 vorgekommen", schrieb der östreichische Gesandte Fürst Reuß an Luchesini, „sei höchst allgemeiner und unbestimmter Natur gewesen; man habe darauf hin nur eine weitere gemeinsame Unterhandlung und keine sofortige Occupation erwarten können." Auch müßte es in der That sehr auffallen, daß ein so wichtiges Versprechen, wenn man sich vollkommen einig fühlte, nur münblich und nicht auch schriftlich gegeben wäre. Selbst Haugwitz bindet aber in dem Bericht vom 7. Mai 1793 die östreichische Einwilligung an eine Bedingung, welche Preußen zu erfüllen nicht geneigt war, nämlich an das Begehren: die Kaiserin von Rußland möge gemeinsam mit dem Könige die Genehmigung des bairisch-belgischen Tausches garantiren. [1]) Schon in einem Briefe des Königs vom 29. December 1792 wird diese östreichische Forderung ausbrücklich hervorgehoben; der König setzt aber hinzu, Preußen wolle zwar zu diesem Tausche, wie Rußland, seine Zustimmung (consentement) geben, aber darum noch nicht die Garantie der Ausführung (une garantie de l'exécution du projet) übernehmen. [2]) Sie findet sich auch nicht im Vertrage vom 23. Januar 1793, so weit aus Miliutins Mittheilungen zu ersehen ist; es heißt dort nur, man werde den Kaiser zum Beitritt einladen und als Entschädigung für die Niederlande die Einverleibung Baierns in Aussicht stellen. [3]) Noch gewisser ist, daß die

---

[1]) Schreiben des Preußischen Ministeriums an Goltz vom .6. Mai 1793 und Haugwitz' Bericht an den König vom 7. Mai bei Sybel, Oestreich und Deutschland, S. 5 fg.

[2]) Herrmann, Correspondenzen der Revolutionszeit, S. 316.

[3]) Danilewsky-Miliutin, Geschichte des Krieges Rußlands mit Frankreich im Jahre 1799, S. 294.

Einwilligung Oestreichs sich in keinem Falle auf die Ausführung des Theilungsvertrages bezog. Dies liegt schon in der Natur der Sache, wird aber auch durch alle Berichte, seien sie von öst= reichischer oder preußischer Seite, bestätigt. Die östreichische Note nach Petersburg, deren Abschrift Haugwitz seinem Hofe einsen= den konnte, enthält die Bitte: „Katharina möge baldthunlichst in ein Concert über die Theilung Polens treten, möge auf die dem König von Preußen besonders am Herzen liegende even= tuelle Besitzergreifung eingehen und folglich sich auch über ihre eigene Convenienz erklären". Daß bei allem diesem die Zuziehung der östreichischen Regierung vorausgesetzt wird, ist völlig evident, und ebenso evident, daß der kaiserliche Hof sich verletzt und empfindlich getäuscht fühlen mußte, wenn man, ohne ihm das Geringste mitzutheilen, ohne über die Erwerbungen Rußlands nur ein Wort geäußert zu haben, einen Vertrag von solcher Wichtigkeit zum Abschluß brachte. Ich habe aber (S. 133) hinzugesetzt, was freilich Herr v. Sybel verschweigt: „es sind für geringeren Preis schon ärgere Dinge geschehen, und man braucht die preußische Politik Oestreich gegenüber nicht gerade, wie wohl versucht ist, als außerordentlichen Frevel zu bezeichnen. Außerordentlich ist nur die Ansicht Sybel's, daß bei diesen Vorgängen nicht Oestreich, sondern Preußen der beleidigte Theil sei, daß die Weigerung Thugut's, den Vertrag über Polen sofort zu garantiren, und der Verdacht oder, wenn man will, der Beweis, Thugut könne den Petersburger Hof oder den pol= nischen Reichstag in ihrem Widerstreben gegen Preußen bestärkt haben, es „„für diesen Staat nunmehr zu einer selbstmörderi= schen Handlung machte, Oestreich zu entscheidenden Triumphen über Frankreich zu verhelfen""", das heißt am Kriege ferner Theil zu nehmen." Ich finde an diesen Worten auch jetzt nicht das Geringste zu ändern; Herr v. Sybel selbst wird in einer ruhigeren Stunde sich leicht überzeugen, daß seine lange Aus= einandersetzung mich entweder gar nicht trifft oder nicht wider= legt. Bemerken will ich nur noch, daß der gründlichste Kenner dieser Verhältnisse, Ernst Herrmann, das Ergebniß seiner Unter= suchungen in dem Satze zusammenfaßt: „Preußen und Rußland beeilten sich, die neue Theilung durch einen förmlichen Tractat zu einer unwiderruflichen zu machen, ohne Oestreich, welches keineswegs auf den Anspruch verzichtet hatte, an der Art der Ausführung des von ihm nur erst im Allgemeinen genehmigten Planes sich zu betheiligen, nur die geringste Kenntniß davon zugehen zu lassen".[1]) Ganz derselben Ansicht ist Waitz, der die Auffassung des Herrn v. Sybel als „eine fast naive" bezeichnet.[2])

Bekanntlich hatten jene Ereignisse einen Ministerwechsel in Oestreich zur Folge. Am 27. März 1793 traten Philipp Cobenzl und Spielmann zurück, und Thugut an ihre Stelle. Dies veranlaßt Herrn v. Sybel zu der Charakteristik, über welche bereits im Vorwort das Nöthige bemerkt wurde. Als Beweise der Falschheit und Hinterlist bespricht er dann zwei Verhandlungen, welche an die polnische Theilung sich anschließen. Thugut, erzählt er (S. 10), habe im März 1793 die Zustimmung Englands zu dem bairisch-belgischen Tausche gefordert, aber beinahe in demselben Augenblicke dem preußischen und russischen Gesandten die Erklärung abgegeben: nach dem neusten Vorgehen der beiden Mächte müsse der Kaiser den Plan auf Baiern fahren lassen und statt dessen einen französischen Gränzstrich und eine polnische Provinz verlangen. Ferner habe Graf Lehrbach bei seiner Sendung in das preußische Hauptquartier im August 1793 den Schein angenommen, als bestehe er auf dem bairischen Tausch, während Thugut England gegenüber schon im Juni darauf verzichtet habe. Herr v. Sybel gibt diese Erzählung in einem Tone, als wenn sie nicht allein Thugut zum Lügner, sondern auch etwas, das ich gesagt, recht augenscheinlich zum Irrthum machte. In Wahrheit habe ich über diese Verhandlungen ein Urtheil noch gar nicht ausgesprochen, sondern bis zur Kenntniß der entscheidenden Wiener Urkunden vorbehalten (S. 45). Ich beschränke mich deshalb auch jetzt auf die Bemerkung, daß mir, so weit ich sehen kann, die Darstellung des Herrn v. Sybel einseitig und unbillig erscheint. Der entscheidende Punct lag offenbar darin,

[1]) Vgl. Herrmann, Correspondenzen der Revolutionszeit, S. 317.
[2]) Vgl. Göttingische gel. Anzeigen 1866, S. 1010.

daß Oeſtreich, welches bei dem ruſſiſch-preußiſchen Theilungsvertrag ſogleich ein Aequivalent oder wenigſtens eine ſichere Garantie erwartete, weder das eine noch die andere erhalten hatte.
Um dieſen Nachtheil auszugleichen bediente ſich Thugut verſchie-
dener Mittel und erhob jedem ſeiner Verbündeten gegenüber
gerade die Forderung, welche in dem beſonderen Fall die wirk-
ſamſte ſchien. In Bezug auf Lehrbach's Verfahren iſt zu bemerken, daß, wer mehrere Perſonen auf dieſelbe Sache ſich
verpflichtet glaubt, immerhin die eine von dieſer Verpflichtung entbinden, ja auf die Sache ſelbſt verzichten kann, ohne
deshalb auch den andern gegenüber, bevor er den gefor-
derten Erſatz erhalten, ſein Recht aufzugeben. Ich ſage dies
aber nicht zu meiner Rechtfertigung. Sollte das Endurtheil
gegen Thugut ausfallen, ſo wäre damit kein Satz, den ich ausgeſprochen, widerlegt. Denn daß ich für die Ehrlichkeit des öſtreichiſchen Miniſters Bürgſchaft geleiſtet hätte, iſt eine Behauptung, welche Herr v. Sybel allerdings ein und zwanzig Mal
wiederholen, aber nicht ein Mal beweiſen kann.

Zweites Kapitel.

Die Rüstung für den Krieg in Belgien.

Ein Hauptpunkt unserer Meinungsverschiedenheit ist der Verlust Belgiens im Jahre 1794. Herr v. Sybel hat drei Kapitel und nicht weniger als siebenzig Seiten darauf verwendet.

Nach seiner früheren Ansicht wurde Belgien und zugleich das linke Rheinufer von den Oestreichern freiwillig geräumt, weil man diese Provinz als eine für die Monarchie werthlose, ja lästige Besitzung betrachtete, den Reichsangelegenheiten gar kein Gewicht beilegte und, mit den Franzosen entweder schon im Einverständniß oder doch der baldigen Einigung gewiß, das Heer für die polnischen Angelegenheiten gegen Preußen verfügbar machen wollte. Vivenot suchte dagegen auszuführen, daß in dieser Annahme eine Verleumdung gegen Oestreich liege; das Land sei mit Aufbietung der letzten Kräfte, und wenn nicht mit Erfolg, doch mit allem militärischen Ruhme vertheidigt worden.

Ich selbst hatte die Frage, ob wirklich die Absicht einer freiwilligen Räumung bestanden und sich Geltung verschafft habe, als eine schwer zu lösende bezeichnet, und die gewichtigen Gründe für die eine wie für die andere Entscheidung dem Leser, so gut ich vermochte, zu eigenem Urtheil vor Augen gestellt. Als sehr wahrscheinlich mußte ich betrachten, daß die Räumung nicht freiwillig sondern aus militärischen Beweggründen vollzogen sei, daß aber die weite Entfernung des Landes vom Mittelpuncte der Monarchie, die mancherlei Unbequemlichkeiten des Besitzes, dazu die politischen, insbesondere die polnischen Verwicklungen nicht ohne Einfluß auf das Ergebniß des Feldzugs geblieben seien, der bei dem Mangel an Geist und Thatkraft weder der östreichischen Kriegsführung noch der Verwaltung zur Ehre gereiche.

Was Herr v. Sybel jetzt vorbringt, hört sich etwas besser an, als die Darstellung in der „Geschichte der Revolutionszeit" und in dem Aufsatze gegen Vivenot. Er hat die fehlerhafte Interpretation mancher Stellen, auf die ich aufmerksam machte, fallen lassen, mehrere Gründe, die ich ihm an die Hand gegeben, mit Geschick, nur leider auch mit Uebertreibungen verwendet, einige neue dazu gefunden und seiner Art gemäß über Alles, was gegen seine Ansicht spricht, kaum ein Wort verloren.

Nach dem, was man bei ihm liest, könnte ich lediglich bei meinen früheren Ansichten beharren. Nach wie vor müßte ich sagen, daß bedeutende Gründe für die eine wie für die andere Meinung sich aufführen lassen, aber die meisten und stärksten für die, welche ich in meinem Buche angenommen und eben in den Grundzügen ausgesprochen habe. Es wird sich später Gelegenheit finden, was seitdem Neues bekannt geworden, einzuflechten. Einstweilen beschränke ich mich auf die Einwendungen, welche Herr v. Sybel meiner Ansicht entgegengesetzt, und die Gründe, welche er für die seinige noch herangezogen hat.

Befremdet hat mich zunächst die Behauptung (S. 21), es sei wegen der Räumung Belgiens gar keine Anklage gegen Oestreich von ihm erhoben. Wie, es ist keine Anklage: der deutsche Kaiser habe Reich und Verfassung, die er zu schützen verpflichtet war, gleichgültig dem Verderben preis gegeben, habe den schönsten Theil Deutschlands aus neidischem Haß gegen Preußen in die Hand der Fremden geliefert? Gerade der gehässige, anklägerische Ton ist ein charakteristisches Merkmal Sybel'scher Schriften. Und was soll man sagen, wenn Herr v. Sybel (S. 23) fortfährt: „Ein kleindeutscher Politiker als solcher würde zu der Richtung und den Ergebnissen der Thugut'schen Politik" — nämlich Deutsch=

land seinem Schicksale zu überlassen — „gewiß nicht polemisch
sondern sympathisch stehen"? Sympathisch! Ja wie der Staats-
Anwalt zu den Verbrechen des Angeklagten, den er in's Zucht-
haus zu bringen wünscht. Herrn v. Sybel's Ziel ist die Tren-
nung Oestreichs von Deutschland; er muß also zeigen, daß die
Verbindung ein Nachtheil, daß Oestreich, nur für seine eigenen
Interessen besorgt, Deutschland in der Gefahr ohne Hülfe gewesen sei. Den Beweis findet er in der Thugut'schen Politik.
Mag dies Jemanden, der die Ereignisse der Geschichte nach dem
Maßstab persönlicher Interessen beurtheilt, immerhin willkommen
oder sympathisch sein, die Sache an sich bleibt doch dieselbe, das
Schlechte schlecht und die Sybel'sche Darstellung eine Anklage.
Weiter behauptet er (S. 23), ich „scheine zu übersehen, daß damals ein deutsches Nationalbewußtsein nirgendwo vorhanden
und Oestreich ebenso wie Preußen lediglich in der Lage war,
sich nach seinen besondern Staatsinteressen zu entscheiden."
Meine Leser erinnern sich, daß ich diese Sätze (S. 125, 123)
beinahe mit denselben Worten, wenn auch nicht ganz so unbedingt, selbst ausgesprochen habe; der zweite bildet eine der
Grundanschauungen meines Buches, nur daß ich nicht so über-
triebene Folgerungen wie mein Gegner daraus abzuleiten suchte.
Aber gleich hier möge eine Bemerkung verstattet sein, welche bei
der Schrift des Herrn v. Sybel unablässig sich aufdrängt. Der
unterscheidende Charakter seiner Auffassungen ist Einseitigkeit.
Immer sieht er von einem bestimmten Gesichtspunct aus nur den
Theil, den er sehen will, verwechselt ihn mit dem Ganzen und
behauptet. wenn ein Anderer solche Verwechslung nicht gelten läßt, dieser läugne nun die Existenz des Theiles selbst.
Wenn ich das Uebertriebene in Sybel'schen Ansichten als irrig
bezeichne, wenn ich bestreite, daß die Rücksicht auf das eigene
Interesse Oestreich gegen alle Interessen des Reiches, auch wenn
sie mit den eigenen zusammenfielen, abgestumpft, daß der polnische Streit das einzige oder Alles überwiegende Moment
bei den westlichen Kriegen oder dem Basler Frieden gewesen
sei, gleich folgert Herr v. Sybel, ich mache Thugut zu einem
großdeutschen Reichspatrioten und läugne überhaupt jede Ein-

wirkung der östlichen auf die Ereignisse im Westen. Aber genug davon. „Vielleicht die schwierigste Aufgabe des Historikers", heißt es in einer Besprechung meines Buches, „besteht darin: bei der Berichtigung früherer Urtheile Maß, und der Versuchung Stand halten können, eine extreme Forschung durch die andere auszutreiben".[1] Ich weiß nicht, ob ich diese Worte auf mich beziehen oder das Lob, das darin liegt, annehmen darf, aber gewiß ist, daß ich es zu verdienen suchte.

Herr v Sybel schildert nun die Lässigkeit der östreichischen Rüstungen für Belgien. Wie viel Richtiges oder Uebertriebenes dabei zum Vorschein kommt, will ich für jetzt nicht untersuchen; ein Lob habe ich selber nirgendwo ausgesprochen, und daß Thugut auf den englisch-holländischen Antrag zur Aufstellung einer preußischen Hülfsarmee (Anfang 1794) nicht einging, durchaus als politischen Fehler bezeichnet. Nur das mußte und muß ich nach den bis jetzt vorliegenden Nachrichten in Abrede stellen, daß Oestreich während des Jahres 1794 ein mächtiges marschbereites Heer in den östlichen Provinzen unterhalten und aus Rücksicht auf Polen „keinen Mann" als Verstärkung nach Belgien habe verwenden wollen. Herrn v. Sybel's einziges Beweismittel dafür ist eine von Vivenot (I, 39) mitgetheilte Liste des Hoffriegsraths, welche allerdings für den Anfang des Jahres im Innern der östreichischen Provinzen einen Bestand von 144,000, oder nach einer andern Angabe von 130,000 Mann berechnet. Wäre die Berechnung genau, so bewiese sie doch in keinem Fall die Hauptsache: daß man mit den in Belgien befindlichen Truppen das Land nicht so gut als möglich vertheidigt habe; aber die Bedeutung der Liste scheint mir überhaupt von meinem Gegner überschätzt. Die geringe Zuverlässigkeit ergibt sich schon daraus, daß die belgische Armee auf 87,000 Mann angegeben wird, während sie in Wirklichkeit 106—112,000, im Frühling 117,000 Oestreicher zählte. Auch Herr v. Sybel beachtet die Liste nur gerade so lange, als sie seinen Zwecken ent-

---

[1] Grenzboten vom 26 Juni 1868. S. 505.

spricht; wenig später (S. 37), wo er Thugut den Vorwurf macht, er habe nicht genug für Italien gethan, heißt es: „in Piemont, behauptete der Hofkriegsrath" — das heißt diese selbige Liste — „40,000 Mann zu haben, in Wahrheit standen dort 28,000". Warum sollen denn die Zahlen einzig gelten, so lange sie Herrn v. Sybel bequem sind? Weiter habe ich schon in meinem Buche darauf aufmerksam gemacht, daß unter jenen 144= oder 130,000 Mann 70,000 zum Abmarsch bereit standen. Herr v. Sybel behauptet, „kein Mann von ihnen sei nach Belgien marschirt" (S. 33), und läßt sie um so häufiger in seinem Buche paradiren. In Wahrheit besitzen wir über ihren Verbleib gar keine sichere Kenntniß. Sollte die Liste als untrüglich gelten, so müßte man, da die Truppen in Belgien zu Anfang des Jahres auf 87,000 Mann veranschlagt werden und im Frühling 117,000 sich dort befanden, geradezu annehmen, daß 30,000 nach Belgien gekommen seien. Aber dies wäre voreilig, bis nicht überhaupt genauere Nachrichten zu Gebote stehen. Wie löst man nur folgenden Widerspruch? Herr v. Sybel beruft sich (S. 32) auf ein Schreiben des Kaisers an Coburg vom 17. Februar, demgemäß bei der allgemeinen Erschöpfung gar Nichts oder wenig Ausgiebiges für die belgische Armee aus den kaiserlichen Staaten zu erwarten sei. Aber er verschweigt, daß durch ein kaiserliches Rescript von demselben 17. Februar der Befehl gegeben wird, die rheinischen und niederländischen Armeen zu verstärken, nur daß in Böhmen und Mähren für die Festungen Pleß, Theresienstadt, Königgrätz und Olmütz eine mittelmäßige Besatzung zurückbleiben soll (Vivenot I, 33). So ist es gewiß von entschiedener Bedeutung, daß alle gleichzeitigen Berichte gerade über den Mangel an Truppen in den östlichen Provinzen klagen. Das entscheidendste Zeugniß wird man in einem späteren Kapitel finden. Eden's Berichte habe ich in meinem Buche (S. 99) mitgetheilt; die Depeschen Caesars und Lucchesini's sagen das Nämliche. Herr v. Sybel erhebt den Einwurf, diese letzteren könnten für die Zeit des Frühlings nichts beweisen, weil sie aus dem August datirt seien. Ich habe sie nun gar nicht für den Frühling sondern für

den Sommer angeführt (S. 101); aber was für ein Einwurf!
Nach Herrn v. Sybel's eigener Behauptung sind ja die Truppen, welche angeblich schon im Frühling in den östlichen Provinzen standen, darin verblieben, sogar noch immer vermehrt
worden. Wer also die so kräftig (S. 47) hervorgehobene „Thatsache der Truppenanhäufung an der polnischen Gränze" im August nicht gewahren konnte, für den möchte es doch noch schwerer
gewesen sein, die kleinere Zahl im Februar aufzufinden. Aber
noch nicht genug: dieser „Thatsache der Truppenanhäufung
an der polnischen Gränze" gegenüber behauptet derselbe Herr v.
Sybel in der Geschichte der Revolutionszeit und zwar in der
dritten Auflage (III, 109), als das jetzt bekannte Material
schon vollständig vorlag: „die östreichische Regierung habe
in Galizien wenige Truppen gehabt und aus diesem
Grunde nicht zu offener Feindseligkeit gegen Polen schreiten
können." Es bleibt danach, so weit ich sehe, keine andere Auskunft als die Annahme: in Galizien haben abwechselnd immer
so viel Soldaten gestanden, als der Herr v. Sybel für seine
wechselnden Projecte nöthig hat.

Den stärksten Beweggrund, mich der „Geschichte der Revolutionszeit" gegen das „Ergänzungsheft" anzuschließen, finde
ich noch in dem Zusammenhange der Ereignisse. Man versuche einmal, die jetzige Meinung des Herrn v. Sybel damit
zu vereinigen. Die Oestreicher lassen also die Rüstungen für
Belgien unvollendet, um an den östlichen Gränzen, ehe nur
an einen polnischen Aufstand zu denken ist, große Truppenmassen
anzuhäufen; sie räumen jene wichtige Provinz, liefern dem Feinde
die unermeßliche Beute, alle Mittel zur Fortsetzung des Krieges
in die Hände, lassen auch Holland in seine Gewalt fallen, geben
das linke Rheinufer und damit die Reichsverfassung und die kaiserliche Stellung in Deutschland preis, alles, um die marschbereiten Truppen für den Osten und die Aneignung der zu er-
wartenden polnischen Beute verfügbar zu halten. Unterdessen
bricht der Aufstand aus, greift um sich; die Preußen rücken ein,
nehmen Krakau in Besitz, belagern Warschau, aber die angehäuf-

ten östreichischen Heeresmassen, die „70,000 Marschbereiten"
bleiben unthätig und unsichtbar. In dem wichtigsten Augenblick, wo Alles davon abgehangen hätte, sich eines möglichst großen Antheils zu versichern, rühren sie sich nicht; in dem ganzen Kriege geschieht nichts irgend Erhebliches durch östreichische
Truppen, nur im Spätsommer geht ein schwaches Corps unter dem General Harnoncourt über die polnische Gränze. Herr
v. Sybel will (S. 48) diese Unthätigkeit dadurch erklären,
daß Thugut einen Bruch mit Preußen habe vermeiden wollen.
Aber nicht nur Russen, auch Preußen riefen im August auf's
bringendste, sogar unter schweren Vorwürfen und Drohungen
die östreichische Hülfe an. Hatte man wirklich bedeutende Truppenmassen zur Hand, so ist es unbegreiflich, daß sie nicht zur
Verwendung gelangten.

Alles dies macht wahrlich nicht den Eindruck, daß sich in
Wien das ganze Interesse den östlichen Gränzen zugewendet
habe. Dazu kommt noch die Reise des Kaisers nach Belgien.
Diese scheint sogar Herrn v. Sybel einiges Bedenken zu ver-
ursachen; er beseitigt es aber leicht durch die Annahme, der
Kaiser sei aus Langerweile nach Belgien gereis't. „Würden alle Fragen der hohen Politik nur mit dem Verstande
entschieden, so wäre die Reise", meint er (S. 43) „geradezu
unerklärlich. Aber der Kaiser... langweilte sich in Wien jeden
Tag, freute sich auf die Abwechslung einer Campagne, und
wer seine Gunst begehrte, that wohl, in diesem Puncte
ihm zuzustimmen". In der That, eine psychologische Begründung, die an Feinheit ihres Gleichen sucht. Noch dazu befällt
die Langeweile den Kaiser gerade zu der Zeit, wo eben der
polnische Aufstand, der ihn doch nach Herrn v. Sybel's Behauptung mehr als alles Andere interessirt haben soll, in
der drohendsten Gestalt zum Ausbruch kommt. Schon am 31.
März weiß Eden nicht genug über die Verlegenheit des östreichischen Ministeriums zu schreiben; an der polnischen und türkischen Gränze müsse man Unruhen befürchten und habe kaum
einen Mann dort zur Verfügung. Und gleichwohl begibt sich der

Kaiser mit seinem Minister nach dem fernen Belgien. Wäre er nicht gegangen, hätte er wie der König von Preußen die Reise an den Rhein wegen der polnischen Angelegenheiten aufgegeben, so läge darin noch gar kein Beweis für die Sybel'schen Ansichten; wenn er aber in solcher Zeit die Reise antritt, so unendlich wichtigen Interessen zu Gunsten Belgiens den Rücken wendet, so hat man gewiß das unzweideutige Zeichen, wie sehr die Behauptung dieser Provinz und der Feldzug ihm am Herzen lagen.

Drittes Kapitel.

Der Kampf um Belgien.

Diesen Feldzug, den Kampf um Belgien, behandelt Herr v. Sybel in einem eigenen Kapitel. Es enthält einiges Richtige, gegen das ich niemals etwas eingewendet habe, manches Irrige, auf das ich zunächst nicht eingehen will, endlich eine Reihe von Vorwürfen, von denen nicht ein einziger mich getroffen hat.

Mein Gegner beginnt mit dem polnischen Aufstand (März 1794) und wie er nach Belgien hinübergewirkt, macht mich, ich weiß nicht zum wie vielten Male, zum Bürgen für Thugut's „rasche und rücksichtslose Offenheit" und glaubt dann in der That dem Minister einen recht nachdrücklichen Streich zu versetzen. Während der „Schöpfer der Declaration vom 3. Januar 1795" über beutegierigen Plänen gegen die Türkei und Polen gebrütet, während er am 10. April „seine Freude über den polnischen Aufstand und die damit bevorstehende Theilung nach Petersburg gemeldet", soll dieser „ehrenwerthe Brutus" „zur Erbauung des Engländers" (Edens) versichert haben, „die türkischen Händel seien ihm unangenehm, und er werde sich gegen eine gänzliche Theilung Polens aussprechen" (S. 47, 96). Was es mit dieser Schöpfung, diesen Plänen und Wünschen, mit Brutus und mit der Erbauung des Engländers für eine Bewandtniß habe, und wie Herr v. Sybel zu seiner Wissenschaft gekommen sei, werden meine Leser erfahren, wenn ich von der dritten Theilung Polens rede. Auch Herr v. Sybel kehrt vorerst zu dem belgischen Feldzuge zurück.

Man erinnert sich, derselbe nimmt anfangs einen günstigen

Verlauf. Aber die Schlacht bei Tourcoing am 18. Mai bildet den Wendepunkt. Auch nach dem Siege bei Tournay, vier Tage später, geht man nicht wieder zu Angriffsbewegungen über; der Andrang der Franzosen wird stärker und stärker, die durch Jourdan vom Rheine herangeführten 50,000 Mann bringen das Uebergewicht ganz und gar auf ihre Seite, worauf dann nach der abgebrochenen Schlacht bei Fleurus (26. Juni) der Rückzug zunächst bis an die Maas, dann (im October) bis an den Rhein seinen Fortgang nimmt. Herr v. Sybel sieht in diesen Ereignissen die Wirkung diplomatischer und politischer Combinationen. „Thugut wünschte die Oestreicher aus Belgien hinaus und die Franzosen in das Land hinein zu bringen" (III, 115), und „Koburg führte den Kampf nicht um das Land zu behaupten, sondern um es möglichst ohne Verlust zu verlassen" (III, 132). Ich durfte politischen Einfluß nicht ganz ausschließen, sagte aber, es sei mir nicht gelungen, in dem, was damals geschah, ein erhebliches Anzeichen freiwilligen Rückzuges zu finden. Dafür war mir insbesondere das Zeugniß eines anerkannten militärischen Schriftstellers von Gewicht. Man kann die aus Witzleben's Werke angeführten Stellen in meinem Buche (S. 68) nachlesen; nur einige Zeilen setze ich wieder her. „Es wäre zwar nicht schwer gewesen," schreibt er, „den Rückzug einzig und allein als ein Werk der politischen Intrigue und des Verrathes darzustellen; man brauchte hierzu nur die berühmtesten Geschichtswerke, welche die Räumung Belgiens allein dem Erfolge der ränkevollen Politik Thugut's zuschreiben, mit einiger Geschicklichkeit zu benutzen. Aber wir hätten dann am Schlusse unserer Arbeit zum ersten Male der Wahrheit untreu werden und uns so selbst verleugnen müssen. — Die Zeitgenossen schreien Verrath, die Geschichtschreiber sprechen von politischen Intriguen, wir aber werden zeigen, daß, wenn auch die Intrigue thätig war, der Kern der Ereignisse doch aus der militärischen Anschauung des Oberbefehlshabers hervorgegangen ist und die natürliche Folge der wirklich vorhandenen Verhältnisse war". Obgleich Witzleben hier ausdrücklich erklärt, daß seine Grundansicht der Sybel'schen entgegenstehe, behauptet Herr v. Sybel doch in der Vorrede zur zweiten Auflage seines Werkes (September 1860): „mit lebhafter Befriedigung, daß seine Darstellung der militärischen Ereignisse durch einen so competenten Beurtheiler wie Witzleben durchgängig gebilligt sei." Mir dagegen wirft er (S. 54) vor, „meine Behauptung, daß Witzleben zeige, wie die Operationen des Frühlings militärisch zu erklären seien, sei das gerade Gegentheil der thatsächlichen Wahrheit". Die Art, wie er zu diesem Ergebniß gelangt, ist interessant genug.

An die Spitze meiner Erörterung stellte ich (S. 66) den Satz: „Darüber sind alle Parteien einig, daß Oestreich bis Ende Mai die Niederlande ernstlich vertheidigt habe; erst nach der Schlacht bei Tourcoing zwischen dem 24. und 28. Mai, nimmt Sybel an (histor. Zeitschr. XV, 86), sei der Beschluß zur freiwilligen, wenn auch langsamen Räumung des Landes vom Kaiser, Thugut und dem Adjutanten des Kaisers Prinzen Waldeck gefaßt worden." Meine ganze Erörterung berührt deshalb nur die Ereignisse nach dem 24. Mai; von dem, was davor liegt, insbesondere von der Schlacht bei Tourcoing habe ich bei der Frage nach dem freiwilligen Rückzug nicht geredet, und brauchte ich nicht zu reden; und wenn ich (S. 70) sage, Witzleben zeige, wie die Operationen des Frühlings sich militärisch erklären ließen, so kann kein aufmerksamer Leser in Zweifel sein, daß dies von den Ereignissen nach dem 24. Mai, also nicht von der Schlacht bei Tourcoing gelten solle. Herr v. Sybel findet gleichwohl Grund genug, mich gerade hier von der Schlacht bei Tourcoing reden zu lassen, um mich dann durch Witzleben's Erzählung von eben dieser Schlacht — denn was Witzleben über den Rückzug äußert, ist für Herrn v. Sybel und seine Leser nicht geschrieben — zu widerlegen. Ich brauchte mich auf diesen schon in seiner Richtung verfehlten Angriff gar nicht einzulassen, brauchte mich nur auf die eigenen Worte der historischen Zeitschrift (XV, 88) zu berufen: „die von Vivenot bekämpfte Ansicht", d. h. die Sybel'sche, „gehe dahin, daß die östreichische Regierung bis zum 24. Mai Belgien ernstlich vertheidigt habe." Aber Herr v. Sybel würde dann wahrscheinlich behaupten, ich habe seine Darstellung der Schlacht (Rev.=Gesch. III, 102) als meinen Ansichten nicht

günstig jetzt und in meinem Buche absichtlich übergangen. Er
träfe dadurch meine Gesinnungen ungefähr ebenso richtig wie
früher, als er die Benutzung der Herrmann'schen Excerpte psy-
chologisch erörterte. In Wahrheit hatte ich meine Bemerkungen
über die Ereignisse bei Tourcoing schon vollständig niederge-
schrieben, als ich sie lediglich aus Rücksicht für meinen jetzigen
Gegner, um ihn nicht ohne Noth zu verletzen, wieder ausfallen
ließ. Denn es bedarf kaum der Wiederholung: in keiner Weise
lag mir ein Angriff gegen Herrn v. Sybel oder eine Kritik seiner Schriften im Sinne; dafür hätte mir die „Geschichte der
Revolutionszeit" überreiches Material geboten. Aber anstatt gegen Herrn v. Sybel einen Stein zu werfen, habe ich mich durchaus darauf beschränkt, die Steine, welche seine Ausführungen
mir in den Weg legten, behutsam und schonend bei Seite zu
räumen. Dies möchte bei seiner Darstellung der Schlacht von
Tourcoing doch nicht ganz leicht gewesen sein.

Das militärisch Tadelnswerthe und allerdings Auffallende,
was den unglücklichen Ausgang wesentlich herbeiführte, liegt darin, daß der Erzherzog Karl mehrere Stunden zu spät auf den
entscheidenden Puncten eintraf, und die schwerbedrängten Engländer und Holländer ohne Unterstützung blieben. Herr v. Sybel schließt daraus, der Kaiser habe unter dem Eindruck der aus
Polen eingetroffenen Nachrichten den Kampf plötzlich abbrechen
und seine Truppen nicht weiter aussetzen wollen. Allein ohne
hinreichenden Grund. Selbst die Stellen, die er (S. 52) aus
Witzleben's Buche abdruckt, beweisen Nichts dafür. Witzleben
nennt die Versäumnisse jenes Tages unentschuldbar, höchst auffallend, ja unfaßbar, aber es kommt ihm nicht ein, eine Erklärung,
wie die Sybel'sche, zu versuchen. Wie sollte er auch? Von allen Ursachen kriegerischen Mißgeschicks ist das Zuspätkommen einer Heeresabtheilung die gewöhnlichste; wenige Feldzüge selbst
der größten Meister sind davon frei geblieben. Hier haben wir
noch dazu den eigenen Bericht des Erzherzogs [1]), welcher die Gründe
angibt. Der Befehl, das Richtige zu thun, wurde bereits um

---

[1]) Witzleben a. a. O., III, 216, 199.

drei Uhr Morgens im Hauptquartier ausgefertigt. Der Erzherzog erzählt, er habe ihn nach Fünf erhalten, „aber die
weite Entfernung der Truppen, ihre Ermüdung, die Einziehung
der Posten, dann die Aussetzung neuer, welche um so nöthiger
gewesen, da gleich nach dem Aufbruch der Truppen sich feindliche Parteien von Lille haben sehen lassen, dieses habe bewirkt,
daß man erst um zwölf Uhr auf der Chaussee von Lille nach
Tournay angekommen sei." Es mag sein, daß keiner von diesen Gründen den Erzherzog entschuldigt, es mag auffallen, daß
aus dem nur anderthalb Meilen entfernten Hauptquartier nicht
wiederholte Befehle ergingen — wir wissen übrigens gar nicht,
daß dies nicht geschehen sei, wir wissen nur nicht, daß es geschehen sei — aber wer in aller Welt, wenn nicht in vorgefaß-
ten Ansichten befangen, wird aus solchen Versäumnissen Folgerungen ziehen, wie Herr v. Sybel. Die militärischen Schriftsteller haben es nicht gethan, und meine von Herrn v. Sybel
gerügte Aeußerung, selbst wenn sie auf die Schlacht bei Tourcoing sich bezöge, wäre noch immer keineswegs das „Gegentheil
der Wahrheit". Witzleben stellt nur die verschiedenen Erklärungs-
versuche, darunter auch den Sybel'schen, zusammen, ohne selbst
ein Urtheil auszusprechen; und Ditfurths von ihm angeführte
Bemerkung, auf welche sich sonderbarer Weise auch Herr v. Sybel beruft, bezeichnet ganz richtig den Grund, welcher Alles hinreichend erklärt, mit den Worten: „daß solche Ereignisse unbe-
straft blieben und abgesehen von sonstiger Unfähigkeit sich ereig-
nen konnten, lag vornehmlich in der Schwäche und in der Viel-
köpfigkeit der obersten Heeresleitung." Nur Herr v. Sybel ist
von den geheimsten Beweggründen auf's genaueste unterrichtet.
„Unterdessen" (während der gefährlichen Ereignisse bei Tourcoing), erzählt er, „hielten der Kaiser, Coburg, Mack, Waldeck
des Morgens in Templeuve, nachher in Marquain, eine Meile
weit von dem kranken Kinski", welcher gar kein Kommando mehr
führte, „zwei Meilen von dem besinnungslosen Erzherzog", der
in seinem eigenen Bericht gar nicht als krank erscheint, „mußten
also spätestens um 7 Uhr Nachrichten über den hinderlichen Zustand dieser Generale haben. Was darauf bei ihnen verhandelt,

welche Gründe der Ehre und des Muthes, der Vorsicht und der
Zurückhaltung entwickelt, wie viel schmerzlicher Zorn oder kalte
Berechnung aufgewandt worden, darüber hat keiner von
ihnen jemals eine Mittheilung gemacht." Man kann
dies freilich gar nicht wissen, aber wenigstens an Herrn v. Sy=
bel scheint eine solche Mittheilung bisher nicht gelangt zu sein.
Gleichwohl ist er achtzehn Zeilen weiter plötzlich im Besitz des
Geheimnisses. „Jener kaiserliche Entschluß", schreibt er
wörtlich (III, 106), „die Bundesgenossen preis zu geben
und die eigenen Truppen zu schonen, schloß die Ent=
scheidung des Feldzuges und den Sieg Frankreichs unwiderruf=
lich in sich". Man dürfte sich in der That nicht wundern, wenn
ein östreichischer Offizier eine so völlig aus der Luft gegriffene
Schmähung seines Kaisers mit einem starken Ausdruck erwie=
derte. Eine so völlig aus der Luft gegriffene! Man erwäge nur:
am Tage vorher sind die Anordnungen für die Schlacht getrof=
fen, am Morgen die Befehle ausgefertigt, und nun während der
Schlacht soll plötzlich dieser, wie man doch nicht anders sagen
kann, abscheuliche Entschluß gefaßt worden sein, von dem Kaiser,
der bisher bei jeder Gelegenheit seine Kriegslust, ja seinen Muth
gezeigt hatte, im Beisein Coburg's, auf dessen militärischer Ehre
nicht der leiseste Flecken haftet, im Beisein Mack's, dessen Plan
eben durch die Bewegung des Erzherzogs zur Ausführung kom=
men sollte, dessen ganze militärische Existenz an diesem Tage auf
dem Spiele stand; und das, um auf wenige Stunden Truppen
zu schonen, die man, wie in den früheren Tagen, so in den un=
mittelbar folgenden wieder in das heftigste Feuer führte. Selbst
von offenen Parteischriftstellern ist selten eine so bodenlose An=
schuldigung so leichtfertig ausgesprochen.

Die weitläufige Erörterung, welche Herr v. Sybel (S. 54 fg.)
hier anschließt, kann ich darnach übergehen. Was die Aeuße=
rungen Thugut's und Waldeck's über Belgien, ihre Gespräche
mit englischen Gesandten angeht, so muß ich vorerst auf die
Ausführung in meinem Buche (S. 83 fg.) verweisen. Herr v.
Sybel beruft sich jetzt hauptsächlich auf Mack und den Prinzen
v. Waldeck. „Die beiden bisherigen Nebenbuhler", schreibt er,

4

„verkündeten [nach] dem Kriegsrath vom 24. Mai] wett= eifernd die Lehre, daß man Belgien aufgeben müſſe." Ueber Mack ſoll eine Denkſchrift vom 29. Mai [1]) 1794 jeden Zweifel aufheben, über Waldeck ein Bericht des preußiſchen Bevollmäch= tigten, Grafen Dönhoff; der Prinz, heißt es darin, habe ihm aus= drücklich geſagt, er ſei es, der dem Kaiſer vorgeſchlagen habe, ſeine Truppen aus Belgien wegzuziehen. Vivenot wollte mit Berufung auf Dönhoff's geringe Fähigkeiten dieſem Zeugniß jede Bedeutung abſprechen; Herr v. Sybel behauptete dagegen, es „handle ſich hier nicht um das Durchſchauen verſteckter Pläne, ſondern nur um die Fähigkeit, eine ſehr klare und trockene Aeu= ßerung zu hören und zu berichten." Mir ſchienen Vivenot's Gründe allerdings nicht ausreichend, eben ſo wenig konnte ich aber mit Herrn v. Sybel annehmen, daß es hier nur um eine ſehr klare und trockene Aeußerung ſich handle. Ich be= merkte, und, mir ſcheint, mit vollem Recht: „es ſei doch mehr als ſeltſam, wenn der öſtreichiſche Generalquartiermeiſter den Plan, den er ſelbſt ausführen wollte, das Geheimniß, das überall ſorgfältig verborgen wurde, durch eine klare und trockene Aeu= ßerung dem preußiſchen Bevollmächtigten ſollte verrathen haben. Ich vermöge einer einzelnen, aus dem Zuſammenhange geriſſenen Aeußerung, der die Umſtände, eine hinzugefügte Bedingung und ſo Manches, was ſich gar nicht berechnen laſſe, eine weſentlich veränderte Bedeutung geben könnten, beſonders aus Dönhoff's Munde kein großes Gewicht beizulegen. Denn nach ſeinen Berichten und in den Augen ſeiner eigenen Regierung er= ſcheine er in der That nicht als ein fähiger und beſonnener Beobachter; ferner beruhen ſeine Ausſagen auf der haltloſen Annahme eines geheimen Einverſtändniſſes zwiſchen dem Kaiſer und der franzöſiſchen Republik." Herr v. Sybel hat gegen Al= les dieſes keine Einwendung erhoben, ſondern ſich begnügt, ſei= nen frühern Ausſpruch zu wiederholen. Er beruft ſich außer= dem noch auf ein Schreiben des Herzogs von York an den Kriegsminiſter Dundas vom 28. Juni: „Waldeck habe ſchon vor

---

[1]) **Witzleben** a. a. O. III, 265.

der Schlacht von Tournay den Wunsch ausgesprochen, daß der
Krieg zu Ende gehen möge, sollte auch Belgien aufgegeben wer=
den". In der Geschichte der Revolutionszeit (III, 111) wußte
Herr v. Sybel mit Berufung auf Witzleben (III, 275, 317) so=
gar zwei Berichte Yorks von ganz gleichem Inhalt anzuführen,
den einen vom 18., den andern vom 28. Juni. Ich machte
aber darauf aufmerksam, daß in dem angeblichen Bericht vom
18. schon die Schlacht bei Fleurus vom 26. Juni erwähnt werde,
so daß also der Herzog von York einen eben so sichern Blick in
die Zukunft gehabt haben müßte, als der Kaiser Franz, welcher
nach Ansicht des Herrn v. Sybel — die Leser, welche sich nicht
aus meinem Buche daran erinnern, werden es sogleich näher
erfahren — am 15. Juli in Wien den Sturz Robespierre's in
Paris, ein Ereigniß des 27. Juli, vorausgesehen hat. Diese chrono=
logische Erwägung scheint auch Herrn v. Sybel bewogen zu haben,
mit mir bei Witzleben einen Druckfehler anzunehmen und beide
Berichte in einen einzigen vom 28. Juni zu verschmelzen. In=
dessen er begnügt sich auch mit diesem. „Es stehe fest", meint
er, „daß in dem kritischen Momente des Feldzuges der beim
Kaiser einflußreichste Officier, der nahe Freund Thugut's, die
Meinung proclamirt habe, die kaiserliche Armee müsse aus Bel=
gien zurückgezogen werden"; triumphirend richtet er an mich die
Frage, ob auch „dieser biedere Kriegsmann seine Sehnsucht zum
Abzug nur geheuchelt habe."

Vor zehn Jahren veröffentlichte ein Engländer, Charles Roß, die
Correspondenz des bekannten Generals Lord Cornwallis, welcher
an den belgischen Ereignissen vielfach betheiligt war. Unter
manchen Briefen, die sich darauf beziehen, findet sich auch eine
Mittheilung desselben Herzogs von York an denselben Kriegs=
minister Lord Dundas über denselben Prinzen von Waldeck vom
6. Juni 1794. „Der Prinz von Waldeck", heißt es, „wieder=
holte mir zwei oder drei Mal, es gebe zwar in der Umgebung
des Kaisers sehr einflußreiche Personen, die ihm eifrig zusetzen,
ganz Flandern als eine mehr lästige denn wahrhaft nützliche
Besitzung aufzugeben, er habe aber dem Kaiser zugeredet,
einem so schlechten Rathe niemals Gehör zu schenken,

4 *

und der Kaiser habe es ihm auf das bestimmteste
versprochen." [1] Ganz mit denselben Worten scheint also
„dieser biedere Kriegsmann seine Meinung in den kritischen Mo=
menten des Feldzugs nicht immer proclamirt zu haben"; ja
nach dem Beweisverfahren des Herrn v. Sybel stände nichts im
Wege, auf Grund dieser letzten Stelle Waldeck für einen eifrigen
Gegner des Rückzugs zu erklären. Aber diese Folgerung wäre
voreilig, eben so voreilig, als wenn man aus der früheren Stelle
mit Herrn v. Sybel sogleich das Gegentheil folgern wollte. In
Wahrheit folgt daraus, was ich schon früher in meinem Buche
hervorhob: daß aus dergleichen Aeußerungen, aus einem ärger=
lichen Wort auf's höchste erregter Männer unter solchen Um=
ständen überhaupt nicht viel zu folgern ist. Waldeck mag sich
in einem oder in dem andern Sinne, vielleicht in beiden, zu
verschiedenen oder sogar in nahe liegenden Zeitpuncten geäu=
ßert haben. Eins wie das andere sind Worte, deren Gewicht
und Bedeutung, von den besondersten Umständen abhängig, sich
gar nicht mehr genau bestimmen läßt, die aber durch die erregte
Phantasie eines Nächstbetheiligten nur zu leicht entstellt, miß=
deutet und überschätzt werden konnten. Viel erheblicher wäre es,
wenn man, statt durch Worte, Waldeck's Gesinnungen durch die
That beweisen könnte. Und hier haben wir ein bestimmtes Zeug=
niß: am 1. Juli nach der unglücklichen Schlacht bei Fleurus war
es gerade Waldeck, der in dem Kriegsrath zu Braine la Leud am
eifrigsten und mit den eindringlichsten Worten zu neuen Kämpfen
und zur Behauptung der belgischen Provinzen aufforderte. Ich
will auch danach ein bestimmtes Urtheil über ihn nicht aus=
sprechen, aber gewiß ist, daß Herr v. Sybel in seinem Sinne
noch viel weniger dazu berechtigt ist, und daß man Waldeck nicht
in dem Maße, wie einzelne englische Berichte es versuchen, die
Schuld des Rückzuges beimessen darf.

Nicht entscheidender ist die Denkschrift Mack's. Herr v. Sy=
bel wirft mir (S. 63) vor, ich „habe aus derselben nur eines

---

[1] Correspondence of Charles, first marquis Cornwallis by Charles Ross,
II, 243, London 1859.

einzigen Satzes Erwähnung gethan", wo, mag wieder der Leser errathen. Ich mußte diesen Satz (S. 91) anführen, weil Herr v. Sybel ihn früher (III, 115) in ganz unzulässiger Weise angeführt und, wie er selbst nicht abreden kann, gerade das Gegentheil des Richtigen daraus hergeleitet hatte. Er handelt nämlich vom Rückzug der „combinirten Mächte", und Herr v. Sybel verstand darunter Oestreich, während, gerade im Gegensatz zu Oestreich, England und Holland zu verstehen sind. Aber unabhängig von dieser Stelle verwies ich vorher (S. 67) auf die Denkschrift im Allgemeinen, mit dem Bemerken, es werde darin schon am 29. Mai die Größe der Gefahr und die Schwierigkeit hervorgehoben, gegen die Uebermacht der Franzosen das Land zu behaupten. Dies und nichts weiter läßt sich in der That aus dem Documente entnehmen. Mack gibt eine Uebersicht der Kriegsereignisse und knüpft daran eine Reihe von Fragen. Wie er sie beantworten will, ist nicht mit Bestimmtheit festzustellen; es werden manche Momente hervorgehoben, die auf eine verschiedene Lösung, und durchaus nicht auf einen einzigen feststehenden Beschluß hinweisen. Dazu kommt noch, daß die Nachrichten über Mack's Gesinnungen gar nicht mit einander übereinstimmen. Herr v. Sybel freilich läßt ihn ohne Umstände in der Anempfehlung des Rückzugs mit Waldeck wetteifern, aber in dem eben erwähnten Briefe des Herzogs von York wird gerade im Gegensatze zu Mack und Waldeck dem General Rollin und Thugut alle Schuld gegeben. „Der General Mack", fährt York fort, „erzählte mir, der Kaiser habe ihn an dem Tage, bevor er den Entschluß zur Abreise zu erkennen gab, rufen lassen und ihn im Beisein Thugut's und Mercy's über seinen Plan für den Feldzug und um seine Meinung über den Stand der Angelegenheiten befragt. Es sei darauf zwischen Thugut und ihm über die Zahl der Truppen, welche für weitere Offensivoperationen nöthig seien, ein sehr lebhafter Wortwechsel erfolgt. Der Kaiser habe sich durchaus auf seine Seite gestellt und mit einiger Wärme dem Minister erklärt, er sei jetzt überzeugt, daß, wie Mack gesagt, aber alle seine Minister bisher geleugnet hätten, in Belgien nicht Truppen genug vorhanden wären."

Folge dieser Ueberzeugung ist aber nicht etwa der Beschluß, das
Land zu räumen, sondern daß der Kaiser — wenigstens nach
Mack's Erzählung — äußert, ein Theil der am Rhein befind=
lichen Truppen solle nach Belgien kommen. [1]

Nur kurz muß ich noch angeben, wie Herr v. Sybel auch das
bestimmte Datum des Räumungsbeschlusses gefunden zu haben
glaubt. Noch in der Revolutionsgeschichte sind seine Ausdrücke
darüber sehr unbestimmt. Jetzt liest man in einer kürzlich in
die Untersuchung gezogenen Schrift des Abbé de Pradt: der Be=
schluß sei am 24. Mai in dem großen Kriegsrath zu Tournay
„declarirt." [2] Herr v. Sybel findet (S. 59) „keinen Grund,
an der Richtigkeit dieser Angabe zu zweifeln", man muß aber
sagen, daß sie geradezu Unmögliches behauptet. Denn wäre ein
solcher Beschluß in einem großen Kriegsrath offen ausgesprochen,
wie hätten die späteren Streitigkeiten über seine Existenz noch
stattfinden, wie hätten Coburg, der Erzherzog Karl und die
übrigen östreichischen Generale den Engländern das Ehrenwort
geben können, daß ein Befehl, die Niederlande zu verlassen oder
einen beschleunigten Rückzug anzutreten, nicht existire? [3] Aber
statt kräftiger Maßregeln wurden am 24 Mai, wie leider nur
zu oft in dem Feldzuge, Detachirungen und Zersplitterungen
angeordnet; auf fernere Angriffsbewegungen scheint man in der
That damals verzichtet zu haben. Darüber mochte es mit den
Engländern zu Streitigkeiten kommen, bei denen ein heftiges
Wort das andere hervorrief, und hier ist sehr wahrscheinlich der
Ursprung jener Angaben zu suchen, welche eine bestimmte Ab=
sicht zur Räumung Belgiens voraussetzen.

Zu läugnen, daß die Nachrichten aus Polen für den Kaiser
von Bedeutung waren, ist mir, wie jeder Leser meines Buches
weiß, niemals in den Sinn gekommen. Fände sich kein Zeuge

---

[1] Cornwallis, Correspondence II, 243.

[2] De Pradt, de la Belgique depuis 1789 jusqu'en 1794, Paris 1820,
S. 143: Le 24. Mai 1794 l'évacuation de ce pays fut décidée et dé=
clarée dans le conseil tenu à Tournay.

[3] Vgl. Oestreich und Preußen, S. 73.

dafür, man dürfte es voraussetzen. Daß insbesondere die Rückreise nach Wien wesentlich dadurch veranlaßt wurde, bleibt kaum zu bezweifeln; und blos deshalb' habe ich, was Herr v. Sybel mir jetzt zum Vorwurfe macht, nicht ausdrücklich darauf hingewiesen, weil es mir deutlich genug für sich selbst zu reden schien. Nur folgt keineswegs, daß der Kaiser, wenn wichtige Interessen ihn in den Mittelpunct seiner Monarchie zurückriefen, deshalb Belgien habe aufgeben wollen. Die Polemik des Herrn v. Sybel über diesen Punct ist wieder charakteristisch. Er erwähnt (S. 65) eine Depesche Cäsar's vom 22. Juni, wonach die Einnahme Krakau's durch die Preußen die Rückkehr des Kaisers beschleunigt, vielleicht entschieden habe; „Hüffer", setzt er hinzu, „läßt sich dadurch nicht abhalten, die Depesche ganz unbefangen unter den Belegen für die Nichteinwirkung der polnischen auf die Behandlung der belgischen Sache anzuführen (S. 99, Note)." Nun führe ich an der bezeichneten Stelle allerdings eine Depesche Cäsar's vom 22. Juni an, aber nicht als „Beleg der Nichteinwirkung der polnischen auf die Behandlung der belgischen Sache", sondern dafür, daß es „Cäsar und Rasumowski in Wien nicht geringe Mühe gekostet habe, gegen einige vornehme Polen in Karlsbad, die man als Geißeln benutzen wollte; einen Verhaftsbefehl zu erlangen." Anderes steht in der That schlechterdings Nichts in dem von mir angezeigten Actenstücke; Herr v. Sybel hat es nur nicht gekannt, sondern mit jener anderen Depesche von demselben Tage verwechselt. Es ist dies einer der „einigen", in Wahrheit der beiden Fälle, in welchen Herr v. Sybel „in der Lage zu sein glaubt, notiren zu müssen, daß ich aus den preußischen Depeschen so ziemlich das Gegentheil dessen berichte, was in Wahrheit darin steht". Er kommt noch mehrmals auf diesen unverzeihlichen Fehler zurück. Wenn er mir später (S. 176) einmal vorwirft, in Wien eine — dort gar nicht vorhandene — Instruction Thugut's nicht benutzt zu haben, bricht er unter vielen anderen auch in die Frage aus: „Hätte Hüffer sie vielleicht durch dieselben Gläser betrachtet, wie Cäsar's Depesche vom 22. Juni oder Lucchesini's Brief vom 17. December 1794?" So viel über die eine der beiden Sybel'schen

Notirungen. Wer den Zwilling, den Brief Lucchesini's vom 17. December 1791 „durch die richtigen Gläser betrachtet habe", wird sich später herausstellen.

Herr v. Sybel schließt sein Kapitel mit der Bemerkung: „Daß der Kaiser zwei Briefe zu Gunsten Ypern's geschrieben, scheint Hüffer ein positiver Beweis für seinen Eifer, Belgien bis auf das Aeußerste zu behaupten." Die Wahrheit ist folgende. Herr v. Sybel bemerkt gegen Vivenot (histor. Zeitschr. XV, 88): das Schreiben des Kaisers vom 15. Juli, welches sein Bedauern über den Rückzug ausspricht, beweise Nichts für die früheren Monate; Vivenot müsse aus der Zeit vom 24. Mai bis zum 15. Juli Documente im Sinne dieses kaiserlichen Briefes liefern, sonst könne er, lautet der hübsche Ausdruck, „nur die Lachmuskeln seiner Leser reizen." Ich wies dagegen (S. 71) nach, daß der Inhalt des Schreibens allerdings für jene früheren Monate bedeutend sei, daß man aber bestimmte Documente und Befehle gegen einen Rückzug nicht wohl fordern könne, so lange ein Rückzug noch gar nicht angetreten, sondern jeder Tag durch blutige Kämpfe bezeichnet sei. Als Zeugniß für die Gesinnungen des Kaisers führte ich aber sein Benehmen kurz vor der Rückreise, insbesondere bei der Belagerung Ypern's an.

Die bedrohten Puncte waren damals die Sambre, wo der Erbprinz von Oranien, und Flandern, wo Clerfayt' befehligte, während Coburg zu Tournay ungefähr in der Mitte stand. Da die Franzosen an der Sambre immer von neuem andrängten, so hatte noch vor Ende Mai Coburg den Erbprinzen verstärkt, und dieser dann am 3. Juni in einem hitzigen Gefecht die Franzosen über den Fluß zurückgetrieben. Der Kaiser war selbst an die Sambre geeilt, um durch seine Gegenwart den Muth der Truppen zu beleben. [1]) Kaum nach Brüssel zurückgekehrt, erhält er die Nachricht, daß Ypern vom Feinde bedroht sei; sogleich gibt er am 5. Juni Coburg den Befehl, die schleunigsten Maßregeln zur Rettung des bedrängten Platzes zu ergreifen. Coburg schickt unverzüglich bedeutende Verstärkungen an Clerfayt

---

[1]) Vgl. Witzleben a. a. O. III, 244, für das Folgende III, 276, 335.

und rüstet sich, selbst zum Entsatz der Festung aufzubrechen.
Schon am 10. schreibt der Kaiser abermals, er halte den Entsatz
von Ypern für so wichtig, daß er persönlich an der Unternehmung
sich betheiligen wolle. Unmittelbar dem Briefe folgt der Kaiser
selbst; erst als ein neues Hervorbrechen der Franzosen über die
Sambre den Zug nach Flandern unmöglich macht, geht er am
nächsten Abend wieder nach Brüssel, um von da am 13. die
Rückreise anzutreten. Spät am 19. langt er in Wien an, Thugut, der bis zum 24. in Brüssel verweilte, kommt erst am 8.
Juli zurück; wenige Tage später trifft auch über die Schlacht
von Fleurus ein Bericht ein, den Coburg am 4. Juli durch den
Obersten Geringer nach Wien hatte abgehen lassen. Beinahe
umgehend antwortet der Kaiser durch das Schreiben vom 15.
Juli, welches in den entschiedensten Ausdrücken sein Bedauern
über den damals erfolgten Rückzug ausspricht, bei erster thun-
licher Gelegenheit zu offensiven Operationen auffordert und gegen den Irrwahn von dem angeblichen Vorsatze des Kaisers,
die Niederlande zu verlassen, Verwahrung einlegt. Das war
meine Darstellung; der Leser mag entscheiden, ob diese Thatsachen auf den Willen des Kaisers zur Räumung der Niederlande
schließen lassen. Herr v. Sybel zieht daraus die eben erwähnte
Folgerung: „Daß der Kaiser zwei Briefe zu Gunsten Ypern's geschrieben, scheint Hüffer ein positiver Beweis für seinen Eifer,
Belgien bis auf's Aeußerste zu behaupten." Ich frage, ist es
möglich mit einem solchen Gegner auszukommen, ist man nur
verpflichtet, ernstlich zu antworten?

Nichts ist übrigens eigenthümlicher, als was Herr v. Sybel
selbst über den Verlust von Ypern sagt. Er scheint in der That
zu glauben, man habe dem Feinde die Festung absichtlich in die
Hände gespielt, ob der Kaiser oder Coburg oder wer sonst,
ist nicht klar. „Coburg", schreibt er, „setzte am 10. Juni einen
Theil seiner Armee [zum Entsatze Ypern's von Tournay aus]
in Bewegung, da aber zeigten sich am Horizont zwei feindliche
Colonnen von unbekannter Stärke, alarmirten die Vorposten, und
bewirkten dadurch das Aufgeben des Marsches. Kaum aber hatte
Coburg diese Ordre ausgesprochen, so beeilten sich die feindlichen

Colonnen wieder zu verschwinden." „Der Mohr", jetzt Herr v. Sybel mit einer klassischen Wendung hinzu, „der Mohr hatte seinen Dienst gethan, der Mohr konnte gehen." Am nächsten Tage hielt man dann ein Vorrücken der Armee nicht für angemessen. Mich däucht, was den Prinzen aufhielt, ist nicht schwer zu erkennen. Noch am Abend des 3. Juni waren die großen Verstärkungen unter Jourdan an der Sambre ange= kommen, täglich mußte man neuem Ansturm entgegensehen, und am 12. überschritten 60,000 Franzosen den Fluß. Daß Coburg unter solchen Umständen, wo seine persönliche Anwesenheit an der Sambre täglich nothwendig werden konnte, sich nicht noch weiter nach Flandern entfernen wollte, ist doch erklärlich genug. Erst als die Franzosen am 16. nach hartnäckigem Kampfe über den Fluß zurückgeworfen sind, bricht er am 18. wirklich nach Ypern auf, aber schon am folgenden Tage wird er durch die Nachricht, daß die Franzosen am 18. abermals die Sambre über= schritten, zurückgerufen und führt nun alle kaiserlichen Truppen an den bedrohtesten Punct; es erfolgt die Schlacht bei Fleurus, der Fall von Charleroi, an welche dann der Rückzug sich anschließt.

Viertes Kapitel.

Der Rückzug aus Belgien.

I.

Das folgende Kapitel des „Ergänzungsheftes" beginnt mit mancherlei Vermuthungen über Thugut's Politik. Näher darauf einzugehen, finde ich keine Veranlassung, weil sie entweder der Begründung noch entbehren, oder an sich willkürlich und einander widersprechend sind. Ein besonderer Unstern scheint auch hier über meinem Gegner zu walten, sobald er der Polemik freien Lauf läßt.

Mit Witzleben hatte ich als einen Hauptbeweis gegen die absichtliche Räumung Belgiens den Briefwechsel Coburg's mit dem Kaiser angeführt, insbesondere die Briefe vom 15. und 31. Juli 1791. Auch Herr v. Sybel bezeichnete diese Briefe in der zweiten Auflage seiner Geschichte der Revolutionszeit schon in der Vorrede als solche, „in denen der Kaiser den Plan der Räumung ableugnet und zu kräftiger Offensive auffordert." Um dies Zeugniß abzuschwächen, bediente er sich der sonderbaren Auskunft: die Briefe „stammen aus einer Zeit, in welcher bei der Katastrophe Robespierre's und der Sendung Spencer's und Grenville's der Wiener Hof seine bisherige Politik suspendirt und für einige Wochen wieder eine kriegerische Haltung angenommen habe; sie beweisen also nichts für die früheren Monate." Ich bemerkte dagegen, Briefe, die am 15. und 31. Juli von Wien abgingen, könnten doch nicht wohl durch die Katastrophe Robespierre's, welche unvorhergesehen am 27. Juli in Paris sich ereignete, veranlaßt sein. Diese chronologische Erwägung scheint jetzt auch meinem Gegner einzuleuchten, aber er weiß sich zu helfen. Dieselben Schreiben, welche früher nach seinen eigenen Worten „eine kräftige Offensive fordern" und nur für die früheren Monate nicht beweisen sollten, die Zeugnisse, für deren Beseitigung selbst die Gesetze des Raumes und der Zeit zu einiger Nachgiebigkeit sich bequemen mußten, sie sind jetzt plötzlich zu „practischer Bedeutungslosigkeit," zu „kaiserlichen Stilübungen ohne reelle Bedeutung" herabgesunken (S. 80). Mir wird dabei (S. 75) vorgeworfen, das Schreiben vom 15. Juli sei für mich „der Anker, an den ich meinen ganzen Beweis gegen die Sybel'sche Auffassung mit dem Satze anknüpfe: Es sei unmöglich, daß, wer am 15. Juli so geschrieben, früher an die freiwillige Räumung Belgiens irgendwie gedacht habe." Aber ich überlasse der Geschicklichkeit des Herrn v. Sybel, die Gedanken der Menschen, auch wenn sie „darüber niemals Mittheilung machten", an's Licht zu ziehen, meinestheils beschränke ich mich lieber auf die Thatsachen. Und so habe ich auch hier (S. 71) nur behauptet: wer am 15. Juli so wie der Kaiser geschrieben, könne früher keinen Befehl zum Rückzug und zur Räumung Belgiens gegeben haben. Dies folgt in der That mit aller Bestimmtheit aus des Kaisers Worten, und eben so, daß sie einen weiteren Rückzug ohne militärische Nöthigung ausschließen. Daß sie aber, wie Herr v. Sybel in seiner Vorrede angibt, „eine kräftige Offensive forderten", dies habe ich nicht einmal behauptet; sondern im Gegentheil ich zuerst habe hervorgehoben, daß der Brief vom 31. Juli, und der spätere vom 14. August den Beginn neuer Offensive von dem Ausfall der Unterhandlungen mit England abhängig machten. Diesen Gedanken greift Herr v. Sybel auf, aber wieder, um ihn in seiner Weise zu übertreiben, so daß die Briefe nun eben dadurch jede Bedeutung verlieren sollen. Wer die vollständigen Actenstücke bei Witzleben, oder nur die in meinem Buche mitgetheilten Auszüge lesen will, wird finden, daß sie genau enthalten, was ich angegeben habe, nicht mehr und nicht weniger.

Beinahe eben so willkürlich verfährt Herr v. Sybel (S. 66) mit
dem Schreiben, welches der Kaiser am 29. Mai, nicht lange vor
der Abreise, an Coburg richtete. ¹) „Ich überlasse“, heißt es darin,
„mit vollstem Vertrauen die Armee wieder Ihrer klugen und
ruhmvollen Führung.... Ich habe Ihnen keine besondere An=
weisungen zurückzulassen, da die Umstände des Krieges, die Lage
der Armee und der innere Zustand der Truppen vollständig be=
kannt sind. Was ich dennoch diesfalls zu bemerken finde, ist,
daß die Conservirung meiner braven Truppen, die Erhaltung
der strengen Militär=Ordnung, der Mannszucht und der Gerech=
tigkeit in allen Regimentern und Corps Gegenstände sind, die
mir vorzüglich am Herzen liegen.“ Die Worte sagen schwer=
lich etwas anderes, als daß dem Kaiser das Schicksal der
Armee in hohem Maße am Herzen liege. Herr v. Sybel,
nachdem er sie für seine Zwecke zugestutzt, findet darin so=
gleich den Beweis, daß der Prinz bei der ferneren Kriegführung
kein anderes Augenmerk haben solle, als die Armee unversehrt
zu erhalten. „Nicht die Behauptung des Landes“, sagt er, „son=
dern die Bewahrung der Truppen bildet also von nun an die
Aufgabe.“

Noch mehr. Am 12. August erläßt der Hoffkriegsrath an den
Befehlshaber der Rheinarmee den Befehl, alle Kräfte aufzuwen=
den, um Luxemburg, Mannheim und Mainz zu behaupten, und
außer dem Falle der dringendsten Gefahr keinen Rückzug anzu=
treten. Dieser Befehl wird zur Kenntnißnahme auch Koburg
mitgetheilt, und die Sorge für Luxemburg besonders ihm und
dem Commandanten Marschall Bender übertragen. ²) Gleich findet
Herr v. Sybel wieder den Beweis, Coburg, der damals an der Maas
stand, solle sich jetzt nicht mehr um die Niederlande, sondern einzig
um Luxemburg noch kümmern, obgleich zwei Tage später, am 14. Au=
gust, der Kaiser ihm ausdrücklich schreibt, „daß in dem gegenwärtigen

¹) Witzleben a. a. O. III, 271.
²) Vivenot, Herzog Albrecht von Sachsen=Teschen I, 131. Man erkennt
das Verhältniß aus dem Briefe des Kaisers vom 14. (13.) August, der
vollständig in Vivenots neuestem Werke S. 15 zu lesen ist.

Augenblick allen Gedanken von weiteren Retraiten ganz zu ent-
sagen und sich blos mit der Ausfindigmachung offensiver Operationen zu beschäftigen sei." [1]) Es ist eben überall derselbe
Mangel an kritischem Sinn, dasselbe willkürliche Verfahren, das
man schon durch die aus der Geschichte der Revolutionszeit in
meinem Buche angeführten Stellen, aus den Briefen Clerfayts
vom 7. October, Thuguts an Pelser und so vielen anderen kennen lernte, und das Vanjen, wenn ich ihn noch einmal anführen darf, mit den Worten bezeichnet: „Wo nichts heraus zu ver-
hören ist, da verhört man hinein."

Nicht lange nach diesem Briefe, Ende August, trat Koburg
zurück und überließ dem Grafen Clerfayt den Oberbefehl. Sein
Abschiedsgesuch hat bekanntlich vielfache Erörterungen hervorgerufen. Schon im März 1795 erschienen als Flugblätter, später
in einer Zeitschrift: „Das neue graue Ungeheuer, herausgegeben
von einem Freunde der Menschheit, Upsala 1797" zwei gefälschte
Schreiben des Prinzen von Coburg, die dann oft angeführt und,
nach einer handschriftlichen Mittheilung, in längeren Auszügen
von Häusser und Herrn v. Sybel ihren Werken einverleibt wurden. Was ich darüber sagte, veranlaßt Herrn v. Sybel (S. 80)
zu folgender Bemerkung: „Bei Gelegenheit dieses Gesuchs
verbreitet sich Hüffer S. 106 mit höflicher Ueberlegenheit über
den Fehler, den Häusser und ich (in meiner ersten Auflage) gemacht, ein apokryphes Gesuch als echt zu benutzen, obwohl die
Fälschung hier völlig so grob" — sollte die höfliche Ueberlegenheit sich so ausdrücken? in Wahrheit habe ich von einer nicht
sehr viel geschickteren Fälschung gesprochen — „wie etwa bei den
Matinées royales zu Tage liege. Diese Weisheit ist heute allerdings
dings sehr wohlfeil zu haben, nachdem Witzleben aus ungedruckten Acten die echte Eingabe und die Daten zur Kritik der falschen geliefert hat: Hüffer möge aber entschuldigen, wenn ich
sogar seinem kritischen Scharfsinn die Entdeckung der Fälschung
ohne Witzlebens Materialien nicht zutraue, und deshalb jetzt, wo
aus meinem Buche das falsche Actenstück längst entfernt ist, seine

[1]) Oestreich und Preußen S. 79.

Belehrung als eine völlig überflüssige ablehne." Hier ist zunächst zu bemerken: meine Ausführung hatte gar nicht den Zweck, Herrn v. Sybel zu belehren, sondern meinen Lésern einen vielleicht nicht uninteressanten Beitrag zur Geschichte derartiger Fälschungen zu geben. Dagegen sind die vorzüglichsten von mir hervorgehobenen Beweise der Unächtheit gar nicht dem Buche Witzlebens entnommen. Denn schon ehe es erschien, war der Charakter Coburgs hinreichend bekannt, um die Annahme auszuschließen, daß er seinem Kaiser in solchem Tone geschrieben habe; auch Lucchesini's Mittheilung vom 11. April 1795, der Prinz habe dem Kaiser seine Dienste wieder angeboten, und vor Allem die entscheidende in dem Document enthaltene falsche Angabe über das verspätete Eintreffen Clerfayts auf dem Schlachtfelde von Valmy, alles dieses hätte Herr v. Sybel ganz so wohl vor als nach dem Erscheinen des Witzleben'schen Buches in Anschlag bringen können. Was ich sagte war übrigens gar nicht vornehmlich gegen ihn gerichtet — ich erwähnte ausdrücklich, er habe das gefälschte Document schon in der zweiten Ausgabe fallen lassen — sondern vielmehr gegen Vivenot's unzeitige Heftigkeit und gegen Häußer, zu dessen Entschuldigung ich aber auch bemerkte, er würde wohl bei dem Erscheinen der zweiten Ausgabe das Buch von Witzleben noch nicht vollständig gelesen haben. Ich weiß deshalb nicht, warum gerade Herr v. Sybel meine Erörterung so übel aufgenommen hat; ich weiß nur, daß seine Anmerkung wie seine ganze Schrift eben so sehr von Höflichkeit als von Ueberlegenheit Zeugniß giebt.

Weit merkwürdiger ist Folgendes: Noch vor zwei Jahren wurde Vivenot's „stumpfe Unwissenheit" bei Auswahl der mitgetheilten Documente gescholten. „Ist es ihm", hieß es, „nun Ernst um die Förderung der historischen Wissenschaft, will er uns wirklich belehren oder widerlegen über die Räumung Belgiens, so theile er die Correspondenz Mercy's und Thugut's mit" (Historische Zeitschrift XV, 114). Der Tadel gegen Vivenot ist unbegründet, denn Briefe Mercy's waren in Wien damals noch nicht aufgefunden; aber allerdings: von der Wirksamkeit und den Aeußerungen dieses Staatsmannes,

des leitenden Ministers im Hauptquartier, mußte wesentlich unsere
Entscheidung abhängen; er galt damals nach Witzlebens Darstellung noch als Anhänger der Räumung Belgiens. Ich sprach
dagegen (S. 103) nach den Memoiren des Grafen de la Marck
die Vermuthung aus, Mercy sei der entgegengesetzten Ansicht
gewesen, und diese Vermuthung wird durch die vorerwähnte
Schrift des Abbé de Pradt vollkommen bestätigt. Wir sehen,
daß Mercy gerade an der Spitze derjenigen stand, welche schon
im eigenen Interesse alles aufboten, Belgien mit Oestreich vereinigt zu halten. Ein stärkeres Argument gegen die Sybelsche
Ansicht ist nicht leicht aufzufinden; es darf beinahe für entscheidend gelten, denn man wird doch nicht mit der Ausführung einer Maßregel gerade den Mann betraut haben, welcher ihr am
eifrigsten entgegen war. Allein Herr v. Sybel läßt sich das
nicht anfechten. Gerade wie früher die kaiserlichen Briefe, so
verliert auch Mercy in demselben Maße, in welchem er dem
Geschichtschreiber bedeutender und für Herrn v. Sybel unbeque-
mer wird, in seinen Augen an Gewicht. Die frühere Aufforderung an Vivenot ist vergessen. Nur beiläufig heißt es einmal
in einer Note [1]): „Es bedarf kaum noch der besondern Bemerkung, daß Witzleben im Irrthum war, wenn er annahm, daß
Mercy wie Waldeck eine Vertrauensperson Thuguts in den belgischen Angelegenheiten gewesen, und daß Hüffer diesen Irrthum
noch erweiterte, wenn er Aeußerungen Mercy's als Beweise für
Thuguts Ansichten über Belgien anführt.“ Und nun höre man,
wie Thugut selbst über Mercy sich ausspricht, und zwar demselben Waldeck gegenüber, mit welchem er für die Räumung Belgiens conspirirt haben soll. Kurz vor der Rückreise nach Wien
am 24. Juni schreibt er dem Fürsten aus Brüssel, bedauert, daß
er ihn nicht selbst mehr sprechen könne, und fährt dann fort:
„Der Graf Mercy d'Argenteau, welcher unverzüglich im Hauptquartier seinen Aufenthalt nehmen wird, will die Güte haben,

---

[1]) S. 83. In derselben Note ist noch von einer „falschen Insinuation“ die
Rede, die ich S. 103 gemacht haben soll. Was ich dort sage ist genau
das Richtige.

mit Ew. Hoheit die verschiedenen Gegenstände zu besprechen, welche ich Ihrer Einsicht zu unterbreiten wünschte. Dieser Minister, eben so erleuchtet als eifrig im Dienste Sr. Majestät, welcher den Verdiensten Ew. Hoheit volle Gerechtigkeit widerfahren läßt, ist im Voraus entschlossen, um Ihr Vertrauen zu bitten, indem er Ihnen ganz und gar das seinige schenkt. Ich zweifle nicht, Ew. Hoheit werden ihm geneigtest die Mittel erleichtern, sich unausgesetzt von der Lage der Dinge genau unterrichtet zu halten, über die er versprochen hat, mir Mittheilung zu machen. Unter den gegenwärtigen Verhältnissen kann nur die vollkommene Uebereinstimmung und die vereinte Kraft aller Diener Sr. Majestät das Gute zu Wege bringen." [1])

Wie früher auf Mercy's, so beruft sich Herr v. Sybel jetzt auf einen Briefwechsel Waldeck's mit Thugut. Ich muß aber fürchten, daß auch dieser nach den Stellen, die ich vorher aus den Briefen des Lord Cornwallis mittheilte, für Herrn v. Sybel an Bedeutung eingebüßt hat. Uebrigens ist schon die Annahme seiner Existenz willkürlich. Das eben angeführte Schreiben, wie es scheint, ein Empfehlungsbrief für Mercy, ist das einzige, welches Witzleben nach den eifrigsten Nachforschungen aufgefunden hat. Darin heißt es allerdings am Schluß: „Es würde mir eine Freude sein, wenn Ew. Hoheit in den Augenblicken, wo Sie weniger von Geschäften bedrängt sind, sich zuweilen meiner erinnern, mir Nachrichten von sich und Zeichen Ihres Vertrauens geben wollten." Ob aber in dieser Wendung die ernstliche Aufforderung zu dauerndem Briefwechsel oder eine kaum vermeidliche Form der Höflichkeit zu erkennen sei, ob sie einen politisch bedeutenden oder irgend einen Erfolg gehabt habe, läßt sich schlechterdings nicht entscheiden. [2])

Ich habe eben das Buch von de Pradt genannt: dies führt

---

[1]) Witzleben a. a. O. III, 318.

[2]) Aus einem Briefe Thugut's an den Grafen Colloredo vom 23. Juni sieht man jetzt, daß Waldeck früher einmal in einem vertraulichen Briefe sich über Intriguen in der Armee beklagt hatte; vgl. Vivenot: Thugut, Clerfayt und Wurmser, S. XLV.

mich noch zuletzt zu einem neuen, eigentlich dem einzig neuen
Argument meines Gegners. Vorerst ist aber die Art, wie er
es einführt, bemerkenswerth. In den vor Kurzem veröffent=
lichten Briefen von Gentz an Pilat wird eben jenes Buch am
8. Januar 1821 genannt und beurtheilt. [1] Kaum ist Herrn
v. Sybel dies Citat vor Augen gekommen, so setzt er in seine
Zeitschrift (XIX, 450): „solchen Forschern wie mir entgingen
gerade an den wichtigsten Stellen die entscheidenden Beweisma=
terialien, z. B. die Erklärung des Abbé de Pradt, der im Jahre
1794 ein vertrauter Freund des Grafen Mercy und des Gene=
ral Mack gewesen, daß Belgien freiwillig geräumt sei, und die
fernere Erklärung Friedrichs von Gentz, daß diese Angabe voll=
kommen wahr sei." Er vergißt, daß er sich selber einen weit
stärkeren Schlag versetzt, als mir. Denn wenn seinen eigenen
Forscherblicken das de Pradt'sche Buch beinahe zwanzig Jahre
entgehen konnte, ist es ein Wunder, wenn es während kürzerer
Zeit auch mir entgangen ist? Ich zweifle aber nicht: Herr v.
Sybel findet bei fleißigerem Nachsuchen noch manches wichtige
Buch, das so wohl mir als ihm bisher nicht bekannt wurde.
Eben habe ich noch die Correspondenz des Lord Cornwallis an=
geführt, ein sehr bedeutendes Werk, von mehreren Bänden, vor
neun Jahren erschienen, das man wohl hätte kennen sollen, das
aber Herrn v. Sybel gleichwohl unbekannt geblieben und mir
beinahe durch Zufall während des letzten Sommers in die Hände
gekommen ist. Wie thöricht, wollte ich daraus bei dem Ueber=
maß der neueren geschichtlichen Literatur dem Herrn v. Sybel
einen Vorwurf machen! Was soll man denn zu der kindlichen
Freude sagen, mit welcher er sich rühmt, einen, als ich arbei=
tete, noch ungedruckten Brief von Gentz vor mir voraus zu haben

---

[1] Briefe von Friedrich v. Gentz an Pilat, herausgegeben von Mendelssohn=
Bartholdy, Leipzig 1868. Der Brief vom 8. Januar eröffnet den zwei=
ten Band. Er findet sich auch schon in den Mittheilungen des Freiherrn
von Prokesch=Osten „Aus dem Nachlasse Friedrichs v. Gentz", I, 66,
Wien 1867. Mir und — ich habe Grund zu dieser Annahme — auch
Herrn v. Sybel sind beide Ausgaben erst nach dem Abschluß meines
Buches bekannt geworden.

und eine Broschüre, die vor vierzig Jahren erschienen, und vor wenigen Monaten durch eben jenen Brief zu Herrn v. Sybel's und zu allgemeiner Kenntniß gelangt ist?

Doch wozu rede ich von der Polemik des Herrn v. Sybel? Fragt man nach dem Inhalt des Buches, so wird man immer den Herausgebern der Gentzischen Briefe für den Fingerzeig verpflichtet sein. De Pradt, wenn auch nicht, wie Herr v. Sybel angibt, der vertraute Freund Mercy's, hatte doch häufigeren Umgang mit ihm; wenn auch keineswegs ein zuverlässiger Schriftsteller, war er doch ein kluger Beobachter, und sein Buch enthält unter einer Fülle wenig bedeutender Redensarten auch eigenthümliche Nachrichten über Personen und Zustände jener Zeit. Er erzählt, daß in Wien damals zwei Parteien sich gegenüber standen, die eine zur Erhaltung, die andere zum Aufgeben Belgiens geneigt. Diese letztere, meint er, habe nach der übeln Wendung des Feldzuges im Mai das Uebergewicht erlangt und den Beschluß vom 24. durchgesetzt. Ueber die Gründe, welche schon lange dahin drängten, findet man ausführliche und manche gewiß richtige Bemerkungen. Wenn ein Schriftsteller wie de Pradt in dieser Weise sich äußert, wenn ein Staatsmann wie Gentz erklärt, „er habe sein Buch mit Vergnügen gelesen, und finde es mit wenigen Restrictionen durchaus wahr", so ist dieser Umstand bei Beurtheilung der vorliegenden Frage keineswegs zu übersehen. Wäre er mir früher bekannt und zu kennen möglich gewesen, ich hätte gewiß nicht verfehlt, ihn in Anschlag zu bringen. Aber meine Meinung würde er nicht verändert haben. Was zunächst Gentz angeht, der acht Jahre nach dem Verlust Belgiens in östreichische Dienste trat, so ist immer möglich, sogar wahrscheinlich, daß er sich nach den Einzelnheiten jener Ereignisse erkundigte, daß er die richtige Auskunft erhielt und sie auch viele Jahre später noch im Gedächtnisse hatte. Aber in dem Grade wahrscheinlich, daß man darauf eine bestimmte Entscheidung gründen dürfte, ist es doch wieder nicht. Dann sagt er selbst, das Buch von de Pradt sei „durchaus wahr", aber „wenige Restrictionen" abgerechnet. Unter dieser Einschränkung bin ich mit seinem Urtheil völlig einverstanden. Hat zu den Restrictionen auch die

5 *

Angabe über den Rückzug gehört? Es ist freilich nicht gewiß, aber mindestens wahrscheinlich. Denn daß am 24. Mai ein großer Kriegsrath die Räumung Belgiens beschlossen habe, ist so völlig widersinnig, daß ein Mann wie Gentz unmöglich daran glauben konnte. Diese Angabe ist aber beinahe das einzige Thatsächliche, was de Pradt über den Rückzug mittheilt. Nimmt man Alles zusammen, so spricht, was er sagt, weniger für, als gegen die Sybel'sche Ansicht. Denn weit entfernt, jenen Beschluß des Kriegsraths zu verurtheilen, billigt er ihn vielmehr und meint, man hätte schon früher den Rückzug antreten sollen, weil es mit den vorhandenen Kräften unmöglich gewesen sei, das Land zu behaupten. Nach de Pradt war man also zur Räumung gezwungen, weil die Mittel des Widerstandes nicht ausreichten, nach Herrn v. Sybel wollte man die Räumung, obgleich die Mittel ausreichten. Von allem das Wichtigste und in der That das entscheidend Wichtige sind aber die Nachrichten über Mercy und den Grafen de la Marck, dessen Aeußerungen über Thugut jetzt gleichfalls an Werth gewinnen. Ich habe schon darauf hingewiesen, daß man doch mit der Ausführung einer Maßregel nicht die Personen betraut, die ihr am entschiedensten entgegen sind. Und nun müßte man weiter fragen, wer hat denn diese Maßregel, wer hat den Rückzug in Belgien zur Ausführung gebracht? An der Spitze der Verwaltung stehen die beiden Männer, welche nach ihrer ganzen Vergangenheit, nach ihren eigensten Interessen Alles für die Behauptung Belgiens einsetzen mußten, an der Spitze des Heeres Coburg, an dessen Wunsch, die Franzosen zurückzuschlagen, kein verständiger Zweifel möglich ist. Es blieben also allein die Intriguen Walbeck's, der doch immer nur in einer untergeordneten Stellung sich befand, und dessen Gesinnungen nicht einmal feststehen.

Daß auch der Kaiser für die Erhaltung des Landes eintrat, ist nach seinem Benehmen in Belgien und nach den späteren Briefen nicht zu bezweifeln. Eine Frage bleibt nur: ob Thugut eben so eifrig war. Witzleben hatte zwischen beiden einen Unterschied angenommen. Ich bemerkte dagegen, daß die mehrfach erwähnten Briefe vom 15. und 31. Juli nach Vivenot's Mit=

theilung von Thugut selbst entworfen seien. Aber dies ist kein
völlig ausreichender Grund; denn es bleibt immer möglich, daß
ein Minister auf Befehl seines Kaisers Briefe schreibt, deren
Inhalt er mißbilligt, und deren Wirkung er zu vereiteln sucht.
Es lohnt die Mühe, einen Augenblick bei dieser Frage zu ver-
weilen.

II.

Aus Thugut's Briefwechsel mit dem einflußreichen Cabinets-
minister Grafen Franz Colloredo theilt Vivenot interessante Auszüge mit. [1]) Ein Brief aus Valenciennes vom 19. Mai, unmittelbar nach der Schlacht bei Tourcoing geschrieben, zeugt noch
von dem Eindruck jener unglücklichen Ereignisse, über welche eben
Nachricht eingelaufen war. Das, meint Thugut, sei die Folge
der kleinlichen Zwistigkeiten, der eigennützigen Intriguen im
Hauptquartier. Warum habe man den Krieg mit der Belagerung von Landrecy, und nicht mit einer großen, kühnen Unternehmung angefangen? Er würde gern nach Tournay kommen,
fürchtet aber zu stören, da die Aufmerksamkeit des Kaisers wohl
ganz und gar durch die militärische Lage, die Nothwendigkeit,
schnelle Hülfe zu schaffen, in Anspruch genommen sei. Vier Wochen später, am 23. Juni, schildert er die Verwirrung und Rath-
losigkeit der belgischen Regierung bei dem Heranziehen der Franzosen gegen Brüssel. Statt des Planes einer Räumung hatte man
leider — es zeigt sich nur zu deutlich — gar keinen Plan.
Graf Metternich war ganz außer sich, er hatte alle Pferde, alle
Fahrzeuge in Beschlag genommen, um den letzten Tisch, den letzten Stuhl, die letzte Flasche aus seinem Keller mitzuschleppen.
Der gute Marschall Bender redete in den Tag hinein, Mercy
blieb Herr seiner selbst, brachte aber auch nichts als leere Worte
und unausführbare Vorschläge. „Ich hätte weinen mögen", fährt
Thugut fort, „wenn ich an die tiefe Verachtung dachte, welche die
Fremden, Zeugen dieser Verwirrung, über eine Verwaltung wie

---

[1]) Thugut, Clerfayt und Wurmser, S. XLIV fg.

die Brüsseler zu äußern sich nicht erwehren konnten." „Jeder folgt nur seinem Kopfe," heißt es weiter, „es ist eine vollkommene Anarchie. Ich bin in Verzweiflung, Ew. Excellenz mit meinen ewigen Klagen zu behelligen, aber die Lage verschlechtert sich von Tag zu Tag. Wir stehen am Rande des Abgrunds; wenn der Kaiser sich nicht zu großen Veränderungen entschließt, gibt es kein Mittel mehr, uns vor unheilbarem Untergange zu bewahren." Wenige Tage später reist Thugut ab; am 15. Juli erfolgt dann aus Wien jenes oft erwähnte Schreiben an Coburg, um dem Rückzuge Einhalt zu thun.

Gibt es Zeugnisse, wie Thugut über diesen Befehl gedacht hat?

Am 20. schickt er eine Depesche des Grafen Starhemberg an Colloredo. „Sie sehen", setzt er hinzu, „wie viel die falschen Gerüchte von unserer Absicht, die Niederlande zu verlassen, durch unbesonnenes Geschwätz, vielleicht gar durch andere Intriguen zu Ansehen gebracht, uns in London hätten schaden können. Indessen die Macht der Umstände und das gegenseitige Bedürfniß wird uns die Engländer wahrscheinlich bald wieder zuführen. Ich wünsche vor Allem, die Abreise des Herrn v. Mercy nach London zu vernehmen."

Und zwei Tage später: „Ew. Excellenz finden hier einen Brief des Grafen Mercy, den ich diesen Morgen erhalten habe. Ich freue mich, daß Herr v. Mercy in das Hauptquartier zurückgekehrt ist, und ich bin in Verzweiflung, daß seine Reise nach Cöln ihn davon entfernt hielt. Ganz gewiß hätte er die letzten so schmachvollen und verderblichen Ereignisse zum großen Theil verhindert. Denn, unter uns, es ist offenbar, daß alle unsere Weißröcke mit Maria-Theresiabändern ganz und gar den Kopf verloren hatten. Ich hoffe, die Ankunft Geringer's und der Befehl, festzuhalten und so bald als möglich wieder zum Angriff überzugehen, wird ihnen das Herz wieder auf den rechten Fleck setzen."

Herr v. Sybel glaubt freilich „für die practische Bedeutungslosigkeit" eben dieses Befehls einen Beweis zu finden. Er erzählt (S. 80), daß „Coburg trotz der vorgeschriebenen Entsatz-

verſuche den Commandanten der belagerten Feſtungen Vollmacht
zur Capitulation gegeben habe," und deutet an, die kaiſerlichen
Briefe ſeien von Thugut durch beſondere Anweiſungen an Waldeck außer Kraft geſetzt. Aber eine Mittheilung Vivenot's
wendet auch dies Argument des Herrn von Sybel gerade
gegen ihn. Sehr erzürnt über den Fall von Valenciennes ließ
Thugut den Commandanten vor ein Kriegsgericht ſtellen; dieſer
berief ſich zu ſeiner Rechtfertigung auf zwei Schreiben Coburg's
vom 18. und 27. Juli. Allein die Echtheit dieſer Schreiben wurde
beſtritten, und gerade Thugut hielt ſie für unecht; „denn ſonſt,"
ſchreibt er am 25. October an Colloredo, „müſſe man argwöhnen,
es habe in der Kanzlei des Prinzen Coburg Menſchen gegeben,
welche die Uebergabe von Valenciennes hätten beſchleunigen
wollen, aus Furcht, die wiederholten Befehle des Kaiſers könnten
die Armee wieder zum Vorrücken und zum Entſatz der Feſtungen nöthigen." Er fordert deshalb die ſtrengſte Unterſuchung
nach dem Urſprung dieſer ſonderbaren Schreiben. Herr v. Sybel
wird vielleicht einwenden, Alles dies ſei nur Verſtellung; Thugut habe von den Schreiben gewußt, den Verdacht von ſich fern
halten und die Unterſuchung ſpäter vereiteln wollen. Allein,
was geſchah, als man Coburg um Aufklärung anging? Der
Prinz antwortete am 4. Januar 1795, die Schreiben ſeien nach
Zeit und Umſtänden der Lage verfaßt und vollkommen richtig. [1]
Erſt am 11. Auguſt hatte er in Folge des erneuerten Befehls
vom 31. Juli dem Commandanten geſchrieben, „es ſei der aus-
drückliche Wille des Kaiſers, daß die eroberten Feſtungen auf
das äußerſte und nachdrücklichſte vertheidigt würden." Aber
dieſer letzte Brief war nicht angekommen, und der Commandant
mußte denn auch völlig freigeſprochen werden. [2]

Es lag alſo wahrlich nicht in der Abſicht des Wiener Hofes
und Thugut's, wenn die überſandten Befehle nicht zur Ausführung gelangten; aber noch mehr: man erkennt aus dieſem Vorgange, daß Thugut in die Intriguen des Hauptquartiers gar keinen

[1] Vgl. Witzleben a. a. O., III, 374.
[2] So berichtet Luccheſini am 18. März 1795.

ſicheren Einblick beſaß. Denn er hielt ja die ächten Schreiben
für unächt, für das Werk der Intrigue, und ich wüßte ſchlech-
terdings keinen Grund zu finden, warum er dieſen Glauben,
wenn er ihn nicht theilte, zum Schein ſollte angenommen
haben.

Herr v. Sybel bringt aber noch ein Zeugniß aus Wien und
verbindet damit einen Vorwurf gegen mich. Zu Anfang des
Kapitels macht er folgende Bemerkung: „Hüffer rügt es einmal,
daß ich Lascy als einen der einflußreichſten Männer in Wien
bezeichne, während er beim Kaiſer in Ungnade gefallen und wenig mehr gehört worden ſei. ... Wenn eine ſolche (Lascy's)
Stellung nicht „„einflußreich"" heißen ſoll, ſo wird ihr Inhaber
wenigſtens für wohl unterrichtet und ſein Zeugniß über
die Ziele des augenblicklichen Regierungsſyſtems ge-
wichtig zu nennen ſein, und nur hierauf kommt es mir an
der von Hüffer beſtrittenen Stelle an." Das Wahre
iſt Folgendes. In meinem Buche (S. 90) erwähne ich unter
den Zeugniſſen für die freiwillige Räumung Belgiens eine Mittheilung Lucchesini's über den Marſchall Lascy, in welcher er
ſich auf den General Wallis beruft, füge aber hinzu: dieſe Nachricht iſt deshalb nicht von Bedeutung, weil Lascy ebenſowohl
als Wallis nicht, wie Herr v. Sybel meint, zu den „einflußreichſten Perſonen Wiens" gehörte, ſondern gerade damals ohne
Einfluß war, und ſich dafür durch eine bittere Kritik der Regierung entſchädigte. Die Mittheilung ſelbſt vom 19. Juni lautet
folgendermaßen: „General Lascy hat längſt den Plan gefaßt,
und vertritt ihn jetzt offen, man müſſe die Armee aus
Belgien herausziehen, das Rheinheer um 50,000 Mann verſtär-
ken, den Reſt in die Erblande bringen, die Vertheidigung Belgiens, deſſen Beſitz dem Kaiſer weniger als je am Herzen liegt,
den Seemächten überlaſſen, etwas Mannſchaft nach Italien werfen und ſonſt mit geſammelter Kraft in der polniſchen Sache
auftreten, übrigens endlich vor allen Dingen nach baldigem Frie-
densſchluß mit Frankreich trachten. Ich kenne dieſe Anſichten",
ſetzt Lucchesini hinzu, „durch General Wallis, Lascy's Freund und

Schützling." [1] Es verhält sich also gerade, wie ich angab, und gerade umgekehrt, wie Herr v. Sybel behauptet: Lucchesini führt den Marschall nicht als Zeugen für die Ansichten des östreichischen Ministeriums an, sondern als Jemanden, der selbst einen Plan gefaßt habe und offen vertrete. Und Herr v. Sybel versteht dies auch gerade so; denn er setzt hinzu: „daß Lascy und Wallis damals zu den einflußreichsten Personen in Wien gehörten, leidet eben so wenig Zweifel, wie die Thatsache, daß die Ereignisse sich ganz in der von ihnen gewünschten Richtung entwickelt haben."

Ich bitte, noch den Schluß meiner Bemerkung in's Auge zu fassen: Lascy suchte sich für den verlorenen Einfluß dadurch zu entschädigen, daß er die Maßregeln der Regierung einer scharfen Kritik unterwarf. Wenn also Lascy eine Ansicht verficht, so liegt darin beinahe der Beweis, daß Thugut das Gegentheil verfochten habe. Dies wird eben hier in überraschender Weise bestätigt. Der Marschall, wenn auch von der Leitung der Geschäfte entfernt und insoweit ohne Einfluß, blieb immer ein sehr angesehener Mann; er war, wie man aus Lucchesini's Depeschen erkennt, das Haupt der Thugut feindseligen Partei. Diese wünschte und hoffte, ihn an die Spitze der Geschäfte zu bringen, und bei der geringen Selbstständigkeit des jungen Kaisers war sogar in der Hofburg einmal Rede, ihm den Oberbefehl in Belgien zu übertragen. Thugut — seine Stellung war damals noch keineswegs so fest und von so unbegränztem Einfluß, als man gewöhnlich annimmt — faßte sogleich einen entscheidenden Entschluß. Sollte der Plan zur Ausführung kommen, schrieb er am 26. Juli an Colloredo, so möge der Kaiser ihn seines Amtes entheben und dem Marschall die gesammte Staatsverwaltung übertragen. Als Hauptgrund führt er Folgendes an: „Ich kann nicht umhin, die Ernennung des Marschall Lascy zum Befehlshaber der Armee als die unabänderliche Entscheidung der Kriegsgeschicke und des großen Streites zu betrachten, welcher Europa in diesem Augenblicke bewegt. Ich glaube, Niemand wird in

---

[1] Geschichte der Revolutionszeit, III, 112.

Abrede stellen: Wenn es noch ein Mittel gibt, die Ungeheuer,
welche mehr als jemals Alles bedrohen, zu Paaren zu treiben,
so wird man nur durch die Kühnheit der Unternehmungen, durch
den kräftigsten Angriff dahin gelangen. Aber hat man jemals,
seitdem der Herr Marschall v. Lascy in den Waffen sich bekannt
machte, eine einzige Offensivoperation von seiner Seite gesehen?
Hat man vergessen, wie der Marschall v. Loudon, welcher doch
für einen Kenner galt, über die Art seines Talents geurtheilt
hat? Kann man annehmen, daß siebenzig Jahre und die Schwächen des Alters einen militärisch unternehmenden Geist da zur
Blüthe bringen, wo er mit vierzig und fünfzig Jahren nicht
vorhanden war? Ich sehe deshalb mit Bestimmtheit voraus:
sollte die fragliche Idee sich verwirklichen, so wäre die unaus-
bleibliche Folge, daß gleich nach Ankunft bei der Armee nach
Wien geschrieben würde, man müsse sofort 100,000 neue Rekru-
ten in den Erbstaaten ausheben, man müsse um jeden Preis,
selbst um den Preis des Restes von Schlesien, von Lucchesini
80,000 Preußen ausbedingen, ferner man bedürfe 40,000 Russen
und 30 bis 40 Millionen klingender Münze für den nächsten
Monat, und, wenn alles dies nicht auf der Stelle geliefert werden kann, man müsse Frieden machen durch Abtretung der Niederlande und Unterwerfung unter alle Befehle Robespierre's.
Und wenn man vorstellt, daß selbst um den Preis der größten
Opfer keine große Wahrscheinlichkeit für den Frieden zu gewahren sei, so würde die Antwort lauten: „„Das ist nicht meine
Sache, es gibt kein Mittel mehr, Alles ist schon verdorben, die
Armee kann und wird keinen Schritt mehr vorwärts thun, richtet
euch ein, wie ihr wollt."" Ich wage zu fragen, was wird man
thun in solchem Falle?"

Nimmt man diese Zeugnisse zusammen, dazu einige Berichte
Cäsar's, welche durchaus übereinstimmen, so möchte man Thugut
für den eifrigsten Gegner des Rückzugs halten. Ganz Unrecht
hätte man gewiß nicht. Daß Thugut die Behauptung Belgiens
wünschte, daß er nicht „die Oestreicher hinaus und die Franzosen
hinein bringen wollte," daß er die übereilte Räumung gern verhindert, mit den vorhandenen Mitteln das Land gern zurück-

erobert hätte, daran ist nicht zu zweifeln. Wie erklären sich aber die Beschwerden der englischen Staatsmänner und Generale, die sogar auf Thugut's eigene Worte sich berufen? Freilich, was ich über die beschränkte Glaubwürdigkeit solcher Berichte sagte, ist vollkommen begründet; unzweifelhaft hat Thugut, um die Engländer anzuspornen, den Werth Belgiens geringer dargestellt, als er war und als er selbst ihn hielt. Herr v. Sybel sucht dies zu bestreiten, aber durch Worte, nicht durch Gründe, und durch ein von Vivenot mitgetheiltes Document wird es nicht nur bestätigt, sondern man sieht: der Gedanke ist nicht einmal Thugut eigenthümlich, wie er denn auch gar zu sehr durch die Natur der Verhältnisse gegeben wird. Zu Ende des Jahres 1792, als Belgien von Dumouriez zum ersten Male erobert und in Wien der Tausch gegen Baiern noch eifrig betrieben wurde, berichtete der Gesandte Graf Stadion zu wiederholten Malen aus London, es werde ihm sehr schwer, England diesem Tausch und überhaupt einem Bündniß mit Oestreich geneigt zu machen. Endlich am 6. December tritt plötzlich ein Wechsel hervor, so auffallend, daß er selbst den Gesandten in Erstaunen setzte. Er vermuthete und mit ihm der Vicekanzler Philipp Cobenzl: die außerordentliche Geschmeidigkeit nach so großer Kälte möge daher ihren Ursprung nehmen, daß Stadion „mit vieler Klugheit Zweifel geäußert habe, ob der Kaiser den Wiederbesitz der Niederlande verlange." So schließt denn auch Cobenzl seinen Bericht an den Kaiser mit den Worten: man werde England am leichtesten gefügig machen, „wenn man die Besorgniß, ob Oestreich die Wiedereroberung der Niederlande zum Hauptgegenstande der künftigen Campagne nehmen würde oder nicht, sorgfältig unterhalte, und die Meinung bestärke, der Kaiser werde die erforderlichen außerordentlichen Kosten und Efforts nur in dem Falle verwenden, wenn der Tausch der genannten Provinzen genehmigt und sicher gestellt sei." [1]

[1] Bericht Stadions an Cobenzl vom 7. December und Cobenzls an den Kaiser vom 25. December 1792 bei Vivenot: Thugut, Clerfayt und Wurmser, S. XL. — Unter den Zeugnissen für die freiwillige Räu-

Bei alledem wäre immer noch möglich, einmal:

daß Thugut in der Unterhandlung mit England sich störrisch und unbillig gezeigt, seine Forderungen überspannt, dadurch den Abschluß des Vertrages verzögert und an dem Verlust der Niederlande sich zum Mitschuldigen gemacht hätte;

ferner: daß er auch an der Spitze der Verwaltung den belgischen Angelegenheiten nicht die nöthige Sorgfalt geschenkt, die erforderlichen Hülfsmittel nicht beschafft, oder sogar die vorhandenen nicht verwendet hätte.

Für die Beurtheilung der ersten Frage bieten, wenn auch nicht ausreichend, die Instructionen für Mercy jetzt einen Anhaltspunct. [1]) Sie bestätigen zunächst, daß Thugut auf die Sendung dieses Ministers vor Allem Gewicht legte. Schon am 15. Juli, also gleichzeitig mit dem oft erwähnten Schreiben an Coburg, wird eine Instruction für ihn ausgestellt. Es ist durchaus nöthig, schreibt Thugut, die Armeen zu verstärken, und deshalb „sehr zu wünschen, daß keine falsche Scham das brittische Ministerium abhalte, auf den Plan zurückzukommen, den es zu schnell verworfen hat, der einzig ausführbar war und der, zeitig genug verfolgt, allen Unglücksfällen vorgebeugt hätte: nämlich den, seine Vorstellungen beim Berliner Hofe mit den unsrigen zu vereinigen, um die 20,000 Mann, welche uns auf Grund des Bündnisses zukommen, nach Belgien zu versetzen, und den Marschall Möllendorf zu veranlassen, die Vertheidigung des trier-

___

mung Belgiens, und zwar als das stärkste, hatte ich (S. 84) angeführt, was Thugut dem englischen Obersten Craufurt gegenüber im December 1792 äußerte. Herr v. Sybel benutzt diese Stelle und knüpft daran (S. 26) die Bemerkung: „Hüffer's Argument, Thugut's Worte seien darauf berechnet gewesen, die Engländer zu kräftiger Hülfe in Belgien zu bestimmen, ist hier für December 1792" — also gerade für den Zeitpunct der Depesche Stadions — „offenbar und völlig nichtig, weil Thugut damals nicht Minister, und England gar nicht im Kriege mit Frankreich war."

[1]) Man verdankt ihn gleichfalls den neuesten Mittheilungen Vivenots: Thugut, Clerfayt und Wurmser, Anhang, S. 603 fg.

schen Gebietes auf sich zu nehmen, damit das Corps des Generals v. Blankenstein zur belgischen Armee stoßen könne." Da
von Preußen wenig zu erwarten sei, so bleibe zu überlegen, ob
man nicht gegen englische Subsidien ein russisches Hülfscorps
erhalten oder neue Anwerbungen im Reiche vornehmen könne.
Vielleicht werde sich, wenn die englischen Subsidien wegfielen,
das Reich bereit finden, einen Theil der preußischen Truppen
am Rheine zu besolden, besonders wenn der König von England
in seiner Eigenschaft als Kurfürst von Hannover den Antrag
unterstützen wolle. Aber alles dies erfordere Zeit; die Verstärkung in den Niederlanden leide keinen Aufschub. Der Kaiser
müsse darauf bestehen, daß England ohne Zeitverlust das versprochene Kontingent von 40,000 Mann, dessen Fehlen seit Anfange des Feldzuges der gemeinschaftlichen Sache so sehr ge-
schadet habe, vollständig mache; auch sei dringend wünschenswerth,
daß die Generalstaaten alle verfügbaren Truppen zur Armee
schickten, statt sie nutzlos in den Festungen zu zerstreuen.

Einige Tage später (am 22.) kam eine Depesche Mercy's vom
15. Juli nach Wien: ein Bericht über den Verlauf der Ereignisse
in Belgien und die Ursachen des Rückzuges; wie es scheint, nicht
ohne Seitenblicke auf das Benehmen der Verbündeten. Thugut
antwortet in den letzten Tagen des Monats[1] in erregterem
Tone, als gewöhnlich. „Ich habe dem Kaiser", schreibt er, „die
Depesche Ew. Excellenz vorgelegt. Se. Majestät haben nur mit
Bedauern sich von unserer traurigen Lage in den Niederlanden
überzeugt, welche durch die Ursachen, aus denen sie hervorging,
noch beklagenswerther erscheint.... Die zweite Räumung von
Namur, das Aufgeben unserer Stellungen bei Tirlemont und
Landen, die Trennung von unseren Verbündeten durch ihren
Rückzug nach Holland und den unsrigen nach Mastricht sind eben
so viel neue Unglücksfälle." „Kein Augenblick ist zu verlieren",
fährt Thugut fort, „man muß sich sogleich entscheiden, ehe das

---

[1] Der Entwurf im Wiener Staatsarchiv ist undatirt, aber der Brief offenbar gegen den 31. ausgefertigt, weil er genau dem Schreiben entspricht, welches an diesem Tage an Coburg abging.

Uebel unheilbar geworden ist. Die Entschließungen des Kaisers
hängen von den Maßregeln der Seemächte ab. Der Kaiser ist
gern bereit, seine Anstrengungen für die Erhaltung oder die
Wiedereroberung der Niederlande fortzusetzen; aber er kann seinen Erbstaaten keine neuen Opfer auferlegen und der augen-
scheinlichen Gefahr neuer Verluste sich nicht aussetzen, wenn die
Seemächte ihn nicht kräftig unterstützen. Der Kaiser denkt: das
System, ohne Aufhören sich zurückzuziehen, alle Posten einen
nach dem andern aufzugeben, wie es in letzter Zeit geschehen
ist, könne die Sache der Verbündeten nur völlig zu Grunde
richten, man müsse sich durchaus, und so bald als möglich, mit
neuen Offensivoperationen beschäftigen. Abgesehen, daß man
jedenfalls zu versuchen hätte, den unwiederbringlichen Verlust der
eroberten Festungen mit zahlreichen Garnisonen und einem großen Theil unserer Belagerungsgeschütze zu verhindern, ist es
vom augenscheinlichsten Interesse, dem Feinde wenigstens die
reichen Gegenden Belgiens streitig zu machen, die er in so weiter Ausdehnung überschwemmt hat, und deren ruhiger Besitz
seinen ohnehin schon so furchtbaren Mitteln alle Tage neue
Hülfsquellen hinzufügen würde." Deshalb, fährt Thugut fort,
ist es nöthig, daß die verbündeten Generale sich ohne Aufschub
mit dem Prinzen Coburg verständigen, daß man die englischen und
holländischen Truppen verstärkt, ferner, daß England der östreichischen Geldverlegenheit zu Hülfe kommt, das östreichische
Anleihen in London unterstützt und zugleich einige Vorschüsse
leistet. An Coburg ist Befehl gegeben, mit aller Anstrengung
wenigstens das Vorrücken des Feindes zu verhindern, sich zu
neuen Offensivoperationen bereit zu halten, auch Mastricht trotz
des wenig freundlichen Benehmens der Holländer zu sichern.
Sollte aber Mercy wahrnehmen, daß auf ausreichende Unterstützung in London nicht zu rechnen wäre, so hat er sofort dem
Prinzen Nachricht zu geben, damit dieser „unter förmlichem
Vorbehalt aller östreichischen Rechte auf Belgien, ohne Rücksicht
auf fremde Interessen, allein die Maßregeln im Auge behalte,
welche der Dienst des Kaisers, die Erhaltung der Armee und
der Erbstaaten erfordern."

Was unter diesen Maßregeln zu verstehen sei, erkennt man
genau aus dem Schreiben des Kaisers, das gleichzeitig am 31.
Juli an Coburg abging. Er soll, heißt es auch hier, dem Vor=
bringen der Franzosen mit aller Anstrengung und allen Mitteln
der Kriegskunst ein Ende machen, und bei sich ergebenden vor=
theilhaften Gelegenheiten durch herzhafte Versuche den gesunke=
nen Muth der Armee wieder aufrichten; ferner auch zu Offen=
sivbewegungen sich bereit halten, es sei denn, Graf Mercy er=
kläre ausdrücklich, daß auf die Gesinnungen und den Beistand
der Alliirten in keiner Weise weiter Rechnung zu machen sei, in
welchem von dem Grafen Mercy namentlich zu bestimmenden
Falle die fernere Aufmerksamkeit zuvörderst auf die Erhaltung
der Armee und die Vertheidigung des Luxemburgischen und der
deutschen Gegenden nach den weiter an den Prinzen ergehenden
Weisungen zu richten sein würde. [1]) Dieser Fall trat nun frei=
lich nicht ein, aber es kam auch keine nachhaltige Unterstützung.
Mercy, schon leidend bei der Abreise, überlebte die Ankunft in
London nur wenige Tage bis zum 26. August. Mittlerweile
waren Lord Spencer und Thomas Grenville in Wien zur Un=
terhandlung mit Thugut eingetroffen. Man trennt sich nicht
und kann sich auch nicht einigen; in den Hauptquartieren geht
es eben so. Darüber verstreicht die kostbare Zeit, die Franzosen
können ihre Festungen zurückerobern und im September wieder
zum Angriff schreiten.

Mercy's Instruction erweckt für Thugut kein ungünstiges
Urtheil; seine Vorschläge erscheinen weder unverständig noch un=
bescheiden; besonders der Plan, 20,000 Preußen nach Belgien
zu versetzen, hätte in der That allen Schwierigkeiten begegnen
mögen. Dagegen schreiben wieder Thomas Grenville und Spen=
cer äußerst mißvergnügt über die Kälte und Unzugänglichkeit,
die hohen Ansprüche und den beschränkten Gesichtskreis des öst=
reichischen Ministers. Welche von beiden Seiten zur Klage al=
lein oder am meisten berechtigt war, wage ich noch nicht zu ent=
scheiden. Ich muß warten, bis ich in hoffentlich nicht zu langer

---

[1]) Witzleben a. a. O. III, 358.

Zeit den noch ungedruckten Briefwechsel Thugut's mit Mercy und Starhemberg, so wie der englischen Gesandten mit Lord Grenville vergleichen kann.

Die andere Frage: hat die östreichische Regierung, hat Thugut immer die geeigneten Maßregeln ergriffen, hat er im Allgemeinen für Belgien genug oder nicht genug gethan, auch diese Frage läßt sich erst beantworten, wenn ein tieferer Einblick in das Getriebe der Verwaltung, die Hülfsquellen, den Einfluß und die Verantwortlichkeit der einzelnen Personen gestattet ist. Lucchesini's und Cäsar's Depeschen geben durchaus den Eindruck, daß Oestreich sich völlig erschöpft, also verhältnißmäßig viel, ja das Aeußerste gegen Frankreich aufgeboten habe. Denkt man aber, wie kräftig dieser erschöpfte Staat im folgenden Jahre, wie unerschöpflich er sich im Kriege von 1796 erweisen konnte, so empfindet man doch, wie viel mehr für Mantua als für Brüssel geschehen sei. Schwerlich sind dabei die Umstände, welche den Werth Belgiens für Oestreich minderten, ohne Einfluß geblieben, auch die polnischen Angelegenheiten darf man gewiß nicht außer Anschlag lassen.

Für den Leser, der freundlich genug auf diesem langen Wege mich begleitete, möchte also folgendes Ergebniß sich herausstellen:

Daß Oestreich Belgien zu behaupten wünschte, daß die Räumung nicht freiwillig erfolgte, sondern in militärischen Rücksichten, dazu in der geringen Befähigung der Regierungsbehörden, der Schwäche und Uneinigkeit des Hauptquartiers ihren Grund hatte, daß ein vorbereiteter Plan für den Rückzug nicht bestand, kurz daß die Hypothese des Herrn v. Sybel sich nicht halten läßt, diese Hauptsache darf als entschieden gelten. Die zuletzt erwähnten beiden Nebenfragen wird man erst nach weiterer Aufklärung mit Sicherheit beantworten können. Wahrscheinlich werden bei der ersten Recht und Unrecht nicht ausschließlich auf einer Seite, bei der zweiten nur Entschuldigungsgründe, keine Rechtfertigung für die östreichische Regierung zu finden sein.

Fünftes Kapitel.

Die dritte Theilung Polens.

I.

Wenn die polnischen Angelegenheiten schon den belgischen gegenüber häufige Erwähnung forderten, so ist es lohnend genug, sie auch einmal an und für sich in's Auge zu fassen. Herr v. Sybel hat ihnen das fünfte Kapitel des „Ergänzungsheftes" gewidmet. Er gibt zuerst (S. 91—102) eine ausführliche Darstellung von Oestreichs Verhältniß zu Rußland im Jahre 1794. Grundlage derselben, so weit sie hieher gehört, sind die Sätze: Thugut habe, mit Rußland wieder ausgesöhnt, als Nacheiferer Joseph's II. schon seit dem Winter 1793 die Pläne zur Theilung der Türkei gefördert. Eben die orientalische Frage habe den Rüstungen für Belgien ein neues Hinderniß entgegengestellt, oder, wie Herr v. Sybel sich ausdrückt, „ein neues Bleigewicht an die Füße der 70,000 Marschbereiten gehangen." Mir war nicht unwahrscheinlich, daß Thugut bei günstiger Gelegenheit recht gern eine türkische Provinz sich angeeignet hätte; aber sollte er gerade im Jahre 1794, während die Hauptkräfte der Monarchie gegen die Franzosen beschäftigt waren, auch noch einen Krieg im Osten gegen die Türken herbeigewünscht haben, einen Krieg, bei welchem Oestreich nicht unbetheiligt bleiben, und doch nach den Umständen einzig Rußland die entscheidende Stimme führen konnte? Weiter meint Herr v. Sybel: der östreichische Minister, immer begierig nach einer polnischen Erwerbung, habe die Nach-

6

richt von dem Aufstande mit lebhafter Freude begrüßt und in
Petersburg wie für die Pläne gegen die Türkei, so auch für
die gänzliche Theilung Polens bei der ersten Gelegenheit
sich ausgesprochen.   Daß es dieser Erörterung an Beispielen
von Thugut's „colossaler Verstellung und Lügenhaftigkeit" nicht
fehlt, braucht nicht bemerkt zu werden.   Thugut äußert zwar
gegen seinen „gläubigen Freund Eden" wiederholt sein Miß=
vergnügen über die russischen Kriegsgelüste, und ein anderer
könnte solchen Aeußerungen vielleicht einigen Werth beilegen;
aber Herr v. Sybel weiß aus den ihm eigenen Quellen, daß
Thugut unter allen Betheuerungen nur jene Pläne gegen die
Türkei versteckte, „welche durch die Tractaten vom 3. Januar
1795 ihre weltgeschichtliche Signatur empfingen."   Jedermann
muß hier bewundern, wie Herr v. Sybel seine Feinde einzu=
klemmen und alle Auswege ihnen abzuschneiden weiß.   Hätte
Thugut dem englischen Gesandten gegenüber für den Türken=
krieg sich ausgesprochen, so könnte er ihn der fieberhaften Lü=
sternheit nach fremdem Gut bezichtigen, betheuert Thugut das
Gegentheil, so kann er ihn als colossalen Lügner und Versteller
fangen.   Kurz, der östreichische Minister mag sagen und be=
theuern was er will, Herr v. Sybel wird immer wie der Pa=
triarch von Jerusalem antworten können: Thut nichts, der Jude
wird verbrannt!

„Immer", schreibt er (S. 96) „höre ich aber Thugut's Ver=
ehrer bereits urgiren, immer hat er doch ganz ausdrücklich ge=
sagt, daß ihm die türkischen Händel unangenehm seien." „Und
Brutus sagt's", setzt Herr v. Sybel hinzu, „und Brutus ist ein
ehrenwerther Mann.   Freilich sagt er dem englischen Gesandten
auch am 31. März, daß ihn die Nachricht vom Ausbruche des
polnischen Aufstandes unangenehm berührt, und meldet dann
am 10. April nach Petersburg seine Freude über das Ereigniß,
die damit bevorstehende dritte Theilung, die Ausdehnung Oest=
reichs." „Und Brutus sagt's, und Brutus ist ein ehrenwerther
Mann", wiederholt Herr v. Sybel mit der schon erprobten Vor=
liebe für geistreiche und classische Wendungen.

Vielleicht könnte Jemand nähere Auskunft wünschen, wo und

wie dieser Brutus seinen ehrenwerthen Gesinnungen Worte gegeben habe. Aber Herr v. Sybel führt die Depesche vom 10.
April jetzt nicht zum ersten Male an. Man kannte dies Document bisher, und zwar einzig, durch den kurzen Auszug, den
ein russischer Schriftsteller vor wenigen Jahren mittheilte. Herr
v. Sybel hat ihn beinahe wörtlich abdrucken lassen; er muß auch
hier genau wie das „Ergänzungsheft" ihn wiedergibt, eine Stelle
finden. „Sjolowjoff", liest man (S. 47), „erzählt Folgendes:
„„Thugut ersuchte die russische Regierung, die nachtheiligen, den
beiden Kaiserhöfen gleich schädlichen Projecte Preußens zu über-
wachen, und durch ihre Truppen im Zaume zu halten. Kaum
wäre die Kunde (von dem polnischen Aufstande) nach Berlin
gelangt, als auch sofort der Befehl ausgefertigt worden sei, die
Truppen in Polen einrücken zu lassen. Inzwischen verhehlte
man sich weder bei Hofe noch in der Stadt die Freude darüber,
daß dieses Ereigniß zur Theilung des Restes von Polen führen
müsse. Wir hoffen unausgesetzt darauf, schrieb Thugut, daß die
Tapferkeit der russischen Truppen die von der hirnlosen Frech-
heit einiger Abenteurer angeschürte Emeute bald löschen wird,
und daß es durchaus nicht erforderlich ist, zum Beistande der
preußischen Truppen seine Zuflucht zu nehmen."" Eine Anmerkung verweist auf „Sjolowjoff, Fall Polens S. 333, 334, nach
Thugut's Depesche an Cobenzl, 10. April." Hier finden sich
nun allerdings die Worte, welche die Lügenhaftigkeit Thugut's
beweisen sollen, beinahe genau, wie Herr v. Sybel sie anführt;
„Weder bei Hofe noch in der Stadt", heißt es, „verhehlte
man sich die Freude darüber, daß dieses Ereigniß zur Theil-
lung des Restes von Polen führen müsse." Ich möchte dabei nur eins zu bedenken geben: Sollte es wahrscheinlich sein,
daß ein östreichischer Minister einer, wenn auch augenblick-
lich befreundeten, doch immer rivalisirenden Macht bei der ersten
Gelegenheit seine Absichten vollständig enthüllt hätte? Ich halte
Thugut wenn auch keineswegs für einen „Ausbund diplomatischer Offenherzigkeit", doch noch weniger mit Herrn v. Sybel
für einen colossalen Lügner. Gleichwohl läßt er den Minister,
um ihn nach der einen Seite als unwahr darzustellen, nach der

andern eine Offenherzigkeit entfalten, die ich nie und nimmer
bei ihm suchen würde. Ich bin überzeugt, hätte Thugut wirklich, was ich nicht entscheiden will, über den Aufstand sich ge-
freut, hätte er Polen theilen wollen, er wäre sicher nicht mit
seinen Plänen sogleich hervorgetreten. Wo möglich würde er
vorerst russische Anträge erwartet, am allerwenigsten aber erzählt haben, „weder Hof noch Stadt verhehlten ihre Freude über
den Aufstand, der zur neuen Theilung führen müsse." Weit
eher, glaube ich, möchte ihm so etwas gegen seine Feinde in die
Feder gekommen sein. Wo aber Thugut seine Feinde suchte, ist
leider nur zu wohl bekannt. Kurz — um eine so klare Sache
nicht unnöthig hinzuziehen — Herr v. Sybel hat auch diese
Stelle mißverstanden. Sie bezieht sich gar nicht, wie er augenscheinlich annimmt, auf Wien und den Wiener Hof, sondern auf
den Berliner Hof und die Berliner. Dies ist so offenbar, daß
es eigenen Beweis gar nicht erfordert; indessen in einer Schrift,
wie ich sie schreiben muß, darf man wohl ein Uebriges
thun. Im Anhange gebe ich einen Auszug der Depesche vom
10. April, welchen ich der Gefälligkeit des Herrn August von
Druffel verdanke. Darin lautet die von Sjolowjoff mitgetheilte
Stelle folgendermaßen: „Kaum war die Nachricht von einigen
Gewaltthätigkeiten, die Madalinsky längs der preußischen Gränze
sich erlaubte, nach Berlin gelangt, als Befehl ertheilt wurde,
in Polen einzurücken; indessen gab man bei Hofe und in der
Stadt öffentlich seine Freude kund über ein Ereigniß, das nach
den preußischen Ansichten und Wünschen die Theilung des Restes von Polen herbeiführen müßte."

Ist die genaue Kenntniß der Depesche auch zur Aufhellung
des Mißverständnisses nicht erforderlich, so könnte sie doch als
Aeußerung Thugut's in einem so entscheidenden Zeitpunkte vielleicht über manches Andere belehren. Zunächst zerstört sie
Herrn v. Sybel's Beweis, und zwar den einzigen, daß Thugut
den polnischen Aufstand gern gesehen und seine Freude darüber
den Russen kund gegeben habe. Damit verschwindet auch der
angebliche Widerspruch zwischen Thugut's Erklärung an Eden
vom 31. März und dem Bericht nach Petersburg vom 10. April.

In diesem Falle wenigstens ist Brutus der Unehrenhaftigkeit nicht überwiesen. Aber man wird fragen: wie hat denn Thugut nun wirklich über den Aufstand sich geäußert, was sagt er von der Stellung, die Oestreich nehmen müsse, wie steht es mit dem Versprechen, durch welches er „den Engländer erbaute", und was hält er von den türkischen Angelegenheiten und den Kriegsrüstungen Rußlands?

Zur Beantwortung lasse ich einige der wichtigsten Stellen folgen.

Gleich der Anfang lautet: „Die Unruhen in Polen sind ein sehr unangenehmes Ereigniß (un événement très fâcheux); es muß die ganze Aufmerksamkeit des Kaisers auf sich ziehen." Der weitere Inhalt ist nur die Ausführung dieser Worte; sie scheinen Thugut's Versicherungen, die polnischen Händel seien ihm unangenehm, nicht zu widersprechen.

Weiter ist Rede von den Maßregeln, die man gegen den Aufstand und dann in Bezug auf Polen ergreifen könnte. „Der Kaiser", schreibt Thugut, „ist jeder Regung der Eifersucht, des Mißtrauens unzugänglich, wenn es sich um die Interessen der Kaiserin von Rußland handelt; er hat mit Freuden dem Bundesvertrag zwischen dem Petersburger Hofe und Polen zugestimmt, welcher Rußland für immer den entscheidendsten Einfluß auf die Republik zusicherte. Der Kaiser wünscht nicht, daß in Polen irgend etwas an der Lage der Dinge verändert werde, wie sie in Folge der letzten Verträge sich gebildet hat. In dieser Voraussetzung wird er keinen territorialen Anspruch zum Nachtheil der Republik erheben und sich auf die Forderung beschränken, daß die zwischen beiden Kaiserhöfen verabredete Uebereinkunft in Bezug auf das Besatzungsrecht in einigen zu befestigenden Plätzen für die Sicherheit seiner galizischen Gränzen zur Ausführung komme."

Auch diese Aeußerung des berufenen Lügners stimmt wieder genau mit dem Versprechen, das er zur „Erbauung des Engländers" am Tage vorher gegeben hatte. Aber Herrn v. Sybel bleibt noch eine Hoffnung. Sicher wird der östreichische Minister sich die Mäßigung gegen Polen auf Kosten der Türken bezahlen lassen, um so eifriger wird er zum Kriege treiben, wo möglich schon im Voraus große Provinzen sich ausbedingen. In der That hat Thugut auch darüber sich zu äußern nicht versäumt.

„Ein anderer dringender Gegenstand der Wünsche des Kaisers", schreibt er, „besteht darin, recht bald jeden Anschein eines möglichen Bruches zwischen dem kaiserlichen Hofe von Petersburg und der Pforte verschwinden zu sehen. Der Kaiser ist weit entfernt von jedem Gedanken, die Pläne zu kreuzen, welche die Weisheit der Kaiserin in Rücksicht auf das ottomanische Reich gefaßt haben könnte. Er wird sogar nicht anstehen, zu ihrer Ausführung mit aller Loyalität eines treuen Verbündeten beizutragen. Aber bei der gegenwärtigen Lage der Dinge würde es sehr schwer sein, sich über die unberechenbaren Folgen zu beruhigen, welche ein Krieg mit der Türkei wahrscheinlich nach sich ziehen müßte." Was wird Herr v. Sybel dazu sagen? Vielleicht: es seien nur officielle Worte „zum Vorzeigen" bestimmt, um sich einen Wunsch als Zugeständniß später noch bezahlen zu lassen; heimlich werde der Gesandte schon anders instruirt sein. Sonderbar, auch darauf gibt die Depesche Antwort; man könnte glauben, sie sei wirklich zum Vorzeigen an Herrn v. Sybel bestimmt. „Nicht genug", heißt es in einer besondern Beilage für Cobenzl, „können wir auf der unumgänglichen Nothwendigkeit bestehen, die französischen Angelegenheiten zu Ende zu bringen, ehe man an einen Krieg mit der Türkei denkt. Ein Bruch mit der Pforte, der diesem Zeitpunkt voranginge, würde unvermeiblich das größte Unglück hervorrufen, während, wenn die jetzige Krise vorüber, und die beiden kaiserlichen Höfe über Alles, was ihre Interessen angeht, sich geeinigt haben, nichts die Ausführung der Entwürfe hindern könnte, welche die Kaiserin gegen das türkische Reich sich vorgesetzt hat."

Ich denke, darin wird mein Gegner mit mir übereinstimmen, daß diese Depesche über mancherlei Dinge unterrichten kann. Und sie ist noch nicht erschöpft. Herr v. Sybel liebt es, wie zu erwarten, gerade während des polnischen Aufstandes die „70,000 Marschbereiten" in's Feld zu führen. Auch über diesen Punct erhalten wir Auskunft. Angesichts der in dem Sybel'schen Ergänzungsheft behaupteten „Thatsache der Truppenanhäufung an der polnischen Gränze" lesen wir in dieser Depesche gerade wie in der Sybel'schen Geschichte der Revolutionszeit: die Zahl der östreichischen Truppen sei dort **wenig beträchtlich** (peu considérable). Ich möchte nun wissen, ob Herr v. Sybel auch diese Aeußerung Thugut's blos als einen Beweis seiner Lügenhaftigkeit betrachten, ob er wirklich annehmen will, daß der Minister die Zahl der Truppen in Galizien nicht gekannt oder seinen eigenen Gesandten in Petersburg habe täuschen wollen.

Thugut's politisches System den östlichen Ereignissen gegenüber will und kann ich im Einzelnen hier nicht auseinandersetzen. Nur über den Hauptpunct und zugleich den Hauptgegenstand der Sybel'schen Polemik, über den vielbesprochenen Vertrag vom 3. Januar 1795 ist es mir gestattet, schon jetzt eine gewiß nicht unwillkommene Auskunft zu geben. Auch dafür bin ich der großen und uneigennützigen Freundlichkeit des Herrn v. Vivenot verpflichtet, welcher mir eben während des Druckes der letzten Bogen aus seiner umfassenden Sammlung mehrere der wichtigsten Documente zur Benutzung überlassen hat. ¹)

---

¹) Es sind die Depeschen Thugut's an Cobenzl vom 18. December 1793, Cobenzl's an Thugut vom 31. Januar 1794, Thugut's an Cobenzl vom 27. Februar, vom 13. und 29. November 1794, Cobenzl's an Thugut vom 5. Januar 1795, Thugut's an Cobenzl vom 25. Januar und 4. Februar 1795. Ich theile im Anhange einen Auszug der Instruction vom 29. November 1794 mit; auch dem von Herrn v. Druffel verfertigten Auszug der Depesche vom 10. April 1794 habe ich nach einer Abschrift Vivenots einige Sätze zur Ergänzung beifügen können. Wenn doch Herr v. Vivenot seinen Plan, die Correspondenz zwischen Wien und Petersburg durch den Druck zum Gemeingut zu machen, bald zur Ausführung brächte! Einstweilen habe ich mich auf die angegebenen, freilich alles Wichtige entscheidenden Urkunden und auf die Mittheilungen Ssolowjoff's beschränken müssen, was ich als eine, wenn nicht „harmlose", doch bisher nicht zu ändernde Thatsache ausdrücklich hier bemerke. Denn weit lieber will ich, daß die Leser von dem Maße meiner Kennt-

II.

Kaum war Thugut im März 1793 zum Ministerium gelangt, als er der neuen Theilung Polens, dem preußisch-russischen Vertrag vom 23. Januar, gegenüber seine Stellung nehmen mußte. Er versagte die Zustimmung, machte sie wenigstens von der Bedingniß abhängig, daß Oestreich für die Betheiligung am Kriege nicht weniger als die beiden andern Mächte Entschädigung erhielte. Noch im Jahre 1793 wurde vielfach darüber unterhandelt, besonders seitdem die enge Verbindung zwischen Preußen und Rußland in Folge der Zwistigkeiten über die polnische Beute mehr und mehr einer unfreundlichen Stimmung gewichen war.

Zuerst warf auch Thugut seine Augen auf Polen. Am 16. Juni setzt er dem Gesandten in Petersburg auseinander, der Kaiser könne bei dem Widerstande Englands und des Pfalzbairischen Hauses, bei den zweideutigen Gesinnungen des preußischen Hofes dem bairisch-belgischen Tausch nicht ferner nachgehen, also auch darin keine Entschädigung finden. Gelinge es nicht, den Franzosen bedeutende Landestheile abzunehmen, so werde nach dem Vorgange des Petersburger und des Berliner Hofes der Ersatz nur in Polen zu suchen sein. Hoffentlich werde die Kaiserin den Plan genehmigen und unterstützen, insbesondere als Sicherung gegen das von Preußen erworbene Czenstochau die Stadt Krakau dem Kaiser nicht mißgönnen.[1] Katharina war aber, wie sich denken läßt, diesem Plane durchaus nicht geneigt, und Oestreich in zu bedrängter Lage, als daß es gegen Rußland und Preußen zugleich ihn hätte durchführen können. Thugut ließ die Ansprüche auf Polen fallen, billigte sogar den Vertrag vom 16. October 1793, welcher die Ueberbleibsel der polnischen Republik willenlos von Rußland abhängig machte, erklärte jedoch um so bestimmter, daß die Entschädigung für Oestreich anderswo gesucht und von Rußland garantirt werden müsse. In

---

niße wie Herr v. Sybel denken, als daß sie glauben, ich hätte nur eine einzige Urkunde gelesen, die mir nicht wirklich vorgelegen hat.

[1] Vgl. Ssolowjoff a. a. O. 313.

einer Depesche vom 18. December 1793 spricht er seine Gedanken eingehender aus. Die Gesinnungen des Kaisers, schreibt er,
seien unverändert; er bleibe nach wie vor bereit, dem Vertrag
vom 23. Januar seine Zustimmung zu geben, entweder Rußland
allein oder auch Preußen gegenüber. Jedoch auf Versprechungen des
Berliner Hofes sei kein Gewicht zu legen, der Kaiser müsse vor
Allem in der edlen Loyalität der russischen Regierung die Garantie suchen, daß Preußen von ferneren feindseligen Schritten
zurückgehalten und in die Nothwendigkeit versetzt werde, den
früheren und etwa neu von ihm eingegangenen Verpflichtungen
nachzukommen. Am besten würden die beiden Kaiserhöfe vorerst
sich völlig verständigen und die Bedingungen in einer besondern
geheimen Acte aussprechen, welche die Beitrittserklärung zu dem
Vertrage vom 23. Januar begleiten könne. Der Kaiser hege
zu der Gerechtigkeit und Freundschaft seiner hohen Verbündeten
das feste Vertrauen, daß sie mit allen Mitteln beitragen werde,
ihm eine ausreichende Entschädigung zu verschaffen. Nach der
Seite Frankreichs könne diese nur darin bestehen, daß man das
östreichische Gebiet bis zur Somme erweitere, von den Quellen
dieses Flusses eine Linie nach Sedan oder Mezieres an der Maas
ziehe, so daß dann dieser Fluß die Gränze, Elsaß und Lothringen
wieder kaiserlich würden. Der Vortheil dabei sei nicht so bedeutend, als er scheine. Vom Elsaß würden die meisten Theile
an deutsche Fürsten zurückfallen, die übrigen Erwerbungen, weit
entlegen, leicht in neue Kriege verwickeln, die Bevölkerung, von
republikanischen Gesinnungen erfüllt, für längere Zeit nur durch
starke militärische Besatzung im Gehorsam zu erhalten sein.
Endlich bleibe Alles von dem ungewissen Ausgang des Krieges
abhängig. Der Kaiser habe für den äußersten Fall daran gedacht, sich wie die beiden übrigen Mächte in Polen zu vergrößern, aber diesen Plan aus Rücksicht für die Wünsche der Kaiserin wieder aufgegeben; nun erwarte er Rath, wo Ersatz zu
finden sei.

Jn einem Gespräche zwischen Thugut und dem russischen
Gesandten in Wien war in den letzten Monaten ein alter Wunsch
zur Sprache gekommen. Die Streitigkeiten Oestreichs mit Ve-

nebig, besonders über das Verhältniß von Istrien und Dalmatien zum Königreich Ungarn hatten mehr als ein Jahrhundert überdauert; zwischen Joseph II. und Katharina war schon einmal die Uebereinkunft geschlossen, im Falle eines Türkenkrieges auch venetianische Besitzungen in die zu erwartende Beute hineinzuziehen. Thugut, der gegen Cobenzl jener Unterredung kurz vorher erwähnt hatte, kommt jetzt darauf zurück. „Ich habe nicht nöthig", schreibt er, „Ihnen auseinanderzusetzen, mit welcher Vorsicht ein solcher Gegenstand behandelt werden muß, um des strengsten Geheimnisses versichert zu sein. Indessen da wir volles Vertrauen in die gewissenhafte Beobachtung der Versprechungen setzen, die Sie in dieser Rücksicht erhalten werden, so ermächtigt Sie der Kaiser für den Fall, daß man Ihnen keine anderen annehmbaren Entschädigungen vorschlüge, den Plan, auf den ich hingewiesen habe, mit den russischen Ministern zu erörtern. Dem Ergebniß könnte man die Form eines eventuellen Vertrages geben. Ich bemerke noch, daß der Kaiser, als ich ihm von diesem Gedanken Bericht erstattete, mir vorgeschrieben hat, so strenge Vorsichtsmaßregeln zu ergreifen, daß sie jede Möglichkeit der Indiscretion über einen Gegenstand ausschließen, welcher für alle Zeiten, was auch der Ausgang sein möge, ein unverletzliches Geheimniß bleiben muß."

Cobenzl säumte nicht, diesen Anweisungen gemäß seine Schritte zu thun, berührte auch die venetianischen Angelegenheiten, allein noch in sehr unbestimmter Weise. Markoff, der russische Minister, mit dem er gewöhnlich unterhandelte, fragte wiederholt, ob er nicht eine geheime Instruction besitze mit der Angabe, welchen Theil des venetianischen Gebietes Oestreich sich anzueignen wünsche. „Bei der früheren Uebereinkunft", fügte er hinzu, „hatten Sie Ihre Augen vornehmlich auf den Theil gerichtet, der an die deutschen Erbstaaten und an Ungarn gränzt, aber Sie rechneten dabei auf die Eroberungen, welche Sie den Türken abnehmen wollten. Ohne diese letzteren scheint mir was ich nannte nicht bedeutend genug, es sei denn, daß man die venetianischen Besitzungen in der Nachbarschaft der Lombardei hinzuschlüge." Cobenzl antwortete, daß er gerade den Rath der

Kaiserin über Entschädigungen außerhalb Frankreichs erbitten solle; er habe nur die Erlaubniß, an die Unterredung zwischen Thugut und Rasumowski zu erinnern.

Bald sollte der Gesandte über die Absichten Thugut's, wenn auch nicht gerade was Venedig angeht, genauere Kenntniß erhalten. In einer umfangreichen Ausfertigung, einer ganzen Reihe von Depeschen, setzte der Minister am 27. Februar 1794 die politische Lage und die Zielpuncte seiner Politik auseinander. Es war eben die Zeit, wo über Preußens Verhältniß zur Coalition, zwischen den Seemächten und Oestreich unterhandelt wurde. In sehr gereiztem Tone beklagt sich Thugut über die treulosen Absichten des Berliner Hofes und die Unbescheidenheit seiner Ansprüche, zeigt die Unmöglichkeit, daß der Kaiser auch nur dem Vorschlag des Lord Malmesbury[1]) habe beipflichten können, und ergeht sich in Angaben, wie Oestreich durch die Bildung einer Reichsarmee, durch die Forderung des preußischen Contingents und die nach dem Bündnißvertrage vom 7. Februar 1792 versprochenen 20,000 Mann den Ausfall einer besondern preußischen Hülfsarmee, wie sie England wünschte, zu decken versuche. Thugut, welcher Rußland schon früher als Schiedsrichter für die preußischen Ansprüche vorgeschlagen hatte, erwartet auch jetzt Alles von Russischer Hülfe. Die Kaiserin müsse Preußen in Schranken und zur Erfüllung der Verträge anhalten; sehr wünschenswerth sei es, daß sie eine Achtung gebietende Truppenmacht von 80= bis 100,000 Mann in den Gränzprovinzen aufstelle und zugleich durch die versprochene Unterstützung an Geld und Truppen ihren festen Entschluß, dem Kaiser beizustehen, unzweifelhaft an den Tag lege.

Ein zweites Stück verbreitet sich über die türkischen Angelegenheiten. Der Graf von Choiseul=Gouffier, vormals französischer Gesandter bei der Pforte, jetzt am Hofe Katharina's lebend, hatte Cobenzl den Rath ertheilt, Rußland zum Kriege gegen die Türken anzuregen; Emissäre des Convents hätten auf den Divan großen Einfluß erlangt, und die Kaiserhöfe liefen Gefahr, von den Türken angegriffen zu werden. Thugut

---

[1]) Vgl. darüber „Oestreich und Preußen", S. 51.

will diesem Rath durchaus nicht beipflichten. Nach allen Berechnungen, schreibt er, nach allen Nachrichten aus Constantinopel sei nicht die geringste Wahrscheinlichkeit, daß es dem Descorches und seinem Anhang gelingen sollte, die Türken so sehr zu verblenden. Hätten türkische Minister dem Franzosen Versprechungen gemacht, so sei es wohl nur in der Absicht geschehen, ihm einige Diamanten abzulocken, vorausgesetzt, daß er deren so viele besäße, als behauptet würde. Was man von Berlin darüber nach Petersburg berichte, scheine ganz erfunden, oder nur bestimmt, die zärtliche Sorgfalt des preußischen Hofes für die Interessen Rußlands zur Schau zu tragen. Leider sei ganz im Gegentheil zu fürchten, Rußland wolle den gegenwärtigen Augenblick benutzen, um seine großen Eroberungspläne gegen das türkische Reich zur Ausführung zu bringen. Eine solche Explosion müsse von den unberechenbarsten Folgen sein; sie könne Oestreich zum Frieden mit Frankreich zwingen, die Auflösung der Coalition, den gänzlichen Umsturz der europäischen Verhältnisse nach sich ziehen. „Ich fühle wohl", setzt Thugut hinzu, „daß man nur mit der äußersten Behutsamkeit dem Petersburger Hofe Erwägungen vortragen darf, welche die Neigung der Kaiserin und ihrer Minister für ihre glänzenden Entwürfe gegen die Türkei kreuzen könnten; aber der Kaiser schmeichelt sich nichts desto weniger, daß die erprobte Geschicklichkeit Eurer Excellenz in ungezwungener Weise die Gelegenheit herbeiführen wird, um die Nothwendigkeit nach dieser Seite nichts zu übereilen recht deutlich zu machen." Der Kaiser ist weit entfernt, sich den Absichten Rußlands widersetzen zu wollen. Zur rechten Zeit wird er sich gern über die Mittel und Wege verständigen, die beiderseitigen Interessen in Bezug auf die Türkei in Uebereinstimmung zu bringen; Cobenzl mag dies, wenn er es für nöthig hält, ohne Umstände versichern. Der Kaiser empfiehlt den Gegenstand seiner sorgfältigsten Aufmerksamkeit und wünscht den genauesten Aufschluß über die wahren Absichten Rußlands und die Gefahr einer baldigen Erneuerung des Türkenkrieges.

Endlich werden dann in einer dritten Depesche die am 18. December nur angedeuteten Pläne weiter ausgeführt. Zunächst

was die Entschädigungen auf Kosten Frankreichs angeht. Thugut
setzt den Fall, daß Oestreich seine Ansprüche einigermaßen zu beschränken habe, und erörtert die verschiedenen Abstufungen. Müsse
es sein, so könne man sich statt der Somme mit der Gränze begnügen, wie sie vor dem pyrenäischen Frieden (vom 7. Novbr. 1659) bestanden habe, äußersten Falles mit der Gränze seit dem pyrenäischen Frieden, oder den Elsaß und Lothringen, wenn ihre Einverleibung zu große Eifersucht erregte, als östreichisches Lehen einem
Erzherzog übertragen. Doch soll Cobenzl nicht ohne Noth von
solchen Zugeständnissen reden. Sollte das Kriegsglück den Er-
wartungen nicht entsprechen, so würde die Entschädigung anderswo zu suchen sein. Die Gränzen im Einzelnen, und insbesondere in Bezug auf das Venetianische ließen sich noch nicht
feststellen, Alles hinge ja davon ab, wie viel man den Franzosen entreißen könnte. Jedenfalls müsse aber die Uebereinkunft,
sei sie nun in Form einer Declaration oder eigenhändiger Briefe
abgefaßt, in deutlichen und bestimmten Worten enthalten:

„Die Kaiserin trete durchaus den Entschädigungsplänen auf
Kosten Frankreichs bei, welche ihr von Seiten Oestreichs mitgetheilt seien; sie werde nicht aufhören, in jeder möglichen Weise
zu ihrer Erfüllung oder so lange mitzuwirken, bis der Kaiser
andere Erwerbungen gemacht habe, eben so werthvoll als diejenigen, welche den theilenden Mächten in Polen zugefallen
seien.

„Sollte die Ungunst des Glückes oder der Ereignisse eine Entschädigung auf Kosten Frankreichs nicht gestatten, so billige die
Kaiserin auf das bestimmteste die Absichten des Kaisers, sich
mittelst Geltendmachung alter Rechte zu entschädigen, welche
ihm auf gewisse von der venetianischen Republik usurpirte Theile
ihres Gebietes zustehen.

„Wenn irgend welche Macht den Kaiser durch feindlichen Angriff an der Ausführung eines solchen Planes hindern oder
deswegen bekriegen wollte, so würde die Kaiserin nicht anstehen,
ihn mit allen Kräften und allen Mitteln zu unterstützen, um
einen solchen Angriff wirksam zurückzuweisen.

„Die Kaiserin übernehme dieselbe Verpflichtung auch für den

Fall, daß der Berliner Hof während des Krieges mit Frankreich
zu Drohungen oder feindlichen Aeußerungen schritte, oder dem
Kaiser über den Zeitpunct und die Bedingungen des Friedens
Vorschriften machen wollte; sie werde immer einen beträchtlichen
Theil ihrer Streitmacht zur Hand halten, um jede böswillige
Kundgebung dieser Art zurückzuweisen, und jedes Mal ihre ganze
Heeresmacht zum Beistand ihres getreuen und nahen Bundes-
genossen verwenden."

Außerdem, schreibt Thugut, sei es wünschenswerth, den geheimen Artikel des Bundesvertrages, der sich auf die Pforte
beziehe, auf Preußen auszudehnen, so daß in allen Fällen,
wo dieser Staat einen der beiden Kaiserhöfe angreife, der andere sich nicht auf die im Bundesvertrage festgesetzte Hülfe beschränke, sondern ohne Verzug mit allen Mitteln gegen den gemeinschaftlichen Feind auftrete. Man müsse endlich die Augen
öffnen über das Verfahren eines Hofes, der, durch kein Band
der Treue und Loyalität in Schranken gehalten, die heiligsten
Verträge beständig mit Füßen trete, und immer neue Verwicklungen herbeizuführen suche, um den Interessen der Verbündeten zu schaden; unbestreitbar sei es ein wichtiger politischer Ge-
sichtspunkt, in Zukunft die Gelegenheit, welche ein feindlicher
Angriff gegen das eine oder andere Kaiserreich bieten würde,
zu benutzen, um eine Macht in die richtigen Schranken zurück-
zuführen, deren unmäßiges Anwachsen die verderblichsten Folgen
befürchten lasse.

Der Kaiser, schließt Thugut, werde sehr erkenntlich sein,
wenn Cobenzl für alles dieses einleitende Schritte thue. Sobald er sich versichert habe, daß die Kaiserin einen Brief des
angegebenen Inhaltes zu schreiben geneigt sei, möge er den
Beitritt zu dem Vertrage vom 23. Januar 1793 dem russischen
oder beiden Höfen gegenüber aussprechen; in der Urkunde könne
dann die Clausel Platz finden, daß Oestreich Entschädigungen
von gleichem Werthe, wie die Rußlands und Preußens in Polen, anderswo erhalten solle.

Aber gerade als diese Depesche nach Petersburg gelangte,
traten Ereignisse ein, welche die Lage durchaus veränderten und

ganz neue Ziele in den Vordergrund rückten. Durch die schmach-
volle Theilung auf's äußerste erbittert, durch den Druck der ruf-
sischen Machthaber zur Verzweiflung gebracht, griffen die Polen noch
einmal zu den Waffen. In der zweiten Hälfte des März erhielt
man in Wien sehr bedenkliche Nachrichten; der Aufstand verbreitete sich, ein General wie Kosciusko trat an seine Spitze. Thugut, im Begriff nach Belgien abzureisen, konnte nicht daran
denken, sogleich thätig einzugreifen. Er empfing aus Petersburg
über Preußen beruhigende Versicherungen und beeilte sich, wie
wir sahen, in der Note vom 10. April die Aufrechthaltung der
vertragsmäßigen Zustände zu empfehlen. Nur ließ er daran
erinnern, daß Oestreich, wie Rußland schon im December 1793
zugesagt, das Besatzungsrecht in einigen Städten an der galizischen Gränze, namentlich in Krakau, mehr zum Schutze gegen
Preußen als gegen Polen erhalten solle. [1] Aber die Nachrichten aus Polen überboten eine die andere. Am 18. April wurde
Igelström aus der Hauptstadt vertrieben, zu Anfang Juni über-
schritt der König von Preußen die polnische Gränze, nahm Krakau
und begann am 13. Juli die Belagerung von Warschau. Blieb sie
auch erfolglos, das Ende des Krieges konnte doch nicht zweifelhaft sein, und beinahe ebenso wenig zweifelhaft, daß auch der
Rest des unglücklichen Landes den Nachbarn als Beute zufallen
würde. Auf's Neue traten die Interessen der drei Mächte sich
entgegen. Preußen verlangte die Gränze der Weichsel, des
Narew und des Niemen, dann ein Stück von Szamaiten, und
Warschau gegenüber die Vorstadt Praga nebst der Landspitze zwischen dem Zusammenflusse des Bug und der Weichsel. In diese
Linie waren die Palatinate Krakau und Sendomir eingeschlossen,
gerade der Antheil, den Oestreich schon lange für sich begehrte
und in keinem Falle dem Nebenbuhler überlassen wollte. Um
die Unterhandlung zu beschleunigen und möglichst günstig für
Preußen zu gestalten, wurde im August der Graf Tauenzien von
Berlin nach Petersburg gesandt. Aber Katharina grollte Preu-

---

[1] Vgl. die Depesche vom 10. April im Anhange und Ssolowjoff a. a. O.
319.

ßen seit den Streitigkeiten in Polen und wegen der lässigen Kriegführung am Rhein, war auch wenig geneigt, eine der deutschen Mächte ausschließlich in Polen zu stärken; dazu wünschte sie Oestreich gegen Frankreich in Waffen zu halten, um unterdessen ihre Pläne gegen die Türkei in's Werk zu setzen. Wie zwei Jahre früher mit Preußen, so war sie jetzt geneigt, sich mit Oestreich zu einigen. Tauenzien fand für seine Vorschläge eine kalte Aufnahme; die Russen warteten ab, bis Ende Octobers die Nachricht von der Niederlage Kosciusko's und Suworoff's Marsch auf Warschau eintraf. Sofort erhielt dann Tauenzien am 30. die Antwort: Rußland sei mit Preußen darin einverstanden, daß man die Theilung Polens im Interesse der eigenen Sicherheit nicht länger verschieben dürfe; nöthig sei nun ein Abkommen, das Furcht und Eifersucht für immer ausschließe. Die Kaiserin habe Gelegenheit gehabt, Oestreichs Gesinnungen kennen zu lernen; der Kaiser betrachte die Palatinate Krakau und Sendomir als unentbehrliche Bollwerke Galiziens und werde den preußischen Ansprüchen niemals zustimmen. Deshalb bitte die Kaiserin den König, auf jene Palatinate zu verzichten. Für sich wünsche sie die von der Natur gezogenen Gränzen des Bug und des Niemen, könne auch den von Preußen nach der Seite von Kurland ausgesprochenen Wünschen auf Szamaiten nicht wohl zustimmen. Das preußische Ministerium beantwortete diese wenig erfreuliche Eröffnung durch eine Note vom 28. November, welche Tauenzien anwies, auf den preußischen Forderungen zu bestehen; lieber würde der König, falls sie nicht bewilligt werden sollten, den Theilungsplan ganz aufgeben. [1]

Zu dieser Zeit war aber Katharina im Wesentlichen mit dem Kaiser schon geeinigt. Oestreich hatte, wie erwähnt, an dem Kriege kaum einen Antheil genommen, sogar den Verdacht erweckt, daß es den Aufstand heimlich begünstige. Nicht allein die Depesche vom 10. April auch spätere Aeußerungen beweisen, daß Thugut die gänzliche Theilung Polens nicht unbedingt für einen Vortheil hielt. Sollte es aber dahin kommen, so forderte

---

[1] Vgl. Oestreich und Preußen S. 134.

er einen vollwichtigen Antheil: Die Palatinate Krakau und Sendomir, das Land zwischen Bug und Weichsel; und jenseits des
Bug ein Stück von Vollhynien, außerdem für die Anerkenntniß
der früheren Theilung die Zusicherung, daß Rußland auch zum
Erwerb noch anderer Entschädigungen helfen wolle. Die Vor-
verhandlungen zogen sich lange hin. Erst im November, als
Suworoff in Warschau eingezogen war, ließ der östreichische Minister seine Bedenken fahren und übersandte am 13. dem Gesandten die entscheidende Instruction, welche dann am 29. im
Einzelnen festgestellt und vervollständigt wurde.

Thugut verzichtete darin auf die Ansprüche in Vollhynien
und nahm der russischen Forderung gemäß den Bug als Gränze
an; nur wünschte er die bei der ersten Theilung im Jahre 1772
festgestellte Abgrenzung Galiziens in wenig bedeutenden Puncten berichtigt zu sehen. Um so entschiedener war sein Begehren,
daß Rußland dem Kaiser zum Besitze der Palatinate Krakau
und Sendomir verhelfe; Preußen, meint er, werde auf die Dauer
bei seinem Widerstande nicht beharren. Auch den Anspruch auf
das Land zwischen Bug und Weichsel, insbesondere auf die
Palatinate Chelm und Lublin hielt er in seinem ganzen Umfange aufrecht, wollte selbst den kleinen Theil von Masovien
in dem Winkel beider Flüsse den Preußen nicht zugestehen.
Praga sei seit der Erstürmung durch Suworoff ein Schutthau-
fen und könne, wenn der König verlange, ganz zerstört werden.
Ueberhaupt soll Cobenzl so sehr als irgend möglich die Erwerbungen Preußens zu beschränken suchen. Thugut kommt dann
auf den Vertrag vom 23. Januar 1793 und betont auf's
neue, daß Oestreich dafür eine Ausgleichung gebühre. Vielleicht würde man sogar den Berliner Hof zu diesem Geständniß bringen können, aber der Kaiser setze seine Hoffnung vor
allem auf ein geheimes Abkommen mit Rußland. Es folgt nun
beinahe wörtlich was schon in der Depesche vom 27. Februar
enthalten ist. Katharina soll dem Kaiser zu einer völlig ausreichenden Entschädigung behülflich sein, auf Kosten Frankreichs,
sonst auf Kosten Venedigs, oder in irgend einer andern Weise;
sie soll gegen jeden feindlichen Angriff Schutz versprechen, na-

7

mentlich gegen Preußen, und deshalb den geheimen Artikel des Bundesvertrages über die Pforte auch auf Preußen anwendbar erklären.

Aeußersten Falles, setzt Thugut in einer geheimen Nachschrift hinzu, könne man auf die Gränzberichtigung in Galizien und auf die Landspitze zwischen Bug und Weichsel verzichten; auch, selbst wenn man mit beiden Höfen abschließe, den Anspruch aufgeben, daß Preußen die Berechtigung Oestreichs zu neuen Erwerbungen außerhalb Polens anerkenne. Endlich faßt er noch die Wendung in's Auge, daß der Widerstand des Berliner Hofes gegen die russischen Vorschläge den Theilungsplan ganz rückgängig mache. Rußland und Preußen würden sich dann vielleicht darauf beschränken, die Gränzen des Jahres 1793 einigermaßen zu erweitern, dabei möchte auch für Oestreich eine oder andere Entschädigung abfallen. Er meint, im Grunde sei es sehr zweifelhaft, ob der Fortbestand eines polnischen Staatswesens in was immer für einer Form den östreichischen Interessen entgegen sei; jedenfalls, setzt er bezeichnend hinzu, werde es doch mehr oder weniger Districte umfassen, die bei einer allgemeinen Theilung an Preußen kämen. Auch Rußland möchte vielleicht seinen Vortheil dabei finden; denn es würde sicher über jenes Staatswesen, also über die ganze Masse sich den entscheidenden Einfluß zusprechen, welchen es sonst mit den beiden andern Höfen zu theilen hätte. Cobenzl soll unter derartigen Umständen versuchen, Krakau mit einem mäßigen Territorium und etwa eine Erweiterung der östreichischen Gränzen zwischen Bug und Weichsel oder nach Volhynien zu erhalten. Vor allem sei ein näheres Einverständniß zwischen Rußland und Preußen zu verhindern; Oestreich finde sich einmal in seiner traurigen Lage durchaus auf russischen Beistand angewiesen, müsse deshalb auch den als unumgänglich hingestellten Forderungen dieser Macht sich fügen; zu bedauern bleibe nur, daß der Petersburger Hof noch immer nicht frei und offen erkläre, was man von ihm besonders über die anderweitigen Ansprüche Oestreichs erwarten dürfe.

III.

Ueber das Folgende bis zum Abschluß des Vertrages vom 3. Januar besitzen wir einen merkwürdigen Bericht, den Cobenzl zwei Tage später nach Wien abgehen ließ. Mit allen Beilagen könnte er ein kleines Buch füllen. Er bietet mancherlei Vergleichungspuncte mit jenem andern Bericht über die letzten Verhandlungen von Campoformio, welcher jedem, der ihn gelesen hat, gewiß noch gegenwärtig sein wird. In beiden zeigt sich eine Klarheit des Gedankens, eine Anmuth des Ausdrucks, wie sie nur glücklich begabten, fein gebildeten Menschen eigen ist, insbesondere eine Lebhaftigkeit des Dialogs, die, wenn man will, an den Comödiendichter für die Hofbühne der Kaiserin erinnert. Auch an Interesse können beide sich die Wage halten. In Petersburg begegnen wir nicht, wie in Passariano, einer Persönlichkeit, welche durch den Zauber einer unvergleichlichen Geisteskraft und nie erhörter Schicksale allem, was von ihr ausgeht und mit ihr in Berührung tritt, einen unwiderstehlichen Reiz verleiht, aber die Ereignisse wirken mit nicht weniger ergreifender Gewalt. Es ist kein Lustspiel, was Cobenzl diesmal zu beschreiben hat. In Italien wie in Polen wird ein unglückliches Volk übermüthigen Siegern zur Beute, und die Macht als einziges Richtmaß politischen Handelns hingestellt. Aber bei den italienischen Vorgängen mildert doch der Gedanke, daß ein nationales Leben wohl gehemmt, nicht zerstört werden konnte, daß die Sühne alten Unrechts nunmehr unter unsern Augen sich vollzogen hat. In Polen sehen wir zu derselben Zeit die Unterdrückung wie ein fressendes Gift immer weiter sich verbreiten, um eben jetzt das äußerste Maß des Frevels zu erfüllen, wohl geeignet, die Mitschuldigen bedenklich zu machen, aber nur zu wirksam, den Haupturheber dauernden Sieges zu versichern.

Ehe die Instruction vom 29. November nach Petersburg gelangte, hatte die Unterhandlung schon begonnen. Die Russen, ihrer günstigen Stellung zwischen den beiden deutschen Mächten wohl bewußt und begierig, die polnische Beute in Sicherheit zu bringen, klagten fort und fort über Thugut's Zögerung. „Man fühlt sehr wohl", schreibt Cobenzl später, „von allen Nachbarn Polens sei der Kaiser am wenigsten interessirt, daß man sich auf Kosten dieses unglücklichen Landes bereichere; deshalb hat man unserem Eifer niemals recht getraut, besonders als die Couriere so lange ausblieben." Sobald die Instruction vom 13. November ihm zu Händen kam, einige Tage vor der Mitte December's, erklärte er der Kaiserin, ihrem Günstling, dem Grafen Suboff, und den Ministern seine Bereitwilligkeit, in die Unterhandlung einzutreten. Die Kaiserin gab eine spitze Antwort über die Zögerung des Wiener Hofes, und die Minister verhehlten nicht: wenn Destreich länger Schwierigkeiten erhoben hätte, würde man allein mit Preußen abgeschlossen haben, das gegen Bewilligung von Krakau und Sendomir zu jedem Zugeständniß bereit gewesen sei. Nun aber die Kaiserhöfe sich geeinigt hätten, werde man versuchen, den Widerstand Preußens zu beseitigen, oder, wenn es hartnäckig bleibe, allein mit Destreich abschließen und den Berliner Hof später zum Beitritt einladen. „Sie fordern", sagten die Minister, „daß wir uns kräftig zu Ihren Gunsten gegen die preußischen Ansprüche erklären; aber sagen Sie selbst, wo findet sich ein besseres Mittel, den Widerstand jenes übelgesinnten Hofes zu überwinden, als wenn die Kaiserhöfe sich förmlich einigen und gegenseitig ihren Antheil garantiren?" Cobenzl besaß keine Vollmacht, mit Rußland einseitig abzuschließen, und wenn er auch vorhersah, daß man in Wien eine günstige Uebereinkunft aus diesem Grunde nicht zurückweisen, ja vielleicht gerade wegen der feindlichen Spitze gegen Preußen um so lieber aufnehmen würde, so mochte es ihm doch bedenklich scheinen, ohne Vorwissen eines Ministers wie Thugut in einer so wichtigen Sache vorzugehen. In seinen Berichten zeigt sich denn auch das Bestreben, jeden Schritt nach dieser Seite zu entschuldigen und als ganz unumgänglich darzustellen. Gleich hier, deutet er an, habe er den Wunsch ausgesprochen, im äußersten Falle, wenn man ohne Preußen abschließen müsse, statt einer von den Bevollmächtigten unterzeichneten Declaration, lieber eigenhändige Briefe von den Monarchen an einander schreiben zu lassen, eine Form, die schon vordem zwischen Joseph II. und Katharina zur Anwendung gekommen war. Aber die Russen entgegneten, eine solche Form würde nur für Vereinbarungen gewählt, die geheim bleiben sollten; die Declaration über den Theilungsvertrag solle aber gerade dazu dienen, den Widerstand Preußens gegen die östreichischen Ansprüche zu beseitigen. Diesem Grund war in der That nicht leicht zu widersprechen; auch blieb noch immer die Hoffnung, im Laufe der Unterhandlung von Tauenzien ein Zugeständniß zu erlangen.

Die erste Sitzung wurde am 15. December in der Wohnung des Vicekanzlers Ostermann gehalten. Mit ihm nahmen der Graf Besborodko, Markoff und der östreichische Botschafter Theil. Nach Vorlegung der Vollmachten zeigte Cobenzl eine Karte, auf welcher die neue Gränze verzeichnet war. Die Russen fanden Nichts auszusetzen, meinten aber, Preußen werde neben Warschau auch die Vorstadt Praga zu erlangen suchen, also auf die Landspitze zwischen dem Bug und der Weichsel nicht gern verzichten. Cobenzl vertheidigte den östreichischen Anspruch, leugnete, daß Praga nach der Zerstörung durch Suworoff noch von Bedeutung sei, und berief sich insbesondere auf den Grundsatz, daß der Lauf der Flüsse als Regel für die Gränzbestimmung gelten solle. Die Russen erwiederten, an ihnen werde es nicht liegen, wenn Oestreichs Wunsch nicht in Erfüllung ginge. Sie zeigten dann ihre Gränze und erklärten sich bereit, alle Forderungen der Depesche vom 27. Februar über das besondere Abkommen zu bewilligen; man sei also vollkommen einig, die Schwierigkeit liege nur darin, daß Preußen die Weichsel als natürliche Gränze verlange, insbesondere Krakau nicht aufgeben wolle, weil es für die Sicherheit Schlesiens unentbehrlich sei. Aber es kostete dem östreichischen Botschafter wenig Mühe, den Russen gegenüber das Unbegründete der preußischen Ansprüche und die Berechtigung der eigenen zu erweisen. Das beste Mittel, sagte er, Preußen umzustimmen, bestehe darin, daß Rußland sich recht entschieden für Oestreich erkläre. Die Kaiserin sei durchaus dazu entschlossen, erwiederten die Minister.

Zunächst würden sie in einer Conferenz mit Tauenzien die für Oestreich sprechenden Gründe auseinandersetzen. Sei dies vergebens, so könne eine zweite folgen, an welcher auch Cobenzl Theil nehmen müsse, um selbst seine Sache zu verfechten. Reiche, wie wahrscheinlich, auch dieser zweite Versuch nicht aus, so werde man einen Courier mit neuen Vorstellungen nach Berlin abgehen lassen.

„Ich bemerkte", schreibt Cobenzl, „diese letzte Conferenz verspreche nur in so weit einen Erfolg, als die russischen Bevollmächtigten ihre Worte mit den meinigen übereinstimmen ließen und den preußischen Gesandten von der vollkommenen Einigkeit der Kaiserhöfe, der unerschütterlichen Festigkeit der Kaiserin überzeugten. Je weniger ich rede, sagte ich ihnen, je mehr Sie es sind, die meine Sache vertheidigen, desto besser ist es." Die Russen versprachen Alles; der stärkste Grund bleibe jedoch immer, daß man den Theilungsvertrag, unterzeichnet und durch gegenseitige Garantie geschützt, in Berlin vorweisen könne. Gleichwohl müsse man sich auf den äußersten Fall, auf einen Krieg und ein Bündniß Preußens mit Frankreich gefaßt machen. Besborodko meinte, es scheine gerathen, so viel Truppen als möglich in der Gegend von Krakau zusammenzuziehen. Cobenzl wiederholte, das beste Gegengift gegen alle diese Uebelstände sei die feste Versicherung, daß Rußland dem Kaiser mit seiner ganzen Macht zur Seite stehen werde. Die Sitzung verlief, wie man sieht, in voller Einigkeit; Graf Suboff meinte nachher, die allgemeine Conferenz werde wohl stürmischer ausfallen. [1])

Zunächst kamen die Russen am folgenden Tage, dem 16. December, mit Tauenzien zusammen. Cobenzl schickt darüber ein Protocoll, das ihm Markoff mitgetheilt hatte. Es ist von dem russischen Staatsrath Koch, welcher, wie es scheint, als Secretär den Sitzungen beiwohnte, am Tage nachher entworfen. Der

---

[1]) Alles dieses und das Folgende nach Cobenzl's Mittheilungen vom 5. Januar 1795. Ueber die Sitzung vom 15. hat er einen besonderen Bericht erstattet; außerdem ein Protocoll des Staatsraths Koch beigelegt, welches aber nichts Neues von Bedeutung enthält.

Vicekanzler eröffnete dem Gesandten, er habe von der Kaiserin Befehl, über den Inhalt der von ihm eingereichten Note zu conferiren, bedauere jedoch sagen zu müssen, daß von Seiten Oestreichs unüberwindliche Schwierigkeiten wegen der Palatinate Krakau und Sendomir hervorträten. Tauenzien antwortete, der König sei mit Vergnügen den Wünschen und Absichten der Kaiserin entgegen gekommen, lege aber jetzt auch mit Vertrauen seine eigenen Interessen in ihre Hände; gekräftigt durch solchen Beistand glaube er nicht, daß Oestreich ernstlich bestreiten werde, was nach allen Gründen der Billigkeit und nach der Art, wie der König sich am Kriege betheiligt habe, Preußen zukomme. Die Russen erwiederten, sie wünschten nichts mehr, als dem Grafen Cobenzl diese Gründe annehmlich zu machen, allein er habe beständig eingewendet, der Erwerb von Krakau und Sendomir sei für Oestreich unumgänglich. Man sprach dafür und dagegen, besonders eifrig zeigte sich Markoff. „Er hat mir versichert"; schreibt Cobenzl, „weder ich noch irgend ein Minister unseres Hofes hätte unsere Sache mit mehr Kraft und größerer Lebhaftigkeit vertreten können." „Er ist", setzt Cobenzl hinzu, „von den russischen Ministern derjenige, welcher die Sprache am meisten in der Gewalt hat, und deshalb bei Gelegenheiten dieser Art häufiger redet, als seine beiden Collegen." Er wies insbesondere auf die geographischen Verhältnisse hin und hob hervor, daß Oestreich bei der letzten Theilung gar keine Erwerbung gemacht, aber seitdem große Verluste erlitten habe. Tauenzien versetzte, Oestreich habe doch im Hennegau Vieles erobert, und wenn es verloren sei, könne es auch wiedergewonnen werden. Man machte ihn aber aufmerksam, dies sei eine sehr problematische Rechnung, wo es sich um eine so wichtige reale Angelegenheit handele. Er beharrte jedoch bei seinen Ansprüchen, so daß die russischen Bevollmächtigten ihm vorschlugen, die Sache erst einmal selbst mit Cobenzl zu besprechen.

Sie baten ihn darauf, die von ihm gewünschten Gränzen anzugeben. Tauenzien zog eine Karte aus der Tasche, auf welcher die neue Linie verzeichnet war. Sie umschloß die Palatinate Krakau und Sendomir, folgte dem Laufe der Weichsel

bis zur Mündung des Bug, dem Buz bis zur Mündung des
Narew, sodann dem Narew und ließ Bialystock zur Rechten, um
beinahe in gerader Richtung an den Niemen zu gelangen; die=
sem Fluß sollte sie bis zu seinem Eintritt in Ostpreußen sich
anschließen, noch einen beträchtlichen Theil von Szamaiten bis
zur Windau umfassen und so die Ostsee erreichen. Da diese
Linie den Narew statt des Bug zur Gränze nahm, also sich auf
einen beträchtlichen Theil der Palatinate von Masovien und
Poblachien, welche beide Höfe dem Könige lassen wollten, nicht
erstreckte, so machte man Tauenzien darauf aufmerksam und
meinte, dies Gebiet könne als Entschädigung für Krakau dienen.
Tauenzien suchte den Werth herabzusetzen, er sagte, es um=
schließe mehr Wälder als Einwohner. Man bewies aber, er=
zählt der russische Berichterstatter, das Gegentheil und daß Pob=
lachien bisher die meisten Lebensmittel für Warschau geliefert
habe. Nach dieser Erörterung zeigten die russischen Bevollmäch=
tigten auf ihrer Karte ihre Demarcationslinie. Offenbar mit
Verdruß nahm Tauenzien wahr, daß sie den von Preußen ge=
wünschten Theil Szamaiten's umfaßte. Er verhehlte nicht, daß
der König durch diese Erwerbung Memel habe sichern wollen;
verweigere man sie, so werde der preußische Antheil beinahe auf
Nichts herabgesetzt. Man antwortete, Warschau allein, eine so
große und reiche Stadt, widerlege diese Behauptung. Er ent=
gegnete, daß sie nach der neuen Gestaltung der Dinge viel von
ihrem früheren Glanze verlieren müßte.

Die Russen bemerkten noch: wenn Preußen die Hälfte von
Szamaiten erhielte, so würde der Küstenstrich von Kurland in
seiner Verbindung mit dem übrigen Theile des Herzogthums
gehindert. Mit überraschtem Gesicht fragte Tauenzien, ob die
Kaiserin denn auch Kurland ihrem Reiche einverleiben wolle,
und erhielt die Antwort: da die alten Lehnsverhältnisse zwischen
diesem Herzogthum und Polen jetzt aufhören würden, so sei
Nichts natürlicher als eine solche Vereinigung. Er bemerkte,
bisher sei seinem Hofe gegenüber von Kurland noch gar nicht
Rede gewesen, verbreitete sich dann über die Vortheile des neuen
Erwerbes und meinte, die Kaiserin werde zur Vergeltung die

Mittel finden, Oestreich für Krakau und Sendomir eine Ent=
schädigung zuzuwenden. Man antwortete, der Bug diene zwi=
schen Rußland und Oestreich als natürliche Gränze, wahrschein=
lich verlange der Wiener Hof selbst nicht, ihn zu überschreiten;
aber Tauenzien blieb bei seiner Meinung: Rußland könne dieß
schon einrichten. Die Gesandten verwiesen ihn abermals an
Cobenzl und machten nur noch bemerklich, wie wünschenswerth
es sei, eine so wichtige Angelegenheit, auf welche ganz Europa
die Augen gerichtet habe, so bald als möglich zu beendigen.
Nur durch eine freundliche Einigung würde man Frieden und
Ruhe herstellen und sich die Mittel verschaffen können, den gro=
ßen Kampf gegen die französischen Revolutionäre, bei dem alle
Höfe und die ganze Menschheit betheiligt seien, mit Ruhm zu
beendigen. Tauenzien, indem er die Größe und Schönheit dieser
Aufgabe anerkannte, versprach, sich am nächsten Tage mit Co=
benzl zu bereden, verhehlte aber nicht, daß er wenig Hoffnung
habe. Die Russen boten ihre guten Dienste an, indem sie vor=
schlugen, die Sache in einer allgemeinen Conferenz zur Verhand=
lung zu bringen. Er lehnte aber ab, wünschte vielmehr noch
eine besondere Besprechung für den zweitnächsten Tag, um von
dem Erfolg seines Schrittes Nachricht zu geben, was sogleich
genehmigt wurde.

Tauenzien führte seine Absicht aus; am 17. December kam
es zwischen ihm und Cobenzl zu einer merkwürdigen Unterre=
dung, über welche der Botschafter in einer eigenen Beilage Be=
richt erstattet. „Der preußische Gesandte", schreibt er, „sprach
zuerst den Wunsch aus, sich freundlich mit mir zu einigen. Ich
antwortete, daß wir nichts Besseres wünschten, besonders in An=
betracht der Gefahren, von denen jede geordnete Regierung jetzt
bedroht sei. Tauenzien stimmte zu, sagte aber, Preußen müsse
durchaus als natürliche Gränze die Weichsel, also die Palatinate
Krakau und Sendomir in Anspruch nehmen; übrigens sei man
in Berlin vollkommen einverstanden, daß der Kaiser wie die
beiden anderen Mächte seinen Antheil in Polen bekommen solle.
Ich erwiederte, man brauche nur die Augen auf die Karte zu wer=
fen, um zu erkennen, daß die beiden Palatinate, welche der König

verlange, für seine Sicherheit ohne Nutzen, dagegen zu unserer
Vertheidigung unentbehrlich seien. Gerade der Wunsch dauern-
der Freundschaft lasse den Kaiser auf einer Gränze bestehen,
welche keinem Staate neue Angriffsmittel, aber beiden größere
Sicherheit gewähre. Die Erweiterung der preußischen Gränze
bis Czenstochau gebe für Schlesien eine vollkommene Vertheidigungslinie; wolle Preußen dagegen sich bis zur Weichsel ausdehnen, so sei Oestreich ganz ohne Schutz. Freilich brauche man
nicht mehr daran zu denken, sich Uebel zuzufügen, jeder müsse sich
aber doch im Stande halten, den Eingang in die wichtigsten
Besitzungen und das Herz der Monarchie verschließen zu können.
Nichts sei nützlicher für die Eintracht, als wenn man die Ver-
theidigungsmittel vermehre, die Angriffsmittel verschwinden lasse.
Die Erwerbung, welche der König wünsche, sei aber nur zum
Angriff nützlich. Herr von Krakau, könne er nach Belieben in
Galizien eindringen, die Salinen von Wilitzka, das beste Ein-
kommen des Landes, zerstören, jede Verbindung abschneiden und
bis nach Mähren vordringen. Aber, bemerkte Tauenzien, wenn
der Kaiser Herr von Krakau ist, so kann er Schlesien im Rücken
fassen, unsere Eisenwerke zu Grunde richten, und wir sind ganz
von seinen Staaten eingeschlossen. Das könnte man höchstens behaupten, entgegnete ich, wenn der König nicht durch den Grodnoer
Vertrag [vom 25. September 1793] seine Gränzen befestigt hätte.
Aus Czenstochau läßt sich weit besser eine starke Festung machen
als aus dem elenden Schloß von Krakau. Das kleine Stück, um
das wir Schlesien mehr als früher berühren werden, gibt uns noch
nicht die Möglichkeit, in diese mit Festungen so wohlversehene
Provinz hineinzubringen. Uebrigens wenn es sich darum handelt, Polen gänzlich zu theilen und den Mittelstaat zwischen den
drei Höfen verschwinden zu lassen, so ist es unmöglich, daß sie
nicht Gränznachbarn werden sollten. Wer hätte gedacht, daß
die Staaten des Kaisers und der Kaiserin sich einmal auf weite
Strecken begränzen würden? Was uns beide betrifft, wir sind
immer Nachbarn gewesen und doch nicht verhindert worden, ein
Bündniß zu schließen. Wir werden es jetzt ein wenig mehr,
und dieser Umstand muß die Dauer unserer Verbindung sichern,

wenn wir nur, wie es eben der Kaiser wünscht, die neue Gränze zur gegenseitigen Sicherheit feststellen. Tauenzien antwortete, er sei selbst in Czenstochau gewesen; es sei ein elendes Nest, nicht der Rede werth. Wenn uns die Salinen in Galizien Sorge machten, so lägen auch die Eisenwerke in Schlesien der gegenwärtigen Gränze sehr nahe. Ich antwortete, Czenstochau wie Krakau seien in diesem Augenblicke Nichts, aber sie könnten in den Händen des Königs und Kaisers tüchtige Festungen werden. Diese könne man nicht genug vermehren; ich wünsche, daß man eine undurchdringliche Mauer zwischen unseren Staaten herrichten könne, um alle Mittel, sich zu schaden, auszuschließen und nur die zum gegenseitigen Nutzen zu bewahren. Die Eisenwerke in Schlesien ließen sich an Wichtigkeit mit den Salinen in Galizien nicht vergleichen. Uebrigens, setzte ich hinzu, da der Bug schon als unsere Gränze gegen Rußland festgesetzt ist, woher sollen wir unseren Antheil nehmen, wenn wir Krakau und Sendomir nicht erhalten? Kann man uns im Ernste nur den Vorschlag machen, wir sollten uns auf Lublin und einen kleinen Theil von Chelm beschränken? Wozu diente diese pfeilförmige Besitzung ohne Breite und Festigkeit? Aber, entgegnete Tauenzien, die Kaiserin hat sich einen ganz unverhältnißmäßigen Antheil zugeeignet, andernfalls wäre es leicht gewesen, etwas Passendes für Sie zu finden; Volhynien hätte recht gut diesem Zwecke entsprochen. Könnten Sie sich nicht auch gegen Norden ausdehnen? Allerdings, versetzte ich, ist der Antheil Rußlands beträchtlicher, als die beiden übrigen, aber man muß anerkennen, daß die Kaiserin in der That die Kosten der Unternehmung getragen und den guten Ausgang herbeigeführt hat. Sie hat deshalb geglaubt, die drei Höfe am leichtesten in Uebereinstimmung zu bringen, wenn sie selbst die Antheile ausscheide und jedem der beiden Anderen vorschlage, was ihm zukomme. Der Kaiser hat nicht angestanden, sich mit dem, was ihm geboten wurde, zu begnügen, und beide Kaiserhöfe sind vollkommen einig. Volhynien und eine Ausdehnung nach Norden sind uns nicht bequem, der Erwerb von Krakau und Sendomir ist dagegen so natürlich, daß, so oft das Gerücht einer neuen

Theilung Polens entstand, Jeder, der die Augen auf die Karte warf, vermuthete, dort sei der Antheil für den Wiener Hof. Aber, sagte Tauenzien, was würde denn dem König bleiben? Sümpfe, unbebautes, werthloses Land. Der Antheil des Königs, antwortete ich, ist allerdings nicht so beträchtlich, als der russische, aber dem unsern gleich. Die Hauptstadt des Königreichs Polen, der Mittelpunct der Reichthümer, wird ihm gehören, sein Erwerb wird gleich dem der anderen Höfe aus gutem und schlechtem Boden bestehen, und er wird in beiden letzten Theilungen den unschätzbaren Vortheil gehabt haben, getrennte Theile seiner Staaten zu vereinigen und seine östliche Gränze in ihrer ganzen Ausdehnung zu befestigen. Dasselbe hat die Kaiserin gethan, und dasselbe thun wir; während die Besitzungen des Königs in unerträglicher Weise auf die unsrigen drücken würden, falls sie bis zur Weichsel sich ausdehnten. Wer über solche Angelegenheiten unterhandelt, muß nicht ausschließlich an den eigenen Vortheil denken, sondern sich auch ein wenig mit dem der anderen beschäftigen. Unsere Verbindungen haben immer auf dem Grundsatz beruht, so zu bleiben, wie wir waren, und uns nicht einseitige, sondern gegenseitige Vortheile zu verschaffen. Das ist bereits bei den Zusammenkünften des Kaisers Joseph mit dem verstorbenen König als Grundlage angenommen. Da unsere gegenwärtigen Herren ausgeführt haben, was damals angefangen wurde, so ist es nothwendig, sich auch jetzt nicht von dem Grundsatz des gegenseitigen Vortheils zu entfernen." Der Graf Tauenzien behauptete, Warschau bedeute Nichts mehr von dem Augenblicke an, wo die reichen Bewohner ferner keine Veranlassung hätten, dort zu bleiben, weil ihre Besitzungen unter anderer Herrschaft gelegen wären; der Antheil, den man seinem Könige bestimme, sei mit dem des Kaisers gar nicht zu vergleichen. Er endigte das Gespräch mit der Versicherung, er wünsche aufrichtig, daß man sich in allen Puncten einige, aber, fügte er hinzu, auf dem Wege begegne er unüberwindlichen Schwierigkeiten. Ich antwortete, ich halte mich im Gegentheil überzeugt, der König sei zu gerecht, um nicht das Gewicht der

Vorstellungen zu erkennen, die ihm von beiden Kaiserhöfen in dieser Hinsicht gemacht seien."

An dem Tage dieser Unterredung trafen Thugut's Depeschen vom 29. November in Petersburg ein. Cobenzl fand Nichts darin, was den Lauf der Unterhandlung hätte ändern müssen. Die Hauptinstruction theilte er den Russen mit, außerdem eine Reihe von Klagen über das bundeswidrige Benehmen der Preußen in Deutschland, so wie mehrere in Wien aufgefangene Briefe Manstein's und der preußischen Minister an Lucchesini, welche über die Unterhandlungen in Basel Auskunft gaben. Mit sichtlichem Vergnügen berichtet er, die Kaiserin sei nun noch heftiger gegen Preußen gereizt. „Das sind lauter Schurken", habe sie beim Durchlesen der Briefe ausgerufen. „Könnte nicht der Wiener Hof den Lucchesini erkaufen, daß er für Geld den König von seinem Plan auf Krakau abbrächte?"

Der Ausgang der neuen Unterredung Tauenzien's mit den Russen läßt sich vorhersehen. Sie erfolgte am nächsten Tage, dem 18. December, wieder bei Ostermann. Die Russen fragten, wie es ihm mit Cobenzl ergangen sei. Der preußische Gesandte rühmte die freundliche Aufnahme, die er gefunden; aber man sei weiter als je davon entfernt, sich über Krakau und Sendomir einigen zu können. Die Bevollmächtigten traten nun offen auf die Seite Cobenzls und drückten ihr Bedauern aus über dies Hinderniß, das zugleich den allgemeinen europäischen Angelegenheiten sich bedrohlich zeige. Der König von Preußen werde hoffentlich nicht auf seinem Willen bestehen. Tauenzien bedauerte gleichfalls, meinte aber, der König könne nicht zurücktreten, um Schlesien nicht in Gefahr zu bringen. Dasselbe, versetzten die Russen, führe Oestreich für Galizien an. Der Gesandte fragte sodann, ob er eine Erwiederung auf die von ihm eingereichte Note erhalten werde. Man entgegnete, wenn die gegenwärtige Verhandlung erfolglos bliebe, so würde die Kaiserin durch ihren Gesandten in Berlin förmlich darauf antworten lassen. Tauenzien lenkte das Gespräch noch einmal auf Szamaiten; er sprach die Hoffnung aus, daß man den von ihm bezeichneten Theil dem Könige überlassen werde; der Gränzstrich von Ostpreußen ziehe daher seine Nahrung, und

der König müsse einem unfruchtbaren, beinahe unbebauten Theil
seines Gebietes durchaus den Unterhalt sichern. Die Bevoll=
mächtigten entgegneten, Rußland fordere für Lebensmittel kaum
einen Ausgangszoll, man könne Ostpreußen durch einen Handels=
vertrag sicher stellen; dagegen würde Preußen durch die Erfül=
lung seiner Wünsche sich Riga bis auf sechszig Werste nähern.
Sie erinnerten an das große Gebiet, das Preußen in Majovien
und Poblachien noch angeboten wurde, und bewiesen, sagt der
russische Berichterstatter, daß es zum wenigsten 240 Quadrat=
meilen umfasse. Diese Bemerkung schien einigen Eindruck zu
machen. Tauenzien entschloß sich, die neue Erwerbung als Tausch=
object für den gewünschten Theil von Szamaiten anzusehen,
machte dann einen vergeblichen Versuch, die Stadt Kauen auf
dem rechten Ufer des Niemen zu erhalten, und kam endlich wie=
der auf Krakau und Sendomir zurück. Tag und Nacht, ver=
sicherte er, sinne er über dieser Angelegenheit; er sei auf eine
Auskunft verfallen, die er mittheilen wolle, freilich ohne irgend
welche Ermächtigung von Seiten seines Hofes: In den neuen Er=
werbungen werde Preußen keine Festung errichten, namentlich Kra=
kau in dem gegenwärtigen Zustande lassen. Die Bevollmächtigten
bemerkten, man könne immer davon reden, aber Oestreich würde
auch unter dieser Bedingung auf die beiden Palatinate nicht
wohl verzichten können. Und so verlief auch diese Sitzung un=
ter gegenseitigen Betheurungen des guten Willens ohne Erfolg.
Die Bevollmächtigten schlugen abermals eine allgemeine Confe=
renz vor; Tauenzien nahm an, wonach sie auf den nächsten
Abend festgesetzt wurde.

Auch in Bezug auf diese allgemeine Sitzung verweist Cobenzl
auf das Protocoll des Staatsrathes Koch; es sei so genau, daß
er nichts von Bedeutung hinzuzufügen wisse.

Nachdem die Bevollmächtigten versammelt waren, richtete der
Vicekanzler im Namen der russischen an Cobenzl und Tauenzien
das Wort. Man habe gehört, sagte er, daß sie sich über Krakau
und Sendomir nicht einigen könnten, und deshalb beide zu einer
gemeinsamen Conferenz eingeladen, um eine für ganz Europa
so wichtige Angelegenheit mit ihnen zu besprechen. Cobenzl

antwortete, es liege gewiß nicht an ihm, wenn die neue und unumgängliche Theilung Polens nicht zur Ausführung komme; er glaube aber, die Karte in der Hand, die gänzliche Unmöglichkeit erweisen zu können, daß sein Hof die streitigen Palatinate an Preußen fallen lasse. Er berief sich auf die mehrerwähnten Gründe und hob insbesondere hervor, der König selbst habe die Bedeutung Krakau's dadurch anerkannt, daß während des letzten Feldzugs mit Rücksicht auf Oestreich keine preußische Besatzung dahin verlegt worden sei. Tauenzien machte dagegen seine Gründe geltend und bemerkte, was die Besatzung von Krakau angehe, so könne man doch eine Maßregel der Höflichkeit für die Zeit, als Krakau noch zu Polen gehörte, nicht zum Nachtheile des Königs auslegen. Cobenzl erwiederte, immer folge daraus, daß Oestreich Grund zur Besorgniß habe, die sich nur vermehren könne, wenn die Stadt aus dem vorübergehenden in den bleibenden Besitz des Königs gelange. Uebrigens, fügte er hinzu, wenn Oestreich auf Krakau und Sendomir verzichte, so werde sein Antheil auf beinahe Nichts beschränkt. Schon bei der zweiten Theilung sei es ausgeschlossen und habe damals aus höheren Rücksichten nachgegeben, besonders auf das Versprechen hin, man werde ihm in dem Kriege gegen Frankreich wirksamen Beistand leisten, um einen rühmlichen Frieden und nach jener Seite genügende Entschädigung zu erlangen. Weder das eine noch das andere sei erreicht, Oestreich habe im Gegentheil unermeßliche Verluste erlitten. Unter solchen Umständen sei es doch zu viel verlangt, daß der Kaiser jetzt noch einmal seine Interessen einer ungewissen Zukunft opfern solle. Hier stimmten die russischen Bevollmächtigten ein: man habe in der That bei der zweiten Theilung solche Versprechungen gemacht, es sei nicht mehr als billig, daß Oestreich nach so kräftigen Anstrengungen, nach so großen Verlusten, bei der letzten Theilung seinen Nutzen habe. Tauenzien entgegnete in lebhaftem Tone, dies brauche doch nicht einzig auf Kosten des Königs seines Herrn zu geschehen, worauf Cobenzl erwiederte, es geschehe auch nicht auf Kosten Sr. Preußischen Majestät, sondern auf Kosten Polens. Tauenzien fragte nun, warum Oestreich sich nicht nach der Seite

Rußlands vergrößere; außer der unschätzbaren Erwerbung Kurlands sei der russische Antheil schon so bedeutend, daß er reich-
lich dazu die Mittel biete. Der Botschafter erwiederte, eine
Ausdehnung nach jener Seite liege nicht im Vortheil seines
Herrn; er wünsche gar nicht, den Bug zu überschreiten. Die
Bevollmächtigten fügten noch hinzu, wenn der König bedenke,
was er im Jahre 1793 ohne Betheiligung Oestreichs erworben
habe und jetzt erwerben solle, so werde er sicher seinen Vortheil
gewahrt finden.

Aber Tauenzien blieb dabei, der Antheil seines Herrn sei in
keiner Weise den beiden andern zu vergleichen. Die Russen verbreiteten sich deshalb von neuem über den Nutzen eines raschen
Abschlusses und die Nothwendigkeit einer friedlichen Einigung;
nur auf diesem Wege werde man die Intriguen eifersüchtiger
Mächte vereiteln und die Mittel finden, den Kampf gegen die
wüthenden Republikaner zum Vortheil aller Monarchen zu beendigen. Nur zu weit, fiel Cobenzl ein, hätten die französischen
Demokraten ihre Grundsätze schon verbreitet, sie seien ein Ge-
würm, das alle Regierungen unterwühle; im allgemeinen Interesse
liege es, diesem ansteckenden Uebel zu steuern. Hier konnte
Tauenzien seinen Unwillen nicht mehr meistern: „Krakau und
Sendomir in Ihren Händen", rief er aus, „würden uns mehr
Schaden thun als alle Demokraten in der Welt." Der Botschafter, seine Kaltblütigkeit bewahrend, erwiederte, er erlaube
sich, daran zu zweifeln, und wünsche besonders, daß die Ereignisse die Behauptung des Grafen Tauenzien nicht widerlegen
möchten. Dieser erhob sich von seinem Stuhle, ging auf die
Seite der russischen Bevollmächtigten, vor denen eine Karte Polens ausgebreitet lag, und gab dem Gespräche eine Wendung,
indem er fragte, ob die Kaiserin nicht wenigstens einen kleinen
Theil Szamaitens dem Könige überlassen würde. Die Bevollmächtigten erwiederten, wenn es sich nur um Kleinigkeiten handle,
könnten später die Gränzcommissare alles dies nach Preußens
Wünschen erledigen. Wegen der Lebensmittel für Ostpreußen
brauche man nichts zu besorgen; Rußland erhebe davon keinen
oder beinahe keinen Ausgangszoll, und werde dies eventuell durch

einen besonderen Artikel festsetzen. Tauenzien schien sich dabei zu beruhigen; auch bewilligte man ihm zwei kleine Gränzerweiterungen im Palatinate Nowogrobetz, drängte aber dann noch einmal, er möge doch den Abschluß nicht verzögern. Der preußische Gesandte betheuerte in den stärksten Ausdrücken seinen guten Willen; aber unmöglich könne er sich selbst und noch weniger seinen Hof überzeugen, daß Preußen ohne den größten Nachtheil auf Krakau und Sendomir verzichten dürfe.

So blieb den Bevollmächtigten endlich Nichts übrig als der Ausdruck des Bedauerns, daß ihre Hoffnung auf die gegenwärtige Conferenz unerfüllt, also der Artikel über Krakau unentschieden bleiben müsse. Und doch sei es, fügten sie hinzu, sehr wünschenswerth gewesen, daß man der Kaiserin, wie von der vollkommenen Einigkeit der Kaiserhöfe, so auch von der Zustimmung des Königs habe Nachricht bringen dürfen. Tauenzien, wie es schien, durch diese Bemerkung betroffen, bat um einige Rücksicht; sein Hof habe auf so unvortheilhafte Bedingungen nicht rechnen können. Ihm selbst seien um so mehr die Hände gebunden, als die Einverleibung Kurlands ein ganz unvorhergesehenes Ereigniß sei. Er könne also was man ihm mitgetheilt nur ad referendum nehmen und weitere Anweisung erwarten.

IV.

Seinem Versprechen gemäß ließ Tauenzien sogleich einen Courier nach Berlin abgehen. Ihm folgte am 24. eine russische Denkschrift, welche Alopäus in Berlin überreichen sollte. Die neue Theilung wurde als unumgänglich und unabänderlich dargestellt, und Preußen in bestimmten, hochfahrenden Worten zum Beitritt aufgefordert. Unterdessen war man in Petersburg nicht müssig. „Da wir", fährt Cobenzl in seinem Berichte fort, „die Zustimmung Tauenzien's nicht erhalten konnten, blieb Nichts übrig als die Ausarbeitung und Unterzeichnung der Acte, welche zwischen beiden Höfen vereinbart werden sollte. Ich ließ die Form einer Declaration zu, forderte aber, daß sie genau denen gleiche, welche die Handelsedicte begleitet hatten. Herr v. Mar-

8

koff überreichte mir einige Tage später einen Entwurf des Theilungsvertrages. Der Eingang ist mit jener Emphase abgefaßt, deren man sich immer bei Erfolgen russischer Truppen hier bedient. Ich habe um so weniger etwas dagegen eingewendet, als der Kaiser an dem Krieg gegen die Polen keinen Theil genommen, sondern sich begnügt hat, einige Palatinate zu besetzen. Die Weise, in welcher die Kaiserin den ganzen Erfolg des Krieges sich beimißt, kann also nur den König von Preußen beleidigen, der gar nicht darin erwähnt wird, obgleich er in Person in's Feld gezogen ist, eine Schlacht gewonnen und seine Armee bis unter die Mauern von Warschau geführt hat. Der erste Theil ist ganz nach den Anweisungen Ew. Excellenz in der Depesche vom 11. September abgefaßt, mit Ausnahme der Veränderung, welche die Annahme des Bug zur Gränze erfordert. Auch alles Uebrige stimmt mit meinen Instructionen überein, ich erklärte mich daher zum Abschluß bereit, sobald wir über die geheimen Artikel uns geeinigt hätten. Da ich den Theilungsvertrag nur in Verbindung mit diesen letzteren unterzeichnen sollte, so konnte ich mich nicht weigern, auch für sie die Form einer Declaration zuzulassen; doch bewahrte ich meinem Hofe das Recht, für die geheime Uebereinkunft die Form eigenhändiger Briefe zu substituiren."

Als wir zur Verhandlung dieser wichtigen Angelegenheit kamen, sagte mir Herr v. Markoff, die Kaiserin bewillige alle unsere Vorschläge, er werde also in das fragliche Actenstück den Inhalt der Depesche vom 29. November wörtlich einrücken; aber man müsse sich nun auch einigen über das, wozu mein Hof in Bezug auf die Kaiserin sich verpflichte. Ich antwortete, jene Bewilligung sei nur die Gegengabe für unsere Zustimmung zu den unermeßlichen Erwerbungen Rußlands in der zweiten und dritten Theilung, und für die Mäßigung, daß wir mit einem so bescheidenen Antheil uns begnügten; ich sehe nicht, was man weiter von uns fordern könne. Er antwortete: was er mir vorzuschlagen habe, scheine ihm nicht der geringsten Schwierigkeit zu unterliegen; es bestehe lediglich in unserem Beitritt zur Convention vom 23. Januar 1793 ausschließlich Rußland gegenüber,

ferner in der Gegenseitigkeit des Artikels, welcher die geheime Uebereinkunft in Bezug auf die Pforte auch auf Preußen ausdehnt,
so daß bei einem preußischen Angriff gegen Rußland Oestreich
mit gesammten Kräften zur Unterstützung verpflichtet sei; endlich" — doch es ist nöthig, hier einige Worte einzuschalten.

Man weiß, mit welcher Leidenschaft die Kaiserin Katharina
neben der Unterwerfung Polens den andern großen Plan ihrer
Regierung, den Umsturz des osmanischen Reiches verfolgte. Joseph II., freilich nicht zu seinem Vortheil, ging auf ihre Entwürfe ein. Im Jahre 1781 kam in Form eigenhändiger Briefe
vom 21. und 24. Mai ein enges Bündniß zwischen dem Kaiser und
der Kaiserin zum Abschluß, das in einem besonderen Theile für
den Fall eines Türkenkrieges die wirksamste Unterstützung verbürgte.
Die beiderseitigen Ansprüche, wofern man zu einem großen Erfolg
gelangte, wurden das Jahr darauf in eigenhändigen Briefen Katharina's vom 10. September und Joseph's vom 13. November niedergelegt. Katharina forderte für Rußland die Stadt Oczakow und die
Erweiterung ihres Gebietes vom Bog bis zum Dniester, gleichzeitig
aber die Zustimmung Joseph's zur Errichtung eines Königreichs
Dacien, welches die Moldau, die Wallachei und Bessarabien umfassen sollte, sowie eines griechischen Kaiserthrones in Constantinopel,
den sie ihrem jüngsten Enkel, dem Großfürsten Constantin, zu
übertragen dachte. Joseph verlangte dagegen die Stadt Chotim
als Schutzwehr für Galizien, ferner die Wallachei bis zur Aluta,
Serbien, Bosnien und die festländischen Besitzungen Venedigs,
sowie Istrien und Dalmatien. Der Peloponnes, Cypern, Creta
und andere Inseln des Archipels, meint der Kaiser, böten eine
reiche Entschädigung für die Venetianer, welche zudem Alles,
was sie besäßen, seiner Monarchie durch List oder günstige Benutzung der Umstände entrissen hätten. [1] Der Plan kam da-

---

[1] Alle diese Urkunden findet man jetzt vollständig in dem Briefwechsel zwischen „Joseph II. und Katharina", herausgegeben von A. v. Arneth,
Wien 1869, den ich eben bei der Verbesserung dieses Bogens noch benutzen kann. Er gibt die Bestätigung und höchst willkommene Ergänzung
der nachfolgenden Erzählung Cobenzl's. — Katharinas Briefe sind vom
24. Mai und 10. September des russischen Calenders datirt.

mals nicht zur Ausführung. Rußland dehnte zwar in dem Frieden von Jassy 1792 seine Gränze bis zum Dniester aus, aber Oestreich sah sich in allen Hoffnungen getäuscht. Durch das Einschreiten Preußens und den Reichenbacher Vertrag wurde Kaiser Leopold genöthigt, den Türken alle Eroberungen zurückzugeben. Die Errichtung des griechischen Kaiserthums trat seitdem in den Hintergrund, um so mehr, als Leopold seine Wege von Rußland trennte, was dann die erzürnte Kaiserin durch Oestreichs Ausschluß von der zweiten polnischen Theilung schwer vergalt.

Nun aber, da die Einigung der beiden Kaiserhöfe durch einen so bedeutenden Staatsvertrag auf's Neue besiegelt werden sollte, erhielten die alten Wünsche neues Leben. Katharina wollte die günstige Gelegenheit nicht vorbeigehen lassen, auch einen Nachfolger Joseph's zur förmlichen Anerkennung ihrer Absichten zu vermögen, und so trat Markoff unerwartet mit dem Ansinnen hervor, es solle in der geheimen Declaration eine Bestätigung jenes großen Theilungsplanes ausgesprochen werden. Der russische Minister zeigte eine Denkschrift, welche er dem Botschafter schon im März in Folge der Depesche vom 27. Februar hatte überreichen wollen. „Aber", setzte er hinzu, „die Rücksichten, welche wir dem König von Preußen auf sein Anerbieten, in Polen einzufallen, schuldig zu sein glaubten, veranlaßten uns statt dessen die lächerliche Erklärung abzugeben, welche Sie Ihrem Hofe übersendet haben." [1] Cobenzl antwortete, der Beitritt zur Convention vom 23. Januar unterliege keinem Bedenken, eben

---

[1] Den Depeschen vom 5. Januar 1795 ist eine russische Note an Cobenzl aus dem April 1794 beigelegt. Die Minister, schreibt er, hätten ihn beständig ersucht, die Absendung des Originals wegen Unsicherheit der Wege noch zu verschieben. Die Note erklärt in allgemeinen Ausdrücken: die Kaiserin stimme gern mit den Vergrößerungs-Plänen überein, welche ihr Verbündeter gemäß der Depesche vom 27. Februar für die Zeit des allgemeinen Friedens sich vorgesetzt habe, werde auch nach Zeit und Ort zu ihrer Erfüllung beitragen, so weit es nur die physische und materielle Lage Rußlands gestatte. Diese freundliche Versicherung könne jede Vereinbarung ersetzen, welche, einstweilen noch vorzeitig, am besten bis zu dem Augenblicke verschoben werde, wo sie nach bestimmten und sichern Anhaltspuncten sich feststellen lasse.

so wenig die Gegenseitigkeit des Artikels über Preußen. In Bezug auf den dritten Punct sei er jedoch ganz ohne Instructionen, und müsse ohne Instructionen sein, weil man den Fall
gar nicht vorhergesehen habe. „Als ich“, setzte er hinzu, „zum
ersten Mal mit Vorschlägen über unseren Antheil in Polen beauftragt wurde, habe ich erklärt, der Kaiser halte unwiderruflich an den Forderungen der Depesche vom 27. Februar. Warum
haben Sie dem Grafen Rasumowski mit dem Befehl, uns den
Bug zur Gränze vorzuschlagen, gleichzeitig nicht auch Ihre Denkschrift zugesandt? in diesem Falle hätte ich jetzt meine Instructionen darüber. Aber Sie haben ihn ganz im Gegentheil erklären lassen, die Kaiserin würde allen unseren Forderungen
genugthun, ohne jene Klausel im geringsten zu erwähnen.“
„Das hätte allerdings geschehen sollen“, antwortete Markoff,
„aber ich gestehe Ihnen offen, Herr Botschafter, Keiner von uns
war gewillt, sie einzurücken; es ist ein persönlicher Gedanke
der Kaiserin, über welchen sie mir erst eben ihre Befehle gegeben
hat, und auf den sie ein wesentliches Gewicht legt. Sie wissen,
der große Plan wurde immer zwischen beiden Höfen für den Fall
eines Türkenkrieges als feststehend betrachtet. Ein solcher scheint
aber gegenwärtig weiter entfernt als jemals; ich glaube nicht,
daß Ihr Hof Schwierigkeiten wegen einer Sache erheben wird,
die schon durch eigenhändige Briefe versprochen und von so vielen ungewissen Umständen abhängig ist.“ „Ich glaube wohl“,
antwortete Cobenzl, „daß der Kaiser aus Freundschaft für die
Kaiserin vielleicht seine Zustimmung gibt, aber für mich ist es
doch unmöglich, einen Act dieser Art ohne Vollmacht zu unterzeichnen.“ „Und wir“, sagte der Russe, „wir können die geheime Declaration ohne diese Klausel nicht unterzeichnen.“ „Ohne
geheime Declaration“, erwiederte Cobenzl, „kann ich eben so
wenig die andere unterzeichnen, welche den Antheil beider Höfe
in Polen feststellt.“ Markoff bemerkte, es sei gleichwohl sehr
unangenehm, eine so wichtige Unterhandlung deswegen aufzu-
halten, und Cobenzl machte auf's Neue den Vorschlag, sämmt-
liche Acten dem Grafen Rasumowski zuzuschicken nebst Vollmachten zur Unterzeichnung. „Graf Rasumowski“, antwortete Mar-

toff, „kennt die Einzelnheiten der Correspondenz des Kaisers
Joseph mit der Kaiserin nicht; Ihre Majestät hält es nicht für
angemessen, ihn davon zu unterrichten: Sie wünscht Alles, was
sich darauf bezieht, ausschließlich mit Ihnen zu verhandeln.
Wenn Sie wollen, sind wir zufrieden, daß Sie die geheime Declaration sub spe rati unterzeichnen; Sie können uns durch
eine Denkschrift die Gründe angeben. Um gültig zu sein, bedarf
sie alsdann der Genehmigung des Kaisers, gerade so gut, als wenn
wir sie dem Grafen Rasumowski senden. Sie sind also in dem
einen Falle nicht mehr als im andern gebunden." „Ich forderte
einige Zeit", fährt Cobenzl fort, „um über einen so wichtigen Gegenstand nachzudenken, und stellte folgende Erwägungen an:

„Die Kaiserin hat dem verstorbenen Kaiser Joseph ihren
Entwurf gegen die Türkei in dem Briefe vom 10. September
1782 anvertraut. Durch seine Antwort vom 13. November gab
der Kaiser Kenntniß von den Vortheilen, die er für Oestreich
in Anspruch nehme. Im Uebrigen ging er auf ihren ganzen
Plan ein, namentlich auf die Errichtung eines Königreichs Dacien, über das sie zu Gunsten wessen sie wolle verfügen könne.
Man dachte damals, es handle sich um den Fürsten Potemkin.
Die Kaiserin erhob gegen unsere Ansprüche [auf venetianische
Provinzen] einige Einwendungen; darüber wurde der Friede
zwischen den Seemächten geschlossen. Der Kaiser erklärte in
einem neuen Briefe [am 25. Februar 1783]: für den Augenblick könne von jenem großen Plan keine Rede mehr sein,
komme man aber jemals darauf zurück, so müsse er auf allen
Puncten seines Briefes vom 13. November unwiderruflich bestehen. Rußland beschäftigte sich damals mit Aneignung der
Krim, und bei den Unterhandlungen, welche darüber stattfanden,
erklärte der Graf Besborodko mir mündlich, wenn man an die
Ausführung des großen Planes ginge, so finde sich in dem
Briefe vom 13. November Nichts, zu dem die Kaiserin nicht
die Hand zu bieten geneigt sei. Seit dieser Zeit ist mehrmals
von der einen oder anderen Seite der große Plan als eventuell zwischen beiden Höfen festgestellt erwähnt; über unsere Erwerbungen auf Kosten der Türkei und unsere Absichten gegen die

Venetianer hatten wir gleichwohl bis heute keine andere Zusage
der Kaiserin, als das, was mir in allgemeinen Ausdrücken durch
den Grafen Besborodko mitgetheilt war. Während dieser Zeit
hat Rußland durch die Eroberung der Krim und den Frieden
von Jassy bereits Alles erworben, was es als Eigenthum be=
kommen sollte, indessen wir in Folge der Unglücksfälle, die uns
betrafen, den Türken gegenüber in unserer alten Lage geblieben
sind. Außer diesen einseitigen Vortheilen wird auch durch die
unermeßlichen Erwerbungen in Polen die Uebermacht Rußlands
noch vermehrt, und zugleich die Wahrscheinlichkeit, daß die Tür=
ken bei erster Gelegenheit vernichtet werden."

„Dies angenommen schien es mir in der That vortheilhaft,
daß die Kaiserin, indem sie uns ihre Zustimmung und ihren
Beistand für die Erwerbung des wichtigen Antheils, den wir
vom türkischen Reich begehren, zusichert, ihrerseits keine Erobe=
rungen mehr für sich selbst machen und im Falle großen Erfolgs
einen griechischen Kaiser und einen König von Dacien in den
schönen Gegenden einsetzen will, die man sie schwerlich verhin=
dern könnte für sich zu behalten."

„Das ganze russische Ministerium ohne Ausnahme mißbilligt
diesen Plan; es hält ihn den Interessen Rußlands für nach=
theilig; um so mehr, als im Falle des Gelingens dies mächtige
Reich sich für die Aufrechthaltung von Souveränen erschöpfen
müßte, welche, sobald sie einmal auf festem Fuße ständen, viel
gefährlichere Nachbaren wären als die Türken, ohne daß die
Bande des Bluts Kriege, die natürliche Folge der Nachbarschaft,
verhindern könnten. Aber für die Kaiserin ist dieser Plan, der
aus ihrem eigenen Kopfe hervorging, immer eine Lieblingsidee
gewesen und der Angelpunct für die Verbindung mit unserm
Hofe. Es wäre deshalb gefährlich, dagegen Einwendungen
zu erheben, die um so weniger nöthig scheinen, als der Plan
in sehr ungewisser Zukunft liegt und, wenn nicht beim Leben
der Kaiserin, wahrscheinlich niemals zur Ausführung gelangt;
denn der Großfürst ist ihm ganz und gar entgegen. Man könnte
einwenden, Serbien und Bosnien seien von allen türkischen Pro=
vinzen am schwersten zu erobern; wir verzichten also durch diese

Uebereinkunft auf viel leichtere Erwerbungen in der Moldau und Wallachei; aber abgesehen, daß der große Entwurf uns zusichert, was in beiden Fürstenthümern uns am gelegensten ist, nämlich Chotim und die cisalutanische Wallachei, so würden wir doch nach den früheren Erklärungen nur im Verein mit Rußland und im Falle, daß man von den eigenhändigen Briefen abweichen wollte, uns dort weiter ausdehnen können. Indem ich also erwog, daß von dem, was man mir vorschlug, Nichts den Interessen meines Hofes entgegen war, daß ich dasjenige, worüber mir Instructionen fehlten, nur mit einem Vorbehalt unterzeichnete, mithin meinen kaiserlichen Herrn zu Nichts verpflichtete, dem er nicht noch hätte abhelfen können, habe ich nicht geglaubt, wegen dieses Punctes die Unterhandlung aufhalten und Allem, was Nachtheiliges daraus entstehen könnte, mich aussetzen zu müssen. Ich richtete mein Augenmerk nur darauf, in die Acte einrücken zu lassen, was für unsere Interessen das Vortheilhafteste ist."

Wenige Tage später überreichte Markoff den Entwurf der geheimen Declaration. [1] Den Eingang fand Cobenzl angemessen. In dem Satze, durch welchen der Kaiser seinen Beitritt zu dem preußisch-russischen Theilungsvertrag vom 23. Januar 1793 erklärt, ließ Cobenzl auch die Zustimmung zu dem bairisch-belgischen Tausch erwähnen, welche in jenem Vertrage von Rußland und Preußen zu Gunsten Oestreichs ausgesprochen wird. „Die Kaiserin hat sich zwar", bemerkt er, „diesem Plane, so oft darauf die Rede kam, immer freundlich gezeigt, aber ihre Zustimmung niemals in einem öffentlichen Actenstück erklärt, was doch seinen Nutzen haben könnte." Denselben Zusatz ließ er auch in die Accessions- und Acceptationsurkunden einrücken. In dem russischen Entwurfe hieß es allgemein, daß der Kaiser im Falle eines neuen Krieges zwischen Rußland und der Pforte zur Beihülfe mit allen seinen Kräften verpflichtet sei. Cobenzl forderte die Veränderung: „im Falle eines neuen gemein-

---

[1] Um das Verständniß des Folgenden zu erleichtern, theile ich den Wortlaut der Declaration nach Miliutin a. a. O. I, 296 im Anhange mit.

ſchaftlichen Krieges der beiden Kaiſerhöfe", damit Oeſtreich in einem Kriege, an dem es keinen Theil nahm, auch zu Nichts verpflichtet wäre. Weiter forderte er, daß man die Briefe vom 10. September und 13. November ausdrücklich erwähne, als ſolche, die alles auf den großen Plan Bezügliche enthielten. So könnten, ſchreibt er, die ſpätern Einwendungen der Kaiſerin nie= mals zum Nachtheile Oeſtreichs ausgebeutet werden.

Der Artikel über die Verbindlichkeiten der Kaiſerin gegen den Kaiſer iſt wörtlich aus der Depeſche Thugut's vom 29. No= vember herübergenommen. Die ruſſiſchen Bevollmächtigten for= derten nur, daß man rückſichtlich der Erwerbungen, die etwa an Stelle der jetzt von Oeſtreich beabſichtigten treten könnten, hin= zufüge, ſie dürften in keiner Weiſe zu den eigenhändigen Brie= fen vom 10. September und 13. November in Widerſpruch ſtehen.

Nachdem man ſo über den Inhalt der verſchiedenen Ueberein= künfte ſich geeinigt hatte, ſchritt man zur Unterzeichnung. Um das Geheimniß zu bewahren, begab ſich Cobenzl am Morgen des 3. Januar 1795 zu Markoff, mit dem er häufig um dieſe Tageszeit zuſammenkam. Er fand dort die Urkunden von den ruſſiſchen Bevollmächtigten ſchon unterzeichnet, die ſeinigen hatte er mit= gebracht und wechſelte ſie aus.

„Das iſt", ſetzt er noch hinzu, „der treue Bericht alles deſ= ſen, was ich gethan habe, und der Beweggründe, die mich leite= ten. Möchte ich mich in Nichts von dem, was die wahren In= tereſſen meines Hofes erforderten, entfernt haben. Ich verhehle mir nicht, wie weit ich über meine Inſtructionen hinausgegangen bin, da ich nur ermächtigt war, mit den beiden Höfen von Pe= tersburg und Berlin den Theilungsvertrag gleichzeitig zum Ab= ſchluß zu bringen. Aber ich habe nicht ſchwanken können zwiſchen dem perſönlichen Unglück, meine Unterſchrift nicht anerkannt zu ſehen, und den übeln Folgen, die für meinen Hof daraus hervor= gehen konnten, wenn ich einen Augenblick wie den gegenwärtigen verſäumte. Meinem kaiſerlichen Herrn und dem Miniſterium ſteht es zu, über mein Benehmen zu urtheilen. Ich kann geirrt haben, aber ich bin nur durch den reinſten und wärmſten Eifer geleitet worden. Wenn es Sr. Majeſtät gefällt, dem, was ich unterzeichnete, die Genehmigung zu ertheilen, so ist es wichtig, die Uebersendung der Ratificationen so viel als möglich zu beschleunigen. Man erwartet sie hier mit der äußersten Ungeduld, nicht weniger die Anweisungen, wie man weiter dem Berliner Hofe gegenüber vorgehen könne."

Derselbe Courier, welcher die Depeschen vom 29. November nach Petersburg befördert hatte, brachte am 22. Januar die Nachricht von dem abgeschlossenen Vertrage nach Wien zurück. Es läßt sich erwarten, daß Thugut sie mit Freuden aufnahm. In den wesentlichsten Puncten entsprach die Uebereinkunft seinen Forderungen; was darüber hinausging, der Plan gegen die Türkei, lag in weiter Ferne, und die Absonderung Preußens konnte zwar gefährlich aber auch willkommen scheinen, insofern sie die enge Verbindung der Kaiserhöfe und den Gegensatz zwischen Preußen und Rußland deutlich hervortreten ließ. Schon nach drei Tagen bezeugte Thugut dem Gesandten seine volle Billigung und die Erkenntlichkeit des Kaisers für diesen neuen Beweis seines Eifers, seiner Umsicht und Geschicklichkeit. Ausführlicher schreibt er am 4. Februar, übersendet die Ratificationen und verzichtet auf den Vorbehalt, die geheime Declaration in die Form eigenhändiger Briefe umzusetzen. Nur eine Bemerkung erlaubt er sich in Bezug auf die Erwähnung des bairisch=belgischen Tausches in der Accessionsurkunde zu dem Vertrage vom 23. Januar 1793. „Se. Majestät", schreibt er, „haben ohne Zweifel den Beweggrund Ew. Excellenz nur loben können. Da die beiden Höfe, welche die Convention vom 23. Januar abgeschlossen haben, den Tausch der Niederlande gegen Baiern als einen wichtigen Vortheil für den Kaiser zu betrachten scheinen, so war es in der That zweckmäßig, eine Stipulation zu erwähnen, welche die förmliche Anerkennung in sich schließt, daß dem Kaiser auf Grund der Erwerbungen, welche die beiden Höfe kraft des Vertrages vom 23. Januar gemacht haben, eine beträchtliche Compensation gebühre. Aber der Kaiser sieht den erwähnten Tausch nicht aus demselben Gesichtspuncte an, mußte sich auch bald von der Unmöglichkeit überzeugen, ihn ohne gewaltthätige Mittel, deren Anwendung durch die Umstände und die Doppelzüngigkeit des

Berliner Hofes sehr gefährlich werden könnte, zur Ausführung zu bringen. Man hat daher nicht angestanden, dem Londoner Hofe und dem Kurfürsten von der Pfalz zu ihrer Beruhigung die förmliche Versicherung zu geben, daß Se. Majestät wenigstens gegenwärtig mit den ihm zugeschriebenen Plänen des Tausches sich nicht mehr beschäftigen." Thugut fürchtet nun, das preußische Ministerium, dem diese mehrmals wiederholten Erklärungen nicht unbekannt geblieben seien, könne die Erwähnung des Tausches in der Accessionsurkunde zum Vorwand nehmen und dem Kaiser geheime Absichten Schuld geben, welche den Versicherungen in London und München widersprächen. Er wünscht deshalb, man möge diese Urkunde dem Berliner Hofe nicht wörtlich mittheilen. Sollte eine Beitrittserklärung auch Preußen gegenüber nöthig werden, so könne man auf den siebenten Artikel [1]) einfach hindeuten als auf einen Beweis, daß in Folge jener Convention dem Kaiser eine Entschädigung zukäme, und Erläuterungen hinzufügen, von denen sich ohne Gefahr in London und München Gebrauch machen lasse.

Ein besonderes Schreiben handelt dann von den Mitteln, Preußen zum Beitritt zu bewegen. Man müsse Festigkeit zeigen, aber doch verhindern, daß es zum Aeußersten komme. Thugut überläßt Alles der Verabredung Cobenzl's mit den russischen Ministern. Zuverlässige Nachrichten aus Berlin geben Hoffnung, daß die Weigerung, auf Krakau und Sendomir zu verzichten, nicht so unabänderlich sei, als angekündigt worden; das Mehr oder Weniger hänge vornehmlich von dem Ausgange der Verhandlungen in Basel ab und von der Ueberzeugung, daß Rußland mit allen Mitteln die östreichische Forderung unterstützen werde. Wünschenswerth sei daher die Vermehrung der russischen Truppen in Polen und die bestimmte Versicherung, daß Warschau nur gegen Krakau herausgegeben würde. Rußland könne vermöge seiner Stellung Preußen Gesetze vorschreiben, und man vertraue, daß die großmüthige Catharina Oestreichs lange dauernde

---

[1]) Es scheint: des Vertrags vom 23. Januar; in dem Auszuge bei Milutin a. a. O. I, 294 enthält der achte Artikel die auf den Tausch bezüglichen Bestimmungen.

Anstrengungen durch ihre Unterstützung vergelten und die gemeinschaftlichen Interessen des Bündnisses im Norden und Osten
fördern würde.

Diese Hoffnung blieb nicht unerfüllt. Friedrich Wilhelm war
des Krieges überdrüssig; er trennte sich in Basel von der Coalition, beharrte aber in einer neutralen Stellung. Auch der lebhafte Wunsch, die Weichselgränze zu erhalten, konnte ihn nicht
zum Bündniß mit den Franzosen, zum ungewissen und gefährlichen Kriege gegen die vereinigten Kaiserhöfe bewegen. Am
24. October gab er nach längeren Unterhandlungen der Theilung vom 3. Januar seine Zustimmung. Die Berichtigung der
Gränze machte noch Schwierigkeiten, wurde aber endlich von einer preußisch-östreichischen Commission unter russischem Schieds-
spruch in der Weise festgestellt, daß Preußen die Landspitze zwischen Bug und Weichsel, dazu ein Stück im Westen des Palatinats Krakau erhielt, im Uebrigen die Bestimmungen des Ent-
wurfs vom 3. Januar zur Ausführung kamen, ein Zustand, der
so lange gedauert hat, bis durch den Tilsiter Frieden von 1807
und den Wiener von 1809 die von Preußen und Oestreich er-
worbenen Gebiete beinahe insgesammt an das Großherzogthum
Warschau und mit diesem 1815 an Rußland fielen.

V.

Die Quellen, welche hier zum ersten Male benutzt wurden,
geben unzweifelhaft das richtige Bild dieser merkwürdigen Ereignisse. Auffallen könnte, daß ein Antrag Tauenziens, man solle,
wenn die Wünsche des Königs unerfüllbar schienen, von einer
gänzlichen Theilung abstehen, in den Protocollen keine Erwähnung
findet. Daß er am 16. December gestellt, aber von den Russen zurückgewiesen sei, berichtet Cobenzl ausdrücklich. Ueberhaupt wird
man für die Besprechungen mit dem preußischen Gesandten eine
östreichisch-russische Färbung in Anschlag bringen müssen, aber nicht
in dem Maße, daß dadurch der Grundcharakter verwischt wäre.
Auch bilden sie nur einen nicht sehr beträchtlichen und den minder
wichtigen Theil; die eigentliche Bedeutung liegt in dem, was zwischen Cobenzl und den russischen Ministern zur Verhandlung kam.

Vergleicht man mit diesen Berichten die ausführliche Darstellung in der „Geschichte der Revolutionszeit" (III, 272), so
muß man bald sich überzeugen, wie wenig davon noch Geltung
behaupten kann. Selbst Aeußerlichkeiten, die am leichtesten
in die Augen fallen, sind entstellt, von allen Sitzungen nicht
eine einzige richtig datirt. Wir haben gesehen: es fanden im
Ganzen fünf Conferenzen statt, am 15. December zwischen Cobenzl und den russischen Ministern, am 16. zwischen Tauenzien
und den Russen, am 17. zwischen Cobenzl und Tauenzien, am
18. wieder zwischen Tauenzien und den Russen, am 19. die erste
und einzige allgemeine Conferenz. Herr v. Sybel läßt statt dessen außer der Unterredung zwischen Cobenzl und Tauenzien drei
allgemeine Conferenzen am 18., 20. und 21. December stattfinden, bei der „zweiten allgemeinen" soll Cobenzl „ganz weg geblieben" sein (III, 279). Nichts wäre unbilliger, als Herrn
v. Sybel vorzuwerfen, er habe Urkunden nicht gekannt, die im
Wiener Archiv verschlossen lagen. Was ihm aber zum Vorwurf
gereicht ist der Ton völliger Sicherheit, mit dem die ganze Erzählung gegeben wird, da doch ein gewissenhafter Schriftsteller
seine Leser vor Allem über Maß und Gränzen seiner Kenntnisse
aufklären sollte. Dann ist in der That kaum glaublich, daß
Tauenzien, aus dessen Depeschen Herr v. Sybel schöpfte, die
einfachsten Dinge so unrichtig sollte aufgezeichnet, daß er die Daten
aller Sitzungen sollte verwirrt haben. Indessen ich will darüber
nicht urtheilen, bis diese Urkunden mir vor Augen liegen. Als ein Lustschloß erweis't sich auch das prachtvolle Gebäude,
welches Herr v. Sybel als den Inbegriff Thugut'scher Po-
litik vor den Augen seiner Leser aufgerichtet hat. Alle Gedanken Thugut's liegen vor ihm offen; er versichert ausdrücklich
„in allen wesentlichen Puncten könne das historische Urtheil
gar nicht mehr zweifelhaft sein", und setzt dann auseinander,
wie der östreichische Minister zuerst auf Baiern seine Augen
warf, dann auf Venedig, endlich, wenn nicht vor Allem,
auf die Türkei. Schon für den Anfang des Jahres 1794
findet sich (III, 46) zur Begründung, warum Thugut das eng-
lisch-holländische Anerbieten zur Aufstellung preußischer Hülfs-

truppen zurückwies, eine lange Auseinandersetzung, welche, sorgfältig zugespitzt, zu der „Summe" führt: daß „Thugut nicht mit
Preußen zum französischen, sondern mit Rußland zum türkischen
Kriege abzuschließen gedachte", oder, wie Häusser es ausdrückt,
„sich in Träumen naher Vergrößerung in Serbien und Bosnien
wiegte." Ich machte bereits in meinem Buche (S. 52) darauf
aufmerksam, wie unbewiesen, ja wie unwahrscheinlich diese Mo-
tivirung sei. Jetzt findet sich, daß Thugut gerade an demselben 27. Februar, an welchem er über die Ablehnung jenes
Anerbietens nach Petersburg berichtet, seinem Gesandten nichts
eifriger empfiehlt, als die Russen von dem über Alles verderblichen Plan des Türkenkrieges abzumahnen. Bei der Declaration vom 3. Januar kommt Herr v. Sybel natürlich auf den
Gegenstand zurück. Der Umsturz des osmanischen Reiches, belehrt er uns, schien in Wien nicht weniger reizend als in Petersburg, mit jeder Depesche, die darüber gewechselt wurde, kam
man dem Abschluß näher. Einmal, wo er die möglichen Folgen
des Vertrags ausmalt, setzt er (III, 276) die Theilung des türkischen Reiches wenigstens an das Ende des Krieges gegen
Frankreich, aber freilich im Widerspruch zu früheren (III, 46) und
sogar zu der unmittelbar vorhergehenden Seite, wo beide Unternehmungen neben einander erscheinen, und in noch größerem
Widerspruch zu dem „Ergänzungsheft", wo Thugut immer als
Lügner gilt, weil er die Kriegsrüstungen Rußlands zum unver-
züglichen Angriff gegen die Türkei als unwillkommen bezeichnete.
Und so sehen wir „den Schöpfer der geheimen Declaration" „im
Begriffe alle Segel aufzuziehen und mit vollem Winde seinen
Lauf in die hohe See in das Weite und Gränzenlose zu richten."
Man kann jetzt urtheilen, wie beträchtlich diese schöpferi-
schen Kräfte denn doch zu beschränken sind. Schon Vivenot hat
in seinem neuen Werke (S. LVIII) die interessante Thatsache
mitgetheilt, daß Cobenzl am 3. Januar mit Ueberschreitung seiner Vollmachten und sub spe rati unterzeichnete. Aber freilich
geht er zu weit, wenn er daraus die Folgerung zieht, Thugut
habe an dem ganzen Vertrage gar keinen Theil gehabt. Mit
Ueberschreitung seiner Vollmachten hatte Cobenzl die Theilung

Polens einseitig mit Rußland zum Abschluß gebracht, und unter einem Vorbehalt die Bestimmungen über die Türkei in der geheimen Declaration unterzeichnet. Aber der materielle Inhalt des Theilungsvertrags lautete nicht anders als man in Wien verlangt hatte, und auch in der geheimen Declaration rühren sehr wesentliche Puncte von dem österreichischen Minister her. Der Grundgedanke, daß Rußland für die Theilung vom 23. Januar 1793 dem Kaiser eine Entschädigung verschaffen, ihm gegen feindlichen Angriff, insbesondere gegen Preußen beistehen müsse, auch der Plan gegen Venedig, alles dies ist schon in der Depesche vom 27. Februar deutlich ausgesprochen und dann aus der Depesche vom 29. November wörtlich in die geheime Declaration hinübergenommen. In so weit als diese Puncte für Thugut die wichtigsten waren, könnte man ihn immer als den „Schöpfer" des Vertrages bezeichnen. Sieht man aber auf die Bestandtheile, denen Herr v. Sybel ein vorzügliches Gewicht beimißt, so erscheinen sie von Thugut's Einwirkung ganz unabhängig. Der Plan gegen die Türkei, die Bestätigung der Uebereinkunft zwischen Katharina und Joseph II. war unmittelbar dem Kopfe der Kaiserin entsprungen, und aus den Depeschen ergibt sich unzweifelhaft, daß Herr v. Sybel zu einem Wunsche Thugut's machen will, was in der That am allermeisten von ihm gefürchtet wurde. Herr v. Sybel wird vielleicht einwenden, der Minister erkläre doch zu wiederholten Malen, daß er in späterer Zeit den Angriff gegen die Türkei nicht hindern, sondern im Gegentheil als ein treuer Bundesgenosse unterstützen wolle. Bewiesen wird durch diese Versicherung nicht viel; denn Thugut mochte denken wie er wollte, in keinem Falle hätte er in seiner Lage wagen können, dem Lieblingsplane der Kaiserin nicht nur für die Gegenwart sich zu widersetzen, sondern auch für die Folgezeit die Hoffnung abzuschneiden. Aber es kommt darauf gar Nichts an. Dem Charakter des damaligen politischen Treibens würde es wenig entsprechen, wollte man nicht annehmen, daß Thugut bei günstiger Gelegenheit recht gern ein Stück des morschen Reiches sich angeeignet hätte. Man kann darüber neue Aufklärungen ohne Ungeduld erwarten. Alles, worauf es hier

ankommt: daß Thugut im Jahre 1791 den Türkenkrieg nicht
herbeigewünscht, daß die Hoffnung auf die Erwerbung türkischer
Provinzen nicht die Triebfeder seiner Politik gewesen, daß er
die Rüstungen Rußlands mit der äußersten Besorgniß wahrge=
nommen, daß er insbesondere die Erwähnung der eigenhändigen
Briefe Joseph's und Katharina's nicht als einen nothwendigen,
nicht einmal als einen wünschenswerthen Bestandtheil der ge=
heimen Declaration betrachtet habe, alles dieses wird durch die
jetzt hervorgetretenen Urkunden unzweifelhaft.

Wenig anders steht es mit den Absichten auf Baiern. Wie
eben an Katharina, so muß Thugut hier das Autorrecht an Co=
benzl abtreten. In den Instructionen vom 27. Februar, vom
13. und 29. November wird Baiern gar nicht erwähnt. Cobenzl
war es, der lediglich aus eigenem Antriebe den früheren Ent=
wurf noch einmal wieder in Erinnerung brachte; ja Thugut er=
schien die Erwähnung des Tausches in der Accessionsurkunde
zum Vertrage vom 23. Januar 1793 als das einzige, wogegen
er ein Bedenken nicht unterdrücken konnte. Man hat darin
nicht wie Vivenot einen Beweis für Thugut's ausgezeichnete
Redlichkeit zu finden; denn die Erwähnung des Tausches in der
Accessionsurkunde ist ihm nur deshalb unangenehm, weil dies
Actenstück zur Kenntniß des preußischen Hofes gelangen konnte;
aber die ganze Aeußerung zeigt in der That, daß der Plan auf
Baiern wenigstens zur Zeit des Vertrages und gerade unter
Thugut's Ministerium aufgegeben war, und damit verschwindet
wieder ein Hauptmotiv, den östreichischen Minister in den ach=
ten Kreis des Inferno zu versetzen.

VI.

Aber alles dieses war nicht, was die Meinungsverschiedenheit
zwischen meinem Gegner und mir begründete. Nur einiges da=
von konnte ich als Vermuthung aussprechen, über das Thatsäch=
liche der Verhandlungen nicht anders als der Darstellung des
Herrn v. Sybel mich anvertrauen. Es war vielmehr die politische
Bedeutung und die Wirkung des Vertrages, was unseren Gegen=

satz und jetzt eine Auslassung des Herrn v. Sybel hervorgerufen hat, die ich, wenn nicht den Höhepunct, doch den Siedepunct seiner Polemik nennen möchte.

Niemals ist mir in den Sinn gekommen, den Vertrag vom 3. Januar zu rechtfertigen. „Es charakterisirt", hatte ich (S. 139) gesagt, „nur zu deutlich die habsüchtige, gewissenlose Politik jener Zeit, wenn hier ohne den Schein eines Rechts über fremde Länder und Völkerschaften verfügt wird; und es ist das traurigste Schauspiel, wenn die deutschen Mächte eine nach der andern zur Förderung russischer Pläne gegen einander sich gebrauchen lassen." Auch nachdem die ächten Quellen jetzt bekannt geworden sind, kann dies Urtheil nicht zu streng erscheinen. Von allem das Bezeichnendste ist die beinahe naive Unbefangenheit, mit welcher der östreichische Minister sich berechtigt glaubt, nach den Gewaltthaten der beiden andern Mächte nun auch seine Hände, wohin er wolle, auszustrecken, um das Idol der Zeit, das angebliche höchste Recht des Gleichgewichts wieder herzustellen. Ueberhaupt habe ich von Schriften Thuguts noch Nichts gelesen, das einen weniger günstigen Eindruck machte, als die Depeschen nach Petersburg. Auf der einen Seite die beinahe unterthänige Deferenz vor der Weisheit und Macht der russischen Kaiserin, auf der anderen das unabläßige Bemühen, Preußen herabzusetzen, anzuklagen und zu verdächtigen. Man kann zugeben, daß der Beistand des russischen Hofes nicht zu entbehren, daß die Abneigung gegen Preußen nicht unbegründet war, aber sie hätte nicht leicht widerwärtigere Formen annehmen können. Sonderbar! Dieser Mann, der sich gewöhnlich, und selbst in Augenblicken höchster Gefahr, so ruhig und gemäßigt, mit so viel Würde und Feinheit auszudrücken wußte, verfällt, sobald er gegen Preußen schreibt, in eine breite, weitschweifige Heftigkeit, die zuweilen eine noch stärkere Bezeichnung verdiente. Man sieht vor Augen, wie die Leidenschaft ihn überwältigt. Für das deutsche Interesse im Osten zeigt er gar keinen Sinn; kein Zugeständniß an Rußland ist ihm zu schwer, wenn es die Vortheile des deutschen Nebenbuhlers mindert; und wenn er auch für den Augenblick einen Krieg gegen Preußen fürchten und vermeiden muß,

so läßt doch die Depesche vom 27. Februar nur zu deutlich erkennen, daß er unter anderen Verhältnissen noch einmal Gefahren hätte heraufbeschwören können, vor denen nur die starke
Hand Friedrichs des Großen die deutschen Gränzen glücklich be-
schirmt hat. Je näher durch ein natürliches Verhältniß Menschen oder Staaten gestellt sind, um so heftiger wird leider die
Erbitterung, wenn sie in einen Gegensatz gerathen. Doch muß
ich hinzufügen, daß mir in Depeschen Lucchesini's selten, in Briefen preußischer Minister niemals Ausdrücke von ähnlicher Bitterkeit begegnet sind.

So wahr dies Alles ist, so wahr bleibt es gleichwohl, daß,
wenn man die entscheidenden Puncte der Unterhandlung in's
Auge faßt, die östreichischen Forderungen nicht so verletzend für
Preußen als die preußischen für Oestreich erscheinen. Herr v.
Sybel bestreitet dies mit Lebhaftigkeit. „Ich lasse mich", wirft
er mir vor, „auf unglaublichen — Irrthümern betreffen, berichte dem hoffentlich vertrauenden Leser Thatsachen, welche das
Gegentheil der historischen Wahrheit seien." Die Sache verhält
sich folgendermaßen.

In einer Depesche vom 6. Juli meldet Cäsar, der Kaiser
begehre als Entschädigung in Polen die drei Palatinate Krakau,
Sendomir und Lublin, und der russische Gesandte finde den Anspruch billig. Diese Urkunde, die einzige von den hieher bezüglichen, welche ich im Original vor Augen hatte, mußte mir als
Grundlage oder wenigstens als Maßstab dessen gelten, was über
die östreichischen Forderungen in Berlin bekannt geworden war.
Herr v. Sybel theilte nun (III, 261) den Inhalt einer Instruction mit, die, wenige Tage nach jener Depesche Cäsars, am 11.
Juli für den preußischen Gesandten in Petersburg ausgefertigt
wurde. Das Berliner Cabinet hält danach eine dritte Theilung
Polens für geboten; es verlangt für sich alles Land zwischen
Schlesien, Südpreußen und der Weichsel, und hofft, der Graf
Suboff werde den König gegen die östreichischen Zumuthungen unterstützen. Von einem Antheil, den Oestreich erhalten solle, ist
in der Instruction, so weit Herr v. Sybel sie wiedergibt, nicht
die Rede. Der preußische Anspruch umfaßt im Gegentheil schon

die Palatinate Krakau und Sendomir, also gerade das Wesentlichste, was Oestreich gefordert hatte. Es bleibt, wenn Cäsar's Depesche zu Grunde liegt, nur Lublin. Daß man aber ein einziges Palatinat im Ernste dem Kaiser als Antheil und Entschädigung habe bieten wollen, ist mir in der That nicht in den Sinn gekommen; da in der Instruction von einem Gränzstreifen zwischen dem preußischen und russischen Antheil, ferner von der Bildung zweier Fürstenthümer für den Grafen Suboff und den Prinzen von Oranien Rede ist, so lag die Annahme weit näher, daß jenes eine noch übrige Palatinat einem derartigen Zwecke vorbehalten war. Ich hatte deshalb gesagt, Oestreich habe dem Nebenbuhler immer noch einen bedeutenden Antheil mit der Hauptstadt überlassen, dagegen nach den preußischen Vorschlägen leer ausgehen sollen. Herr v. Sybel, der die ganze Depeschenreihe Tauenzien's benutzen konnte, sagt nun (S. 104), man habe in Berlin von Anfang an nicht nur Lublin, sondern auch das Palatinat Chelm, zusammen 500 Quadratmeilen, dem Kaiser zugedacht. Einen Beweis dafür hat er nicht gegeben, ich finde es aber den jetzt bekannt gewordenen Aeußerungen Tauenziens entsprechend. Nur der „Geschichte der Revolutionszeit" war es nicht zu entnehmen, Herr v. Sybel, würde also, statt ein Siegesgeschrei über meine „unglaublichen — Irrthümer" zu erheben, weit besser sich künftig einer deutlicheren Ausdrucksweise befleißigen. Der Gedankengang, den ich in meinem Buche verfolgte, wird aber durch jenen Umstand nicht einmal verändert. Denn es läuft auf dasselbe hinaus, ob man Jemanden gar nichts anbietet, oder etwas schlechterdings Unzureichendes, das er gewiß nicht annehmen kann. Und so muß man das preußische Anerbieten auch der beiden Palatinate bezeichnen. Herr v. Sybel freilich weiß sich zu helfen. Tauenzien soll einmal den Russen erklärt haben, wenn Lublin und Chelm als eine zu geringe Ausstattung für Oestreich erscheine, so möge Rußland von seinem eigenen Antheile das Land zwischen Bug und Pripec, zwei- bis dreihundert Quadratmeilen hinzufügen: Beweis genug für Herrn v. Sybel, daß Preußen für Oestreich mit Zurechnung der beiden

9 *

Palatinate 7—800 Quadratmeilen, also nach seiner Rechnung eben so viel wie Oestreich für Preußen bestimmt habe. Der Antrag ist in dieser Form schon aus geographischen Gründen unmöglich und sich selbst widersprechend. Aus den eben mitgetheilten Protocollen ergibt sich jedoch, daß Tauenzien in der That mehrmals darauf hinwies, den östreichischen Antheil nöthigenfalls auf Kosten Rußlands zu vergrößern. Aber hatte dieser Vorschlag den geringsten Werth? Katharina kannte die Vortheile ihrer Stellung viel zu gut, um von ihren eigenen Ansprüchen etwas aufzugeben; Thugut war völlig außer Stande, ihr Vorschriften zu machen, und Preußen sicher nicht gewillt, zu Gunsten Oestreichs sich mit den Russen in einen Streit einzulassen. Dagegen machte Tauenzien noch einen andern Vorschlag, von dem aber Herr v. Sybel nirgendwo auch nur die leiseste Andeutung giebt: er meinte, Oestreich solle sich nach Norden in Poblachien vergrößern. Dies war in der That ein Anerbieten von Bedeutung, denn unzweifelhaft hätten die Oestreicher das Gebiet zwischen Bug und Narew, welches ursprünglich von keinem der Höfe gefordert wurde, nach russischer Schätzung 240 Quadratmeilen, erhalten können. Allein ein Blick auf die Karte genügt zum Beweise, daß auch diese Vergrößerung des östreichischen Antheils nicht als ausreichend anzusehen war. Die 700 Quadratmeilen, welche dem Kaiser zugefallen wären, hätten sich in einer langen Strecke zwischen Rußland und Preußen hingezogen, ohne große Stadt, ohne Vertheidigungslinie, im Kriege gar nicht zu behaupten. Man berücksichtige die illusorischen Vorschläge Tauenziens, welche Herr v. Sybel erwähnt, oder die von wirklichem Inhalt, welche von mir hervorgehoben wurden, immer muß ich wie in meinem Buche mich auch jetzt dahin aussprechen: weder Thugut noch irgend ein Staatsmann in der Welt konnte ein solches Anerbieten sich gefallen lassen. Die Ausführung des Herrn v. Sybel giebt nur einen neuen Beweis, daß er, sobald es sich um Oestreich oder die polnischen Streitigkeiten handelt, „Maß und Billigkeit aus den Augen verliert."

VII.

Den Schluß seiner Polemik bildet eine Erörterung über den welterschütternden Charakter des Vertrags. Ich muß um Erlaubniß bitten, vorerst meine Auffassung kurz darzulegen. Wie durchaus nöthig, habe ich den Theilungsvertrag und die geheime Declaration wohl von einander unterschieden. Von dem Theilungsvertrag sagte ich (S. 140), daß ich ihn nicht gerade als unbillig gegen Preußen und insofern nicht als eine Rechtfertigung des Baseler Friedens bezeichnen könne. Unzweifelhaft sei aber dieser Vertrag, so wie die bei den Verhandlungen hervortretende unfreundliche Gesinnung der Kaiserhöfe auf die Vorgänge in Basel von entschiedenem Einfluß gewesen. Der Wortlaut sei zwar erst am 9. August 1795 in Berlin mitgetheilt, aber dies sei kein Grund, um mit Vivenot gegen Herrn v. Sybel zu bestreiten, daß er auf den Frieden vom 5. April eine Einwirkung geäußert habe; denn die Gesinnungen der Kaiserhöfe und den wesentlichen Inhalt habe man schon aus der russischen Note vom 30. October 1794 kennen gelernt. Nur gegen die Uebertreibung dieser Ansicht: daß, neben verrätherischen Unterhandlungen Oestreichs mit Frankreich, die polnischen Angelegenheiten, insbesondere die Uebereinkunft vom 3. Januar das einzig entscheidende Moment gewesen, daß also Oestreich, indem es durch Wortbruch und Hinterlist Preußen zu jenen Schritten gezwungen, allein dafür verantwortlich zu machen sei, dagegen habe ich mich ausgesprochen und mußte ich mich aussprechen, um mit der Wahrheit in Uebereinstimmung zu bleiben. Vor wie nach dem polnischen Streit, führte ich (S. 131) an, sei die preußische Politik in Bezug auf Frankreich im Wesentlichen dieselbe, schon im Herbste 1792 sei deutlich hervorgetreten, wohin sie führen müsse, und im Herbste 1795, als man in Polen vollständig sich geeinigt, bleibe sie unverändert. Herr v. Sybel erklärt (S. 112), diese Auffassung sei ihm „völlig unverständlich", und mir ist wieder unverständlich, wie sie für irgend einen Verstand unverständlich bleiben kann. Schon vor den polnischen Streitigkeiten erklärt Preußen seine Interessen bei dem Kriege mit Frankreich nicht

genugsam betheiligt, um ihn ohne besondere Entschädigung fort=
setzen zu können. Dies bezeugt doch deutlich genug, daß auch
abgesehen von Polen gewichtige Gründe zum Frieden dräng=
ten, und daß diese Gründe überwiegen mußten, sobald, was
einmal unausbleiblich war, neue Entschädigungen sich nicht
mehr beschaffen ließen. Dies wird bestätigt durch Alles, was
nach Beendigung des polnischen Streites geschah. Durch kein
Mittel läßt sich Preußen zum Aufgeben der Neutralität und des
friedlichen Verhältnisses zu Frankreich bewegen. Hat man den
wesentlichen Grund des Friedens in Polen zu suchen, warum ist
mit der Ursache nicht auch die Wirkung weggefallen?[1])

Aber ich wiederhole: nicht den Einfluß des Theilungsvertra=
ges auf den Basler Frieden, nur die Ueberschätzung dieses Ein=
flusses habe ich in Abrede gestellt. Anders steht es mit der ge=
heimen Declaration. Was sie enthalte, fuhr ich fort, sei in Ber=
lin völlig unbekannt geblieben, kein Staatsmann habe davon, so
weit sich bis jetzt ersehen lasse, eine Ahnung gehabt, man könne
sie deshalb, so sehr man auch den Inhalt und die feindselige
Richtung gegen Preußen mißbillige, doch nicht als den thatsäch=
lichen Grund des Baseler Friedens ansehen. Dies ist so evident,
daß es auch Herrn v. Sybel nicht entgehen konnte. Wie hilft

---

[1]) Meine Beurtheilung der Basler Uebereinkunft hat Herrn v. Sybel wenig
aufgehalten. „Ueber den innern Werth des Friedens", sagt er (S. 108), „gin=
gen unsere Auffassungen nicht weit auseinander, ich räume ein, daß die
preußischen Staatsmänner dabei nach politischer Ueberzeugung gehandelt
und wenngleich nicht ausreichende, so doch erhebliche Beweggründe gehabt
hätten." Dagegen nennt er mich „sachlich ungerecht", weil ich den Frie=
den ein „formelles Unrecht" gegen die Reichsverfassung genannt habe,
und behauptet, ich „hole zur Beurtheilung eines großen Staatsacts von
1795 die Regensburger Pergamente heran, um daraus Anklagen gegen
Preußen zu schmieden." Wer die betreffenden Stellen in meinem Buche
(S. 123, 203) nachliest, wird finden, daß ich dies formelle Unrecht gegen
die Reichsverfassung genau so hoch schätze, als es geschätzt werden muß,
aber zugleich gegen die Ueberschätzung die bestimmtesten Gränzen gezogen
habe. Ich kann es also getrost fremdem Urtheile überlassen, wer von
uns beiden, Herr v. Sybel oder ich, hier Anklagen und zugleich falsche,
ungerechte Anklagen „geschmiedet" hat.

er sich? Durch den Kunstgriff, die Declaration und den Theilungsvertrag, welche ich sonderte, zusammenzufassen und mir
nöthigenfalls über den einen in den Mund zu legen, was ich
von der andern gesagt habe. Dazu werden meine Worte, wie
es eben bequem ist, auch im Einzelnen entstellt. Herr v. Sybel
hatte die Declaration (III, 272) als ein tief eingreifendes, welt-
bewegendes Ereigniß geschildert, das die Geschicke Europa's in
neue völlig ungeahnte Bahnen drängte und den Welttheil einer
des Rechts und der Freiheit beraubten Zukunft entgegenführen
mußte. Mir war sie zwar als sehr interessant erschienen, in so
fern sie „einen tiefen Einblick in die Gesinnungen und Entwürfe der Kaiserhöfe eröffne", ich fand aber und finde die thatsächliche Bedeutung von Herrn v. Sybel überschätzt. Denn wie
soll eine Declaration, die, bevor man zur Ausführung schreiten
konnte, schon im nächsten Jahre bei Katharina's Tode mit einem völlig verschiedenen Systeme vertauscht wurde, die Geschicke
Europa's in ganz neue Bahnen gelenkt haben? Als thatsächliche Wirkung hatte ich gleichwohl hervorgehoben, daß für die
Geneigtheit Thugut's, die russischen Pläne gegen die Türkei zu
unterstützen, Rußland die östreichischen Ansprüche in Polen be-
günstigte. Allein selbst dies ist zu viel. Der Theilungsvertrag,
die Begünstigung der östreichischen Ansprüche in Polen, ist gar
nicht als eine Folge der geheimen Declaration und der Zustimmung Thugut's zu den Plänen Katharina's anzusehen. In
Wahrheit hätte ich nur sagen dürfen: Thugut erhielt von Rußland das Versprechen einer Entschädigung für die zweite Theilung Polens und erkannte deßhalb für den fern liegenden Fall
eines gemeinschaftlichen Krieges gegen die Türkei die alte Vereinbarung Josephs II. mit Katharina wieder an. Aber eins blieb
so fruchtlos wie das andere und wie alle anderen Versprechungen
der Declaration. Einzig die venetianischen Gebiete hat Oestreich
erhalten, jedoch als Entschädigung nicht für den Vertrag vom 23.
Januar 1793, sondern für die Abtretung Belgiens an Frankreich, überhaupt auf so völlig verschiedenem Wege, daß dieser
Erwerb nur zum geringsten Theil auf die Declaration sich zu-
rückbezieren läßt. Höchstens könnte man sagen, Rußland habe

in Folge dieser Uebereinkunft später gegen die Aneignung Venedigs keinen Widerspruch erhoben, wie denn Thugut in einer
Depesche vom 30. April 1797, wenn er von dem Inhalt der
Leobener Präliminarien den Russen Kenntniß gibt, in der That
auf den Vertrag vom 3. Januar 1795 zurückverweist. Aber
gewiß nicht weil andere Gründe fehlten. Rußland wie England, mochten sie auch Venedig nicht gern im Besitze des Kaisers
sehen, konnten doch noch weniger dem einzigen Mittel entgegen
sein, die Stadt den Händen der Franzosen zu entreißen.

Auf alles dies hatte ich in meinem Buche kurz hingedeutet.
„Niemand", fuhr ich fort (S. 139), „ahnte die Existenz der Declaration, als sie sechszig Jahre nach ihrer Entstehung zum ersten Male
von Miliutin veröffentlicht wurde, auch hat sie für kein einziges
der bis jetzt bekannten Ereignisse eine bessere Erklärung
gegeben, als man ohnehin zu geben vermochte. Wahrhaft bedeutende Vorgänge pflegen aber nicht sechszig Jahre verborgen
zu bleiben, ohne daß irgend eine Wirkung hervorträte." Dagegen erhebt sich Herr v. Sybel (S. 105). Statt des durchaus
richtigen Satzes: „Wahrhaft bedeutende Ereignisse pflegen nicht
sechszig Jahre verborgen zu bleiben, ohne daß irgend eine
Wirkung hervorträte", läßt er mich sagen: die Declaration
sei nicht wichtig, „weil sie damals", weil sie „sechszig Jahre
weiter", weil sie „niemanden bekannt geworden sei", und mit
dieser vierfachen Verkehrtheit die noch größere verbinden, es könne
überhaupt „ein Vertrag nicht wichtig sein, dessen Existenz sechszig
Jahre verborgen bleibe." Dann führt er eine ganze Reihe von
Verträgen auf, die lange Zeit verborgen und doch wichtig gewesen seien, unter anderen die geheimen Artikel des Tilsiter
Friedens, welche erst Thiers veröffentlicht habe; als ob nicht
die Geschichte der folgenden Jahre gewissermaßen ihr Siegel
trüge. „Hüffer preis't Thugut als ein leuchtendes Muster diplomatischer Ehrlichkeit und Offenheit, als einen Ausbund von
Rechtschaffenheit und Einsicht" heißt es weiter, gerade nachdem
ich in den schärfsten Worten gegen den Inhalt der Declaration,
die „gewissenlose, ohne den Schein eines Rechtes über fremde
Länder und Völkerschaften verfügende" Gewaltthat mich ausge-

sprochen habe. „Entweder", ruft Herr v. Sybel aus, „hat Thugut in stupider Gedankenlosigkeit oder böswilliger Treulosigkeit, weil er, Krakau einmal gewonnen, sein Versprechen in den Wind zu schlagen wünschte, die Theilung der Türkei versprochen, entweder gilt nun diese Annahme, oder" — und dies soll noch dazu „über jeden Widerspruch hinaus deutlich" sein — „oder die Declaration ist, wie ich sie bezeichnete, der Wendepunct für die damalige Politik Oestreichs und Europa's." Daß sie ohne „böswillige Treulosigkeit und stupide Gedankenlosigkeit" auch durch veränderte Verhältnisse, z. B. durch den Tod der Kaiserin Katharina ihre Bedeutung verlieren konnte, dies scheint Herrn v. Sybel bei seinem Dilemma nicht in den Sinn zu kommen.

Mein Gegner beklagt sich an verschiedenen Orten über meine höfliche Ueberlegenheit. Wenn Jemand einer solchen Deduction gegenüber von einem Gefühl der Ueberlegenheit sich beschleichen ließe, so wäre es ihm, glaube ich, nicht gerade als Hochmuth auszulegen, und wenn er nicht in das Gegentheil der Höflichkeit verfällt, könnte es sogar zu einigem Verdienste gerechnet werden. Aber billig sollte man nicht übersehen, daß die Erregtheit, in welcher Herr v. Sybel seine Schrift verfaßte, hier augenscheinlich über gewöhnliches Maß sich gesteigert hat. Nur die Wahrnehmung, daß dergleichen Zustände meistentheils nicht lange anhalten, trifft in diesem Falle nicht zu, denn es dauert zwei lange Seiten, bis Herr v. Sybel einige Fassung wieder gewinnt.

Er redet dann weitläufig von dem offensiven Charakter der Declaration, immer gegen mich, ohne ein Wort, was ich sagte, zu widerlegen. Ich habe über diesen Punct so genau und, wie mir scheint, so richtig mich ausgedrückt, daß ich hier nur wiederholen könnte.

Nur Eins bemerke oder wiederhole ich noch. Darf auch die Declaration nur in beschränktem Sinne als Offensivbund gelten, so ist doch keineswegs zu leugnen, daß sie einen hohen Grad von Mißwollen gegen Preußen voraussetzt. Wäre sie in Berlin bekannt gewesen, sie hätte gar wohl den Baseler Frieden beschleunigen, ja sogar eine engere Verbindung mit Frankreich herbeiführen können. Auf eine Klage der Oestreicher hätte ein preußischer

Minister mit diesem Document oder gar mit Thugut's Depeschen in der Hand immerhin antworten mögen, man dürfe seinem Herrn nicht zumuthen, für Monarchen von so wenig freundlicher Gesinnung länger unter den Waffen zu bleiben. Nur ein thatsächlicher Grund und in dem Sinne, wie Herr v. Sybel will, eine Rechtfertigung des Baseler Friedens, dies kann die Declaration nicht sein, weil etwas, das nicht bekannt ist, unmöglich einen Bestimmungsgrund abgeben kann. Herr v. Sybel bemerkt dagegen (S. 110), „daß er mich um dieses schon von Vivenot verbrauchte Argument nicht beneide" und ergeht sich in einer Deduction, die mich wieder von dem Theilungsvertrage sagen läßt, was ich von der geheimen Declaration gesagt habe. So kommt er dahin, „meine Logik unbegreiflich" zu finden, und schließt das Kapitel in würdiger Weise, indem er mich zum Gegner einer Ansicht macht, die ich selbst hervorgehoben, und einen fremden Satz mir in den Mund legt, den ich gerade zu seinen Gunsten zurückgewiesen habe.

Mir aber ist die Leidenschaft meines Gegners der sichere Beweis, daß er sich eben hier im innersten Kern getroffen fühlt, und wenn etwas mich an die Abfassung meines Buches mit Vergnügen denken läßt, so ist es das Gefühl, in jenes Gewebe von Irrthum und Sophismen einen Riß gemacht zu haben, den die Hände des Herrn v. Sybel nicht wieder schließen werden.

Sechstes Kapitel.

Das linke Rheinufer.

I.

Wenn die Erörterungen des Herrn v. Sybel über Polen wesentlich gegen mich und meine Ansichten gerichtet waren, so gibt er in dem folgenden Kapitel eine beinahe selbstständige Abhandlung über die Gründe der langen Waffenruhe am Rhein vom October 1794 bis September 1795. Warum, fragt er, blieb die kaiserliche Armee, in welcher doch noch militärische Kraft vorhanden war, so lange unthätig? und wirft mir dann (S. 114) vor, daß ich mich „nicht bemüßigt gefunden habe, die Frage zu prüfen." Ich könnte nun zuerst fragen, warum denn Herr v. Sybel in den verschiedenen Auflagen der Geschichte der Revolutionszeit die Frage nicht geprüft hat. In keiner sagt er ein Wort über die Unthätigkeit der östreichischen Armee, sondern erklärt „die völlige Stockung der kriegerischen Operationen" (III, 411) dadurch, daß die französische Regierung einen Abschluß mit dem Wiener Hofe nach den Vorschlägen eines Ritters Carletti erwogen habe. „Während dessen", sagt er, „hätte es keinen Sinn gehabt, am Oberrhein das zweifelhafte Glück der Waffen zu versuchen. Bei der Entblößung und Schwächung der republicanischen Heere hatte man im besten Falle die Aussicht, den Rhein zu überschreiten und durch Schwaben vielleicht bis nach Baiern vorzubrechen, nach dem Lande, welches man nach Carletti's System eben den Oestreichern überlassen würde. Nicht einmal zur Einschüchterung, sondern höchstens zur Abschreckung

des friedesuchenden Gegners hätte solch eine Operation führen
können. So standen die französischen Truppen in völliger Waf=
fenruhe in den eroberten und ausgesogenen Landstrichen des lin=
ken Rheinufers." Daß alle diese Angaben das Gegentheil der
wahren Verhältnisse bezeichnen, daß nicht politische Rücksichten,
sondern die üble Lage des französischen Heeres, der Mangel an
Geld, Pferden und anderen Kriegsbedürfnissen, dazu die zweifel=
hafte Gesinnung des Obergenerals Pichegru immer neuen Auf=
schub verursachten, habe ich aus dem Briefwechsel des Wohlfahrts=
ausschusses mit den Volksrepräsentanten bei der Rheinarmee
nachgewiesen, und Herr v. Sybel hat dagegen keinen Einspruch
mehr erhoben. Im Uebrigen, was konnte besonders Auffälliges
darin liegen, daß das geschlagene östreichische Heer der Ruhe
ebenso bedürftig war, als die siegreichen Franzosen? Gleichwohl
habe ich die Frage gar nicht ungeprüft gelassen, sondern alles
mir zugängliche Material in Betracht gezogen. Häusser bemerkt
in Bezug auf Luxemburg, welches am 7. Juni 1795 sich den
Franzosen ergeben mußte: „es galt als ausgemacht, die Erge=
bung hätte verhindert werden können, wenn der Hofkriegsrath
Clerfayts Rath befolgt und ihm die Ermächtigung ertheilt hätte,
den Platz zu entsetzen." Vivenot behauptete mit Berufung auf
die Acten des Wiener Kriegsarchivs, man habe Clerfayt gerade
umgekehrt in Wien den gerechten Vorwurf gemacht, keinen Ver=
such zum Entsatze Luxemburgs gewagt zu haben. Dies stimmte
mit dem, was Lucchesini und Caesar über Clerfayts Charakter
und Ansichten berichten, überein. War es zu viel, wenn ich
sagte: so weit man urtheilen könne, sei Vivenots Angabe aus
besseren Quellen durch bessere Gründe unterstützt? Häusser wies
dann das Verdienst der glücklichen Kämpfe im October ausschließ=
lich der „jugendlichen Raschheit und Frische Clerfayts" zu; aus
den Berichten Lucchesini's und des preußischen Ministeriums er=
gab sich aber, daß er eben damals in Folge bestimmter Befehle
aus Wien zum Angriff übergegangen sei. Auch dies habe ich
angeführt, immer noch nicht als feststehende Thatsache, sondern
mit dem Zusatze: es scheine. Dann habe ich im Allgemeinen
ausgesprochen, der Gegensatz zwischen Clerfayt und seiner Re=

gierung sei darin gelegen, „daß der Marschall durch Krankheit geschwächt und durch mancherlei Widerwärtigkeiten verstimmt zu kühnen und ausgedehnten Unternehmungen nur geringe Neigung gezeigt, während Thugut, von den Engländern gedrängt, entscheidende Bewegungen und kräftigen Angriff gefordert habe." [1]

Alles dieses erscheint Herrn v. Sybel als Thorheit. Häusser, sagt er (S. 114), habe durchaus das Richtige gesehen; meine thatsächlichen Voraussetzungen seien unbegründet, meine Ergebnisse völlig falsch. In den englischen Excerpten, welche vor Kurzem in seine Hände gelangten, findet er dann Anregung zu neuen Entwürfen. Was ihm vordem auf der linken Rheinseite mißlungen ist, versucht er jetzt auf der rechten. Wenn nicht das französische, so haben Thuguts Intrigen doch das östreichische Heer in Unthätigkeit erhalten. Thugut spielte 1795 am Rhein dasselbe Spiel, wie das Jahr zuvor in Belgien: „gethan hat er hier wie dort nicht das Geringste, dagegen mit einem Ueberfluß an schönen Worten nie beabsichtigte Operationen in Aussicht gestellt, um englische Subsidien zu erhalten. Wie in Belgien, so war es hauptsächlich auch am Rhein die polnische Sache, um derentwillen er die Kräfte Oestreichs der Vertheidigung der westlichen Reichslande entzog." Er erkannte recht gut, „daß er keinen Schilling englischen Geldes erhalten würde, wenn er der Wahrheit gemäß eingestände, daß die damit zu verpflegende Armee nicht zum Angriff auf die Franche Comté, sondern zur Erlangung Krakau's, d. h. zur Deckung der Erblande gegen Preußen bestimmt sei" (S. 127). So muß er „den trefflichen Sir Morton Eden" durch immer neue Lügen hinhalten, kaiserliche Briefe werden als Mittel der Täuschung vorgezeigt, während die Generale heimlich andere Instructionen empfangen; bald rückt er diese, dann jene Operation in den Vordergrund, immer gerade die, welche für den Augenblick unmöglich ist; er verhindert den Entsatz Luxemburgs und sieht mit Behagen dies letzte Besitzthum in dem lästigen Belgien den Feinden in die Hände fallen; aber auch die Unternehmung in den

---

[1] Vgl. Häusser deutsche Geschichte II, 29, 35; Vivenot Herzog Albrecht von Sachsen-Teschen II, II, 479; Oestreich und Preußen S. 201.

Elſaß weiß er dann durch künſtlich erfundene Hinderniſſe zu
vereiteln. So vergehen Frühling und Sommer, im Herbſt überſchreiten die Franzoſen den Rhein. Auch dies kann Thugut kein
Gefühl für Deutſchland ablocken; er läßt die kaiſerlichen Feldherrn thatlos ſich zurückziehen, den „jugendlich rüſtigen Clerfayt
und nicht weniger Wurmſer, deſſen Energie und Feuerſeele den
Engländern beſonders angeprieſen war." Endlich willigt Preußen in den polniſchen Theilungsvertrag, „binnen ſechs Wochen
ſind dann die Franzoſen über den Strom zurückgeworfen und
vom linken Ufer die Pfalz und das Land bis zur Nahe wieder
in deutſchem Beſitz. Nun aber geht die gute Jahreszeit und der
Feldzug zu Ende, die letzte Möglichkeit für lange Jahre, das
linksrheiniſche Land zu befreien, iſt wegen des polniſchen Haders
verſäumt worden" (S. 135).

Alles dieſes verſpricht Herr v. Sybel „im Einzelnen nach
urkundlichen Belegen klar zu ſtellen." Wie dieſe Klarſtellung vor
ſich geht, kann ſelbſt nach dem, was man in früheren Abſchnit-
ten geleſen, in Erſtaunen ſetzen. Die ganze Kenntniß des Herrn
v. Sybel beruht ausſchließlich auf Berichten der Engländer, alſo
der einen Partei, welche zudem nach ſeiner Anſicht gröblich hin-
tergangen wurde. Nichts läge alſo näher, als mit der Feſt-
ſtellung des Urtheils zu warten, bis man auch in Schrift-
ſtücken der anderen Partei, des Betrügers, einen Beweis
des Betrugs vor Augen hätte. Herrn v. Sybel fällt es nicht
ein, darnach zu fragen. Die engliſchen Excerpte, von fremder
Hand gefertigt, können ihm und ſollen ſeinen Leſern ſichere
Ueberzeugung geben. Aber ſelbſt dies unzureichende Material
hat ſich nicht ſo völlig beugen laſſen, daß nicht die Willkühr, mit
welcher er Hand anlegt, von Zeit zu Zeit hervorträte. Aus
vielen nur wenige Beiſpiele. Im December 1794 bietet England ſechs Millionen Pfund Sterling, wenn Oeſtreich am Rheine
200,000 Mann und 40,000 in Italien ſtellen wolle. Thugut erklärt, ein ſo großes Heer überſchreite die Kräfte Oeſtreichs; er
verlange nur vier Millionen Pfund für 170,000 Mann am
Rhein und 30,000 in Italien. Die meiſten Leſer werden
ſchließen, Jemand, der ein Angebot von zwei Millionen

Pfund zurückweist, weil er sich nicht fähig hält, das dafür Ge-
forderte zu leisten, müsse nicht zu den schlimmsten Betrügern gehören. Herr v. Sybel folgert daraus nur, daß Thugut gegen
Luxemburg und den Rhein völlig gleichgültig gewesen sei. Ueber
den Zinsfuß der zuletzt genannten Summe konnte man sich nicht
einigen, und Thugut soll erklärt haben, wenn man sein Angebot
ausschlage oder einen Vorschuß verweigere, so werde Luxemburg
nicht entsetzt, Mainz nicht länger vertheidigt und die östreichische
Armee in die Erblande zurückgezogen werden. Triumphirend stellt
Herr v. Sybel (S. 117) die Frage: „Wird auch hier Hüffer sein
vielbelobtes Argument bringen: all diese Gleichgültigkeit gegen
Luxemburg und den Rhein war nur erheuchelt, um England zu
stärkern Zahlungen zu nöthigen?" Die Antwort giebt er selbst
unmittelbar nachher. Denn Lord Grenville soll nun umgehend
geantwortet haben, die Bedingungen der Anleihe seien unabänderlich; ohne Abschluß des Vertrages würden keine Vorschüsse
mehr geleistet. Der Vertrag kommt also nicht zu Stande, mehr
als drei Monate vergehen, ehe man am 4. Mai sich einigen kann.
Herr v. Sybel wird also zu erzählen haben, daß Thugut seine
Drohung wahr gemacht und das östreichische Heer in die Erblande zurückgezogen habe. Statt dessen hören wir auf der nächsten Seite zum Beweis, ein wie schlechter Finanzmann er gewesen, daß er das Heer am Rheine ließ „und mit Bons ernährte,
welche mit 20 Prozent Verlust discontirt wurden." Wenn der
englische Gesandte berichtet, er selbst habe die kaiserlichen
Briefe gelesen, welche Clerfayt zum Angriff drängten, so eröffnet Herr v. Sybel nach der Kunst, welche die Gedanken der
Menschen, auch ohne daß sie „darüber Mittheilung machten",
an's Licht zu ziehen weiß: alles dies sei bloße Heuchelei, und
für Clerfayt ganz das Gegentheil befohlen worden. Wenn der
Kaiser Anfangs August dem Marschall die Hälfte des Heeres ent-
zieht und dem thatkräftigeren Wurmser die Führung überträgt,
so weiß Herr v. Sybel, daß man Clerfayt, eben weil man heimlich mit ihm einverstanden, in seinem Amte gelassen habe, und
von Wurmser weiß er, er habe ebenso wenig thun wollen, als
Clerfayt, denn er hatte — freilich kaum vierzehn Tage nach sei-

nem Eintreffen bei der Armee — den Rheinübergang und den
Einfall in den Elſaß noch nicht zur Ausführung gebracht, als
die Franzoſen Anfangs September ihm zuvorkamen.

Allein mag man über die Mittel denken wie man will, Herr
v. Sybel erreicht ſeinen Zweck. Er hat auf dem Bilde des mo=
raliſchen Ungeheuers noch einen und einen ſehr ausdrucksvollen
Zug anbringen können. Bisher hatten wir uns Thugut nur
als Lügner, Heuchler, Verräther und Intriganten zu denken,
es fehlte noch, daß man ihn auch als Betrüger im eigentlichen
Sinne des Gelddiebſtahls oder wenigſtens des Schwindels und
der Unterſchlagung für ſchuldig halten durfte. Dieſe Berechti=
gung haben wir dem Herrn v. Sybel jetzt zu danken. Er hat
ſie, verſichert er, „im Einzelnen nach urkundlichen Belegen
klar geſtellt“.

II.

Aber ſonderbarer Weiſe iſt dieſem leichtfertigen Spiel die
Strafe auf dem Fuße gefolgt. Eben veröffentlicht Herr v. Bi=
venot den Briefwechſel zwiſchen Wien und dem kaiſerlichen Lager
im Jahre 1795, die vollſtändige Reihe der von Thugut entwor=
fenen Briefe des Kaiſers, und von den übrigen wenigſtens ge=
nug, um jeden Zweifel über die Geſinnung der bedeutenderen
Perſönlichkeiten auszuſchließen. Dieſe Veröffentlichung iſt in
hohem Grade intereſſant. Man erkennt recht, welche Schätze
nicht nur das Staatsarchiv, ſondern auch das Kriegsarchiv in
Wien noch in ſich ſchließen. Wie anders wird man im Beſitze
ſolchen Materials, wenn es erſt vollſtändig vor uns liegt, die
Geſchichte der Revolutionskriege darſtellen! Manche Ereigniſſe
erhalten ·jetzt erſt ihre richtige Geſtalt, die einzelnen Perſonen
gewinnen Farbe und Leben, um ſo individueller als manche
der mitgetheilten Briefe keinen amtlichen Charakter tragen, und
die wechſelnden Ereigniſſe, indem ſie von Verſchiedenen verſchie=
den beurtheilt werden, die Eigenthümlichkeit eines Jeden um ſo
deutlicher hervortreten laſſen.

Meine Leſer werden nicht ungeneigt ſein, von kleinlichen

Streitigkeiten, die nur zu sehr ihre Langmuth in Anspruch neh=
men mußten, auf jenes große, mannigfach bewegte Kriegsleben
einen Blick werfen, wie ihn die neuen Documente eröffnen.

Sie greifen noch auf den belgischen Feldzug zurück und be=
stätigen durchaus meine Ansichten. Wenn der kaiserliche Brief
vom 14. August 1791 einigen Zweifel ließ, so wird die Ernen=
nung Clerfayts zu Coburgs Nachfolger am 21. August von um
so deutlicheren Worten begleitet. Der Kaiser betrachtet „den
Verlust von Valenciennes und Condé als einen tödtlichen Schlag
für die Monarchie, dem man deshalb, wenn es noch möglich,
in jeder Weise zuvorkommen müsse.“ General Beaulieu, an
Waldecks Stelle zum Generalquartiermeister ernannt, soll mit
dem Herzog von York sich über neue Offensivpläne verständigen
und auf alle irgend vernünftigen Vorschläge eingehen. „Die
Annahme, daß man sich für einen Versuch des Entsatzes von
Valenciennes entscheiden sollte, würde jede Zögerung ausschlie=
ßen; ich verlange deßhalb“, schreibt der Kaiser, „daß Sie
dem zwischen General Beaulieu und den Alliirten verein=
barten Plane unbedenklich beitreten, selbst wenn er Ihnen keine
völlige Sicherheit des Erfolges zu bieten schiene; denn ich stehe
nicht an, zu Ihrer Beruhigung zu erklären, daß ich nichts an=
deres als Thatkraft und Nachdruck in Ausführung der angenom=
menen Entwürfe verlange, ohne Sie in irgend einer Weise für
die Ereignisse verantwortlich zu machen.“ [1]) Noch entschiedener
lautet (S. 17) die Instruction für Beaulieu: „Die lebhaften
Vorstellungen meiner Verbündeten vereinigen sich mit meiner
eigenen Ueberzeugung, daß es dringend nothwendig ist, in den
Niederlanden wieder Offensiv=Operationen zu unternehmen und
dem Feinde wenigstens diese reichen Provinzen streitig zu machen,
deren ruhiger Besitz täglich seine Hülfsquellen vermehrt. Es ist
daher von der höchsten Wichtigkeit, alle irgend verfügbaren
Kräfte aufzubieten.“ Beaulieu wird ermächtigt, mit dem Herzog

---

[1]) Vivenot: Thugut, Clerfayt und Wurmser, S. 3. In der Einleitung
findet man S. LXXXI biographische Nachrichten über Clerfayt, so wie
S. XCIV über Wurmser.

von York einen Plan zur Eroberung der gesammten Niederlande
(dans leur totalité), oder wenigstens zur Wiederherstellung der
Verbindung mit Valenciennes und Condé zu vereinbaren, selbst
auf die Gefahr eines unglücklichen Ausgangs, und ohne den
Kaiser vorher zu fragen. Sollte Valenciennes schon verloren,
und man durch zu große Hindernisse gezwungen sein, sich
auf die Vertheidigung Hollands zu beschränken, so könnten die
Entwürfe dem Kaiser zur Genehmigung eingesandt werden, aber
auch dann nicht, sobald es gelte, durch schnellen Entschluß einen
wohl erwogenen Plan zur Ausführung zu bringen. Am 9. September wird abermals jedes irgend mögliche Eingehen auf die
Wünsche der Engländer zur Pflicht gemacht (S. 22).

Es ist behauptet worden, Oestreich habe für die Sicherung
Hollands mit Rücksicht auf die polnischen Händel nichts einsetzen
wollen. Aus den neuen Documenten ergiebt sich das Gegentheil.
Schon am 13. October spricht der Kaiser sein Bedauern aus,
daß Clerfayt die Absicht, seinen Rückzug statt über den Rhein
nach Geldern zu richten und solchermaßen der englischen Armee
sich zu nähern, nicht ausgeführt habe. Es sei jetzt nicht an der
Zeit, die Beweggründe des veränderten Entschlusses zu erörtern,
„aber jedenfalls", schreibt der Kaiser, „machen bestimmte Verpflichtungen gegen meine Verbündeten und die wichtigsten Rücksichten des Staates mir gebieterisch zur Pflicht, die Sorge für
die Rettung Hollands nicht außer Acht zu lassen und Alles zu
versuchen, um seinen Untergang zu verhindern." Clerfayt soll
sich deshalb mit dem Herzog von York in Verbindung setzen
und ohne Umstände jedem von Seiten der Alliirten vorgeschlagenen Plane beitreten, der militärisch zulässig sei (S. 26). Nöthigenfalls soll er 35,000 Mann zur Vertheidigung Hollands verwenden, dazu die besten Regimenter auslesen und wo möglich
die Leitung eines so entscheidenden Unternehmens zu seiner eigenen Aufgabe machen. Die Wahl der Maßregeln im Einzelnen
bleibt ihm überlassen; der Kaiser begnügt sich, „noch einmal auf
die dringende Nothwendigkeit hinzuweisen, Holland zu schützen
und ohne den geringsten Zeitverlust an's Werk zu gehen."
„Ich erkläre Ihnen" heißt es auch hier, „daß ich Sie in keiner

Weise für den Erfolg der Ereignisse, er sei wie er wolle, irgendwie verantwortlich mache." [1] Am 2. November werden diese
Befehle wiederholt. Statt Truppen rheinaufwärts nach der
Lahn soll Clerfayt im Gegentheil so viel als immer möglich der
englischen Armee zur Unterstützung senden; nöthigenfalls, fügt man
am 10. December hinzu, das von Alvinzi befehligte Hülfscorps
noch verstärken (S. 44). Selbst bei den Engländern gibt die
frühere Unzufriedenheit einer dankbaren Gesinnung Raum.
Am 6. Januar schreibt der Kaiser, Clerfayt würde durch
den Gesandten Grafen Starhemberg schon erfahren haben, daß
der Herzog von York zu London seinem Benehmen vollkommene
Gerechtigkeit zu Theil werden lasse, auch die englische Regierung
zeige sich für die Beweise guten Willens, die Clerfayt dem Herzog von York gegeben, sehr erkenntlich (S. 57). Gleichwohl
ging Holland gerade im Januar des Jahres 1794 verloren, wenn
man Clerfayts Berichten glauben darf, lediglich durch die Uneinigkeit der Engländer und Holländer, die geringe Zuverlässigkeit
ihrer Versprechungen, die Unordnung und den Mangel an Dis-
ciplin in den Armeen und durch das blinde Vertrauen, welches die
Leiter der holländischen Regierung auf die von den Franzosen
in Aussicht gestellte Waffenruhe setzten. [2] So geschwächt waren
die Engländer, daß sie auf Clerfayts Vorschlag, wieder anzugreifen, nicht eingingen, auch die Yssel nicht vertheidigten, sondern
weiter nach Westphalen sich zurückzogen.

Bei so veränderten Verhältnissen wurde es nöthig, einen
neuen Feldzugsplan für das nächste Frühjahr zu bestimmen.
Gleich Anfangs treten zwei leitende Gedanken hervor: die Befreiung von Luxemburg und Mainz, dann ein Einfall in den
Elsaß. Vorerst ist die belgische Festung durchaus der bedeuten-
dere Punct. Schon am 10. December, als das Schicksal Hollands
noch im Ungewissen lag, schreibt der Kaiser: „ein kräftiger Versuch
zur Unterstützung Luxemburgs scheint bei der gegenwärtigen Lage
der Dinge die geeignetste Operation, um den nächsten Feldzug

---

[1] Der Kaiser am 23. October, S. 30.
[2] Clerfayt am 5., 20., 27. December 1794, 21. Januar 1795, S. 50, 51, 64.

zu eröffnen" (S. 46). Gleichzeitig wird Clerfayt gebeten, seine Ansichten über diesen Punct und über die gesammte Kriegführung mitzutheilen. Am 6. Januar wiederholt man den Auftrag, am 21. Februar abermals, immer vergebens. Clerfayt [1]) antwortet durch Bedenken über die Schwierigkeit des Unternehmens, erneuert ein schon öfters eingereichtes Abschiedsgesuch, spricht von seiner schlechten Gesundheit, von der festen Stellung der Feinde bei Trier und von dem Mangel an Magazinen; denn die großen in Rotterdam und Yffelmünde angehäuften Vorräthe waren mit Holland an die Franzosen verloren gegangen. Am 21. März schreibt der Kaiser nochmals, man müsse durchaus zu einem Entschluß kommen; die Erhaltung Luxemburgs sei vom höchsten Interesse, der Verlust dieses Platzes zu Anfang des Feldzuges werde die allgemeine Entmuthigung vermehren und neuen Vorwand bieten, die mißliche Lage der östreichischen Angelegenheiten in beleidigender Weise zu übertreiben. Erscheine es aber schlechterdings unmöglich, zur rechten Zeit vor Luxemburg einzutreffen, so müsse man dem Marschall Bender Nachricht geben, damit er durch eine Capitulation wenigstens die zahlreiche Besatzung in ähnlicher Weise wie die von Valenciennes und Mastricht zu retten suche. Die Möglichkeit oder Unmöglichkeit, Luxemburg zu entsetzen, bilde nun zwei Hypothesen; im ersten Falle würde man, nachdem der Entsatz gelungen, die Belagerung von Saarlouis unternehmen, im zweiten sich beschränken, Mainz von der Blokade zu befreien und durch ein hinreichendes Armeecorps auf der linken Rheinseite zu decken. Dann könne man den weiteren Angriff gegen den oberen Elsaß und die Franche Comté richten und durch den Prinzen von Condé und seine Emigrirten einen Aufstand gegen den Convent veranlassen. In allen Fällen sei aber schnelle Entscheidung geboten; Clerfayt soll nach so vielen Aufforderungen so bald als irgend möglich seine Plane einsenden. „Ich denke", setzt der Kaiser hinzu, „Sie urtheilen wie ich, daß von welchem Gesichtspuncte man auch ausgehen möge, doch im Grunde kein Plan zulässig ist, der nicht zu Angriffs-

---

[1]) Vgl. den Brief vom 3. März. S. 80.

Bewegungen führt. Eine energische Thätigkeit im nächsten Feld=
zuge ist das einzige Mittel, die Achtung und das Vertrauen zu
der Monarchie wiederherzustellen, die frechen Vorurtheile, mit
denen man böswilliger Weise Europa gegen uns erfüllt, zu zer=
stören und den Zeitpunct eines annehmbaren Friedens zu be=
schleunigen" (S. 84). Diese Depesche wurde durch den General
Lauer überbracht, welcher mit Clerfayt die verschiedenen Ope=
rationen sogleich in Berathung nehmen sollte.

Aber Clerfayt zögerte fort und fort. Noch am 30. März
gibt er wieder eine ausweichende Antwort und bezieht sich auf
nicht vorherzusehende Hindernisse; endlich am 3. April übersendet
er durch Lauer einen weitläufigen Plan, wie man vorerst Cob=
lenz und Trier erobern, dann von Mainz und Coblenz gleichzeitig
gegen Luxemburg vordringen und durch Eilmärsche gegen die Maas
die östreichischen Niederlande und Holland wiedergewinnen könne.
Umgehend antwortet der Kaiser am 10. April: „Ich billige Ihre
Pläne zur Befreiung Luxemburgs ganz und gar, und mein Wille
ist, daß Sie auf alle irgend mögliche Weise ihre schnelle Aus=
führung betreiben. Ich unterschätze nicht die Schwierigkeiten
dieses wichtigen Unternehmens, aber ich schmeichle mir, daß Ihr
thatkräftiger Eifer alle überwinden wird. Die Umstände erfor=
dern mehr als jemals, dem Zufall Einiges anheim zu geben."
Der Kaiser wünscht, daß man durch einen aus Luxemburg ent=
kommenen Advokaten Leurs den Marschall Bender bald möglichst
von dieser Entscheidung in Kenntniß setze; zwei Millionen sind
bereits angewiesen, und die Absendung des schweren Geschützes
soll beschleunigt werden.

Zugleich erhielt Clerfayt noch einen besondern Beweis des
Vertrauens und der kaiserlichen Gnade. Der Reichsfeldmarschall,
Herzog Albrecht von Sachsen=Teschen, verstimmt durch mancher=
lei Widerwärtigkeiten, die er an der Spitze der Reichsarmee am
Oberrhein erfahren mußte, hatte am 2. April um seine Entlas=
sung gebeten. Der Kaiser bewilligte sie am 10. [1]) und verei=
nigte die Reichsarmee mit der vormals belgischen. Clerfayt,

---

[1]) Vivenot: Herzog Albrecht von Sachsen=Teschen, II, I, 479.

zugleich östreichischer General und Reichsfeldzeugmeister, erhielt über beide — eine Streitmacht von mehr als 180,000 Mann — den Oberbefehl und wurde zum Marschall erhoben. Ich schmeichle mir, fügt der Kaiser hinzu, Sie werden mit Vergnügen dieses Zeichen meiner Achtung und Erkenntlichkeit entgegennehmen. Als Beweis Ihrer Ergebenheit fordere ich nur, daß Sie das Commando wenigstens so lange fortführen, bis die Operation zur Befreiung von Luxemburg beendigt ist. Sie selbst mögen urtheilen, ob unter den gegenwärtigen Umständen, wo alle Vorkehrungen bereits getroffen, und kein Augenblick mehr zu verlieren ist, ein Anderer die Leitung übernehmen kann, und ob Ihr Rücktritt nicht eine allgemeine Unordnung, den Verlust Luxemburgs, mithin die verderblichsten Folgen für den Staat herbeiführen müßte. Ich denke, bei Erwägungen von solchem Gewicht bleibt Ihnen keine Wahl; aber ich verlange, daß Sie zu gleicher Zeit keine Vorsorge für Ihre Gesundheit und Erleichterung außer Acht lassen. Wählen Sie selbst die geeignetsten Personen, um das Gewicht Ihrer Sorgen zu vermindern. Ich gebe alles in Ihre Hand, und bitte Sie, sich freimüthig und vertrauensvoll mir über Alles zu eröffnen, was Sie für das Wohl meines Dienstes und Ihre eigene Bequemlichkeit am Nützlichsten erachten.

Clerfayt scheint denn auch endlich zu handeln entschlossen. Da erfolgte am 5. April der Friede zu Basel; die Stellung Preußens zur Coalition wurde ungewiß, und sogleich fand der Marschall wieder Grund zu zögern. Kaum hat er am 9. April von dem Ereigniß Nachricht erhalten, so bittet er um neue Instructionen; die Umstände, meint er, seien durch den Frieden verändert, man müsse sich jetzt strenge auf die Vertheidigung beschränken und dem Zufall Nichts überlassen, bis dieses Chaos sich entwickelt habe. Bei dem Mangel an Lebensmitteln in Luxemburg werde daher der Verlust der Festung sehr wahrscheinlich. Am 15. und 20. dieselben Klagen; dazu Befürchtungen vor den Plänen der Preußen, dem Abfall der Reichscontingente, und Fragen, wie er in verschiedenen Fällen sich zu benehmen habe. Aber in Wien wurden diese Besorgnisse nicht

getheilt. „Man kann", antwortet der Kaiser am 17., „die Un=
terzeichnung eines Separatfriedens zwischen Preußen und Frank=
reich nicht mehr bezweifeln. Ich denke nicht, daß dies Ereigniß
so bald eine bedeutende Aenderung in unserer militärischen Lage
hervorbringen müsse. Alles, was wir im günstigsten Falle vom
Berliner Hofe erwarten konnten, beschränkte sich auf die Hoff=
nung, die preußischen Truppen würden vertheidigungsweise Nord=
deutschland gegen die Franzosen schützen. Es ist aber anzuneh=
men, daß der Verzicht auf jeden Einfall in Westphalen von Sei=
ten des Feindes eine der wesentlichsten Bedingungen des neuen Ver=
trages bilde. Hauptsächlich muß man also die Gefahr im Auge
behalten, daß, während wir gegen Luxemburg vorrücken, die
Franzosen zwischen der Ruhr und Ehrenbreitstein über den Rhein
gehen könnten: jedenfalls dürfen wir nicht zögern, unsererseits
den Rhein zu überschreiten und uns mit Lebhaftigkeit gegen den
Feind zu wenden. Eine solche Offensive zu Anfang des Feld=
zuges ist unumgänglich nöthig, um die Ehre meiner Waffen
wieder herzustellen, das Zutrauen der Verbündeten zu beleben,
böswilligen Argwohn über die Ehrlichkeit meiner Gesinnungen
zu zerstreuen, die Verlegenheit des Convents und die inneren
Unruhen in Frankreich zu vermehren, endlich sogar, um dem
Marschall Bender eine leidliche Capitulation zu verschaffen, vor=
ausgesetzt daß Mangel an Zeit und die Umstände uns unmög=
lich machten, bis nach Luxemburg vorzudringen. Sie begreifen
leicht, daß ich aus der Entfernung meine Absichten nur im All=
gemeinen zu erkennen geben kann; ich beschränke mich deshalb
darauf, zu Ihrer völligen Beruhigung hinzuzufügen, daß jedes
Unternehmen, bezeichnet mit dem Stempel der Thatkraft und
würdig ihrer erprobten Festigkeit, meine völlige Billigung finden
wird, wie immer Ausgang und Folgen sich gestalten mögen."

Um zu größerem Eifer anzuspornen, schickte Thugut noch be=
sonders seinen vertrauten Freund den Grafen Franz Joseph Die=
trichstein an Clerfayt. „Ich sagte ihm", schreibt Dietrichstein
am 30. April, „daß man in Wien der sichern Ueberzeugung ge=
wesen sei, er würde den Rhein am 22. oder 24. überschreiten;
daß man eine Offensivbewegung für unumgänglich nothwendig

halte, um der Vereinigung der feindlichen Kräfte zuvorzukom-
men, den verbündeten Mächten unseren guten Willen zu beweisen und die Reichsstände zu beruhigen. Graf Clerfayt antwortete mir: Seine Majestät haben ihm Wort für Wort Alles geschrieben, was Ew. Excellenz die Güte hatten mir zu sagen."
Am folgenden Tage (dem 26. April) setzte Clerfayt in einem
neuen Gespräche dem Grafen alle Schwierigkeiten des Unternehmens auseinander. Man werde nicht mehr zeitig anlangen,
es fehle an Wagen, Pferden und Lebensmitteln, man könne die
für eine Offensivbewegung nöthige Truppenzahl am Rhein nicht
entbehren und wegen des preußischen Friedens nicht außer Sorge
sein; er äußerte noch, daß er aus Wien einen Operationsplan
gefordert habe, worauf Dietrichstein entgegnete, es sei seine Sache
gewesen, ihn vorzuschlagen (S. 118). Aber Clerfayt ließ sich
nicht bestimmen. Schon am 24. hatte er den General Bellegarde
mit einer Denkschrift nach Wien geschickt: „in der gegenwärtigen
Verwirrung könne man nichts Entscheidendes vornehmen, Luxemburg zu entsetzen sei unmöglich, sich im Hunsrück auszudehnen
ohne Nutzen, die Belagerung Landau's sehr schwierig, das Beste
scheine, sich gegen den Ober-Elsaß zu wenden." Der
Kaiser antwortet darauf am 3. Mai, am Tage vor der Abschlie-
ßung des Vertrags mit England, welcher im Wesentlichen auf
die von Thugut vorgeschlagenen Bedingungen zu Stande kam.
Wenn Luxemburg nicht mehr zu retten sei, so solle man wenigstens dem Feinde vor Mainz einen Schlag versetzen, seine
Verschanzungen nehmen, ihn in's Gebirge zurücktreiben und
Mainz durch ein befestigtes Lager decken. Alsdann möge Clerfayt, ohne neue Befehle zu erwarten, mit der ganzen Armee den
Rhein überschreiten, um die Belagerung von Landau anzufangen,
welche durch eine mehr oder weniger kräftige Diversion in den
Elsaß sich unterstützen lasse. Sollte aber die Einnahme von
Landau unmöglich scheinen, so sei kein Augenblick zu verlieren,
um die große Unternehmung in den Ober-Elsaß mit gesammten
Kräften in's Werk zu setzen. „Ueberhaupt, mein lieber Marschall",
schließt der Kaiser, „fürchten Sie keine Verantwortlichkeit für irgend
eine Maßregel, welche mit dem Stempel der Thatkraft bezeich-

net ist, wenn auch durch eine Laune des Glücks, durch Zufälle, die man bei dem Loos der Waffen häufig weder vorhersehen noch vermeiden kann, ein wohl entworfener Plan in der Ausführung scheitern sollte. Wenn irgend etwas mein gerechtes und unbegränztes Vertrauen zu Ihnen beeinträchtigen könnte, so wäre es vielmehr ein Benehmen, das die Farbe der Unentschiedenheit trüge, oder einen Mangel an Entschlossenheit bezeichnete, die immer auf die Armee und die öffentliche Meinung von dem ungünstigsten Eindruck und für den Krieg von den schädlichsten Folgen sind."

Der Befehl, die Franzosen ganz von Mainz zu vertreiben, kam erst viel später zur Ausführung; aber das hatten die wiederholten Mahnungen des Kaisers doch bewirkt, daß am 30. April der Hartenberg dem Feinde entrissen wurde. Die geschickte Leitung des General Wartensleben, der Muth und die ruhige Festigkeit der Soldaten zeigten dabei deutlich genug, was Clerfayt mit solchen Kräften hätte leisten können. Aber es geschah Nichts weiter; der Angriff auf das verschanzte Lager der Franzosen unterblieb, die nächsten Briefe Clerfayts vom 10. und 15. Mai sind wieder angefüllt mit Bedenklichkeiten, vornehmlich wegen der Stellung Preußens. Umsonst sucht man ihn von Wien aus zu beruhigen. „Ich kann nicht ohne Bedauern sehen", schreibt der Kaiser am 21., „daß Sie trotz der Aufklärungen, die ich Ihnen durch den Grafen von Bellegarde zukommen ließ, durch die hinterlistigen Einflüsterungen des Prinzen Hohenlohe sich aufhalten lassen. Machen Sie sich doch keine Sorge wegen politischer Erwägungen, deren Folgen Ihnen niemals zur Last fallen werden; Sie müssen Nichts vor Augen haben, als den Vortheil der kriegerischen Operationen." Noch besonders schreibt Thugut an demselben Tage. „Wenn Sie mir erlauben, Herr Marschall, meine bescheidene Meinung zu äußern, so würde ich denken, Ew. Excellenz hätten zu keiner Zeit einen Grund, Ihre Operationen wegen eines Zweifels über die politischen Verhältnisse zu verzögern: denn ich bin gewiß: bei dem Eintritt von Ereignissen, welche einen Wechsel der vom Kaiser Ihnen aufgetragenen Maßregeln nöthig machten, würden Se. Majestät nicht aufschieben,

Ew. Excellenz davon in Kenntniß zu setzen. Bis dahin werden Sie niemals der geringsten Verantwortlichkeit unterliegen. Da Ew. Excellenz zudem über die Gesammtheit der politischen Lage unmöglich immer auf dem Laufenden sein können, so würden unsere offenen und versteckten Feinde sich dies häufig zu Nutze machen, Ihnen die Angelegenheiten in einem falschen Lichte darzustellen." Alles vergebens. Die Briefe Clerfayts vom 31. Mai und 7. Juni handeln wieder über den Prinzen Hohenlohe, die preußi-sche Demarcationslinie, Mängel der Verpflegung; gegen die Franzosen geschah nicht das Geringste, und am 7. Juni mußte Luxemburg seine Thore öffnen. Nunmehr verlor man in Wien wie in London die Geduld. Der englische Minister Grenville richtete selbst am 8. Juni an Clerfayt die Bitte, in dieser wich-tigen Krisis das Unmögliche zu versuchen, damit die Franzosen vom Rheine her keine Truppen in die Vendée zur Unterdrückung des Aufstandes entsenden könnten. Sehr ungnädig schrieb dann auch der Kaiser am 10. Juni: er könne seine Ueberraschung nicht bergen, daß Clerfayt nach so bestimmten Befehlen, wo die wichtigsten politischen Interessen auf dem Spiele ständen, doch wieder die Beurtheilung der ihm aufgetragenen Operation ei-nem Kriegsrath überwiesen habe. Dieser Entschluß sei um so auffälliger, als der Kaiser durch den General Bellegarde ver-traulich habe eröffnen lassen, was er von all diesen Berufungen eines Kriegsraths halte. Die Franzosen hätten die Zögerung benutzt, sich aus Holland und aus dem Innern zu verstärken und ihre Stellung vor Mainz zu befestigen; man müsse fürchten, daß auch die brave Garnison von Luxemburg verloren sei, ein neuer tödtlicher Schlag für die Monarchie nach einer ununter-brochenen Folge von so bedauerlichen Unglücksfällen. Die ewi-gen Klagen über den Mangel an Lebensmitteln seien nicht zu begreifen; der General Lauer habe doch im Namen Clerfayts berichtet, daß vermittelst der ihm zugesendeten zwei Millionen Alles für die Unternehmung zum Entsatze Luxemburgs und au-ßerdem eine viermonatliche Versorgung der Festung gesichert sei." „Es ist nicht meine Absicht", fährt der Kaiser fort, „daß die zahlreichste und glänzendste Armee, welche Oestreich versammelt

hat, in Unthätigkeit hinter dem Rhein eine unschätzbare Zeit
verliere und die letzten Hülfsquellen der Monarchie erschöpfe,
ohne wenigstens zu versuchen, durch irgend eine muthige Unternehmung die so sehr gesunkene Achtung vor den östreichischen
Waffen wieder zu heben." Bellegarde soll unverzüglich nach
Wien kommen, genaue Berichte über die Lage der Dinge sowie,
gemäß den früheren kaiserlichen Befehlen und den von Clerfayt
so häufig gegebenen Versprechungen, den Plan für ein Unternehmen am Oberrhein überbringen. Da nach dem Urtheile des
Kriegsrathes der Angriff gegen das verschanzte Lager der Franzosen unüberwindlichen Schwierigkeiten unterliege, so will der
Kaiser nicht darauf bestehen; wenigstens soll man aber in jeder
Weise den Feind in Athem halten, damit es ihm nicht gar gelinge, mit gewohnter Verwegenheit in das Innere von Deutschland einzudringen und dadurch das Maß des Unglücks voll zu
machen. Mit den Preußen soll sich Clerfayt so wenig als möglich einlassen und rücksichtlich der Demarcationslinie nur den
militärischen Vortheil im Auge behalten; man habe alle Ursache
zu erwarten, daß die Preußen ihrerseits keinen Act der Feindseligkeit oder Gewalt vornehmen würden. „Es ist ohne Zweifel
überflüssig", schließt der Kaiser, „Ihnen zu bemerken, daß die
Vorsichtsmaßregeln für den Rücken der Armee nur eine sehr mä-
ßige Zahl von Truppen beschäftigen dürfen, damit nicht die
Kräfte, welche zu thätigen Operationen gegen Frankreich bestimmt sind, zu einem eingebildeten Krieg gegen die Preußen
verwendet werden." Der preußische Hof, heißt es am 27. Juni,
betheure unabläßig sein festes Verlangen, mit Oestreich Freundschaft und das bestmögliche Einverständniß zu pflegen; er werde
gewiß die Zufuhr von Lebensmitteln nicht ernstlich verhindern.
Wenn es in der Gegend von Düsseldorf darüber zu Schwierigkeiten gekommen sei, so müsse man sie als Zänkerei von Sub-
alternen betrachten.

Aber Clerfayt verharrte bei seinen Klagen, seinen Befürchtungen und bei seiner Unthätigkeit. Juni und Juli vergingen
ungenutzt, und hiervon scheint einigermaßen auch in Wien die
Ursache zu liegen. Denn es dauerte längere Zeit, bis man in

etreff des Unternehmens gegen den Elsaß zu einem festen Ent-
schlusse kam. Unzufrieden mit Clerfayt mag man schon damals daran gedacht haben, ihm den Oberbefehl zu nehmen
und Wurmser als einen Mann von größerer Thatkraft und
Frische an seine Stelle zu setzen. Dieser General reicht bereits
am 20. Juni ein Gutachten ein, wie der Einfall in den oberen
Elsaß mit günstigem Erfolge versucht werden könne; an Clerfayt ergingen keine bestimmten Befehle mehr. Am 8. Juli
schreibt ihm Bellegarde aus Wien, der Kaiser brauche noch einige Tage, um sich zu entscheiden. In den von Thugut ent-
worfenen Instructionen sind um jene Zeit mehrmals die stärkeren Worte: der Marschall solle „große Dinge unternehmen,
nicht durch Unthätigkeit die kaiserliche Ungnade auf sich ziehen",
„ausführen, was man im Mai ihm vorgeschrieben habe" (S. 158,
167), wieder durchstrichen und durch schwächere Ausdrücke ersetzt.
Einem englischen Commissar, dem Obersten Craufurd, gegenüber
scheint Clerfayt selbst Anfang Juli mit dem Mangel an bestimmten Instructionen sich entschuldigt zu haben. Am 26. berichtet
auch Dietrichstein nach Wien: „Um die übeln Gerüchte zu zerstreuen, den Erfolg der Armeen in Italien und in der Bretagne
zu sichern, den Reichsfrieden zu hindern und lächerlich zu machen, gibt es nur ein Mittel: man muß dem Grafen Clerfayt
schnell das Geld, die Instructionen und die Befehle überschicken,
die er erwartet, um zu handeln." Offenbar mit Rücksicht darauf heißt es dann in einem kaiserlichen Briefe vom 18. Juli:
„Ich höre mit lebhaftem Mißvergnügen, in der Armee und im
Reiche verbreite sich das Gerücht, es sei der Mangel an Befehlen, der Ihrem guten Willen entgegenstände. Sie wissen besser
als Jemand, was daran ist. Unter allen meinen Depeschen
gibt es nicht eine, in welcher ich Sie nicht zu offensiven Operationen angetrieben hätte. Ich habe Ihnen zu Ihrer größeren
Erleichterung die Wahl der Unternehmungen anheim gegeben, indem ich Sie im Voraus von jeder Verantwortlichkeit für den Ausgang
befreite." Alles dies ist richtig, noch bis in die letzte Zeit; aber
für das große Unternehmen, welches eben damals in Frage
stand, hatte der Wiener Hof es in der That seit einem Monate

an bestimmten Befehlen mangeln lassen. Auch in diesem Briefe vom 18. Juli liest man später (S. 170), es handle sich für den Augenblick nicht um eine Operation von weitem Umfange (de longue haleine); Clerfayt möge nur fortfahren, an einem centralen Punct Geschütze und Vorräthe für ein Unternehmen zu sammeln, dessen Gegenstand der Kaiser bald noch näher bezeichnen werde.

Gerade um diese Zeit hatte man in Wien eine Entscheidung getroffen. Die Leitung des Zuges in den Elsaß sollte Wurmser anvertraut, und die kleinere Hälfte der östreichischen Truppen, etwa 75,000 Mann, unter seinen Befehl gestellt werden. Am 30. Juli ergeht an Clerfayt die vorläufige Anzeige. Mißmuthig fordert er abermals seine Entlassung; bei längerer Weigerung zwinge ihn seine Gesundheit, sich zu entfernen und dem General Wartensleben den Oberbefehl zu übertragen. Aber sein Gesuch wird mit ungnädigen Worten abgelehnt. „Ihre Forderung", schreibt der Kaiser am 20. August, „scheint mir wenig übereinstimmend mit den Gefühlen der Dankbarkeit, die ich nach so vielen Zeichen meines Wohlwollens, nach Ihrer jüngst erfolgten Beförderung zum Marschall zu erwarten mich berechtigt glaubte. Sie haben im Voraus fühlen müssen, es sei unmöglich, den General Wurmser oder den Grafen Wartensleben an Ihre Stelle zu setzen, weil weder der eine noch der andere Reichs-General ist, also auch die Reichsarmee nicht befehligen kann."

Am 22. August langte Wurmser in Freiburg an und entwickelte sogleich für den Rheinübergang die regste Thätigkeit. Nach günstigen Stellen wurde geforscht, Brücken in Bereitschaft gesetzt; Wurmser selbst schickte sich an, die Ufer zu besichtigen. In Wien dachte man nicht anders. „Ist einige Wahrscheinlichkeit", heißt es in einer Depesche vom 7. September, „daß wir auf dem linken Rheinufer Vortheile erlangen, darf man, wenn das Glück nur mäßig uns begünstigt, auf die Einnahme von Hüningen und den dauernden Besitz dieses Platzes hoffen, oder wenigstens vernünftiger Weise sich versichern, man werde im Falle des Nichtgelingens die Armee ohne beträchtlichen Verlust auf das rechte Rheinufer zurückführen können, — unter all diesen drei Voraussetzungen ist mein Wille, daß Sie so bald als möglich Hand an's Werk legen." Weiter wird dann ausgeführt, wie es mit dem Prinzen Condé, seinen Emigrirten, mit der Verwaltung des Landes, das man erobere, zu halten sei, und eine Reihe von geeigneten Proclamationen beigelegt.

Aber zu früh, oder vielmehr zu spät. Unmittelbar vor Ausfertigung dieses Schreibens, in der Nacht vom 5. auf den 6. September war ein Theil der französischen Maas-Sambre-Armee bei Neuß, Uerdingen und Eichelkamp über den Rhein gegangen, am letzten Orte, ohne die preußische Demarcationslinie zu beachten. Düsseldorf, befestigt, mit großen Vorräthen versehen, wurde von den kurpfälzischen Behörden schmachvoll dem Feinde ausgeliefert. Am 15. September erfolgte auch bei Neuwied ein Uebergang. Clerfayt zog sich langsam bis an die Lahn, bald noch weiter zurück. Selbst Wurmser mußte unter so veränderten Umständen den Zug in den Elsaß für unrathsam halten.[1]) Er dachte Clerfayt zu Hülfe zu eilen, mit 35,000 Mann den linken Flügel der Franzosen zu umgehen, und bot dafür Alles auf, was am Oberrhein sich irgendwie an Truppen entbehren ließ.

In Wien hörte man die übeln Zeitungen mit großem Mißfallen. „Dies unglückliche Ereigniß", schreibt der Kaiser bei der ersten Nachricht am 16., „gebe einen neuen und traurigen Beweis von den Nachtheilen des Defensivsystems. Am Dringendsten sei jetzt, der Gefahr die Spitze zu bieten; dann werde hoffentlich die Kühnheit des Feindes noch zu seinem Verderben ausschlagen. „Mein bestimmtester Befehl", heißt es weiter, „geht deshalb dahin, daß Sie alle Ihre Sorge darauf richten, sich zu concentriren, den Feind so bald als möglich anzugreifen und ein entscheidendes Treffen herbeizuführen, dabei auch Mainz und Mannheim wohl im Auge behalten. Sie fühlen, daß ich Ihnen von hier aus nur allgemeine Regeln vorschreiben kann, aber ich erwarte mit Zuversicht, daß Sie sich unveränderlich an dem halten, was ich als meinen Willen Ihnen zu erkennen gab: daß

---

[1]) Vgl. die Briefe vom 13. und 16. September a. a. O. 211, 212.

Sie zum Angriff übergehen und den Feind sein Unternehmen
bereuen lassen."

Die Unzufriedenheit steigerte sich, als man statt dessen nur
von dem Rückzuge Clerfayt's vernahm. „Der Ton der Besorgniß und Entmuthigung", antwortet der Kaiser am 23., „welcher
in Ihrem Bericht vom 12. zu herrschen scheint, hat meinen
Kummer nur vermehren können. Meine Depesche vom 16. hat
Sie von meinen Entschließungen in Kenntniß gesetzt; sie sind unwiderruflich. Ich trage Ihnen in der allerbestimmtesten Weise und
bei Strafe des Ungehorsams auf, unter keinem Vorwande, was
es auch immer sein möge, die Lahn zu verlassen. Ich empfehle
Ihnen die Erhaltung von Ehrenbreitstein unter der strengsten
Verantwortung; ich will, daß Sie endlich einmal auf das un-
heilvolle System der rein defensiven Pläne verzichten, daß Sie
von jetzt an dem Angriffe des Feindes zuvorkommen und ihn
selbst bei allen Gelegenheiten zuerst angreifen, endlich, daß Sie
kein irgend mögliches Mittel vernachlässigen, ein entscheidendes
Treffen herbeizuführen" (S. 232). Zwei Tage später wird dieser Befehl „unter Strafe der gänzlichen und unvermeidlichen
Ungnade" wiederholt. „Der wahrhaft rühmliche Eifer", setzt
der Kaiser hinzu, „mit welchem Wurmser Ihnen Beistand leistet,
läßt Ihnen nicht einen Schatten von Entschuldigung." Diesem
General waren die Befehle mitgetheilt, damit er sie seinerseits
unterstütze. „Nur keine Unentschlossenheit und unzeitige Aengstlichkeit!" schreibt der Kaiser ihm am 17. „England verlangt
mit Recht, wir sollten den Feind am Rheine ernstlich genug beschäftigen, daß er nicht durch Entsendungen in's Innere größere
Kraft gewinne, sich den Unternehmungen zu widersetzen, die
man gegen die Küsten der Bretagne und Poitou's versuchen
wird. Ich will, daß diese Verpflichtung gewissenhaft erfüllt
werde, und würde untröstlich sein, wenn meine Verbündeten sich
berechtigt glauben könnten, uns eines Mangels an Ehrlichkeit
bei Ausführung meines Versprechens zu beschuldigen."

Besonders wird dann auf die Gefahr für Mannheim hingewiesen. Es bleibe zu erwägen, ob man nicht durch einen Hand-
streich eines so unschätzbar wichtigen Platzes sich versichern könne;

denn weder den Behörden noch der Besatzung sei zu trauen. [1]
Und diese Besorgniß war nur zu begründet. Schmachvoller Verrath wirkte hier wie kurz vorher in Düsseldorf. Die kurpfäl-
zische Regierung hatte die östreichischen Bataillone, welche zum
Schutze heranzogen, vor den Thoren zurückgewiesen und sich be-
eilt, die stark befestigte Stadt auf die bloße Drohung, sie solle
beschossen werden, am 20. September dem General Pichegru zu
übergeben. Die Verbindung zwischen den beiden kaiserlichen
Heeren war bedroht, die unschätzbaren Vorräthe in Heidelberg,
von Clerfayt seit sechs Monaten angehäuft, in höchster Gefahr.
Hülfe kam von Wurmser. Der von ihm abgesandte General
Quosdanovich schlug am 24. September die Uebermacht der
Franzosen bei Handschuhheim in einem glücklichen Treffen zurück.
Wurmser ließ die pfälzische Garnison, beinahe 10,000 Mann,
beim Auszuge aus Mannheim entwaffnen und setzte wenigstens
dem Vordringen der Franzosen ein Ziel.

Mehr konnte er zunächst nicht leisten. „Wurmser", schreibt
Dietrichstein am 21. September, „ist seit vier Jahren der einzige General, den ich im Unglück den Kopf behalten sehe. Er
seufzt, daß der Marschall den Feind, ohne ihn anzugreifen, hat
an die Lahn kommen lassen, und ist sicher, man würde den Franzosen übel mitspielen, wenn Clerfayt den Kopf wiederfände, und
Gomez — der Generalquartiermeister — jemals einen besessen
hätte." Es scheint in der That dem Marschall an Muth und
Festigkeit gefehlt zu haben. Noch ehe die letzterwähnten Befehle
in Wien zur Ausfertigung kamen, hatte er das, was ihm auf's
strengste darin verboten wurde, schon gethan; er hatte die Lahn
verlassen, um sich am 22. bis hinter den Main zurückzuziehen.
Dort blieb er unthätig. Der General Lauer, von Wurmser,
zur Berathung gemeinsamer Maßregeln an ihn abgeschickt, kehrte
ohne bestimmte Antwort nach Offenburg zurück. Clerfayt verlangte abermals Verstärkung, 15,000 Mann, die Wurmser nicht
mehr entbehren konnte. [2] Am 2. October kamen die beiden Feld-

---

[1] Vgl. den Brief vom 25. September, S. 236.
[2] Vgl. Wurmser's Briefe an Thugut vom 28. September und 4. October.

herrn in Heidelberg zusammen; es wurde zwar beschlossen, dem
Feinde eine Schlacht zu liefern, aber wieder erhob Clerfayt
Bedenklichkeiten, besonders als eben an jenem 2. October das
sächsische Contingent, 15,000 Mann der besten Reichstruppen,
unter dem Vorwande, die eigene Heimath vertheidigen zu müssen, zur Nachtzeit das östreichische Lager in Bodenheim verließ.
Endlich um die Mitte Octobers glaubte Clerfayt sich stark genug.
Durch geschickte Bewegungen wurde der linke Flügel der Franzosen an der Nidda umgangen, Jourdan zum Rückzug genöthigt,
der sich bald in eilige Flucht verwandelte und den größeren
Theil seines Heeres bei Neuwied über den Rhein, den andern
hinter die Sieg zurückwarf. Zum ersten Male konnte Clerfayt
eine günstige Nachricht nach Wien senden. In seinem Hauptquartier und noch mehr in der Umgebung Wurmsers urtheilte
man übrigens auch damals, er habe längst nicht genug
gethan. „Die große Wahrheit“, meint Dietrichstein, „ist,
daß er niemals hätte fliehen sollen vor einem Feinde, der vor
ihm geflohen ist, ohne ihn nur gesehen zu haben. Den Entschluß, die Befehle Sr. Majestät endlich zu befolgen, verdanken
wir dem Grafen Merveldt, welcher sich glücklicherweise dort befand und sich Gehör zu verschaffen wußte, trotz aller Erwägungen und trotz des Mißvergnügens, das der Marschall ihm bezeigte. Denn er fragte ihn einmal: Sind Sie gekommen, den
Lehrmeister zu spielen? Und ein anderes Mal, als Merveldt
ihm heftig zusetzte, sagte er: Sie müssen wohl Ihre Instructionen haben; will man mir den Prozeß machen, oder mir
den Kopf abschlagen? Merveldt, ohne die Fassung zu verlieren,
antwortete halb im Ernst, halb im Scherz: O ja, das kann
wohl geschehen, wenn Ew. Excellenz keine Schlacht liefern.“ Auch
bei der Verfolgung soll der Marschall zu langsam gewesen sein.
„Es ist gewiß“, schreibt Dietrichstein, „daß der Feind am 12. in
vollem Rückzuge und der Auflösung nahe war, ohne beunruhigt
zu werden. Hätte man ihm nachgesetzt, man hätte unfehlbar den
größten Theil seiner Armee vernichtet, und die glücklichen Folgen wären unberechenbar gewesen. Statt dessen und statt sich
auf seine Augen und die Berichte, die von allen Seiten einlie-

fen, zu verlaſſen, hielt man Kriegsrath. Die verſtändigen Leute
verlangten, daß der Feind verfolgt werde. Da ſich nichts Ge=
gründetes dagegen einwenden ließ, ſo hoffte man, in den Lebens=
mitteln eine Entſchuldigung zu finden. Man ſagte, ſie ſeien
ganz gewiß nicht vorhanden. Wimmer — der Commiſſar, dem
die Verpflegung oblag — war auf der Straße; es war ſpät,
man ließ ihn heraufkommen, und er verbürgte ſich mit ſeinem
Kopfe, daß er überallhin liefern würde, wenn es auch im Ga=
lopp ginge. Er hat mir geſtanden, es habe Leute gegeben,
ſchlecht genug, ihm, ehe er heraufſtieg, zuzureden, er ſolle
ſagen, daß keine Lebensmittel für die Operation vorhanden wä=
ren. Seitdem, ſtatt dem Feinde auf dem Fuße zu folgen, bleibt
Clerfayt in Weilmünſter, läßt nur eine ſchwache Vorhut auf
beiden Seiten der Lahn, die den Feind nicht verfolgen kann und
nicht einmal die nöthige Unterſtützung erhält. So gibt er dem
Feinde Zeit, den Rhein bei Neuwied ruhig auf ſeinen drei
Brücken zu überſchreiten, oder eine gute Stellung zu nehmen,
wo Clerfayt vielleicht nicht wagen würde, ihn anzugreifen.“
Dietrichſtein meint, man könne ſich nicht genug beeilen, den
Rückfällen des Herrn v. Clerfayt vorzubeugen und ihn auf ſei=
nen Lorbeern ruhen zu laſſen. Man müſſe unter einem einzi=
gen Haupt mehr Einheit in den Befehl bringen; am Beſten
ſtelle man Wurmſer als Marſchall an die Spitze des Heeres. [1]
Dieſer General ſtand unterdeſſen, auf geringe Kräfte beſchränkt,
beobachtend vor Mannheim. Noch vor Mitte Octobers entwarf
er den Plan, durch einen kühnen Handſtreich wieder in Beſitz
der wichtigen Feſtung zu gelangen. Man hoffte, das Lager der
Feinde bei Blotzenheim, eine Stunde vor der Stadt, abzuſchneiden,
vielleicht mit den Flüchtigen in die Thore einzudringen, während
drei Colonnen mit Sturmleitern, wo die Möglichkeit ſich darbot,
die Werke überſteigen ſollten. Alles ließ ſich günſtig an; ſchon war
es gelungen, in der Nacht vom 18. auf den 19. das Hauptlager des
Feindes zu umgehen, und man glaubte ſich des Sieges gewiß, als,

---

[1] Alles nach den ausführlichen Berichten Dietrichſteins an Thugut vom
15. und 18. October, S. 287, 289, 304, 305.

wie Bellegarde später an Thugut berichtet, der dichteste Nebel, der ihm jemals vor Augen gekommen, weitere Bewegungen unmöglich machte. Die Franzosen, gewarnt, konnten ihre Vorkehrungen treffen; doch war so viel erreicht, daß sie die Außenstellung aufgeben und sich in die Festung einschließen mußten. [1]) Eine förmliche Belagerung wurde nöthig; man rechnete vor Allem auf die Unterstützung Clerfayt's, der nach Jourdan's Rückzuge über den Rhein das französische Lager vor Mainz angreifen, den Feind vertreiben und dann Mannheim auch von der linken Rheinseite her bedrohen sollte. [2]) Bereits am 16. October erwähnt Clerfayt in einem Briefe an den Kaiser den Plan auf Mainz; indeß der Monat ging zu Ende, bis er zur Ausführung kam. Um so glänzender war dann freilich der Erfolg. Am 29. October wurden die Franzosen in ihren Verschanzungen überrascht, in wenig Stunden völlig geschlagen; mit einem großen Verlust an Todten und Gefangenen zog Pichegru sich eiligst hinter die Pfriem zurück. Nach zwei Jahren zum ersten Male war einem kaiserlichen Feldherrn wieder ein großer Schlag gelungen. Aber vergeblich wartete man in dem Lager vor Mannheim, daß er ihn rasch und völlig ausnutzen werde. Wurmser, Bellegarde und andere Offiziere dringen unaufhörlich, der Marschall möge sich nicht durch unnöthige Besorgniß vor Jourdan und durch andere Bedenklichkeiten aufhalten lassen, sondern rasch über Worms und Speier gegen Mannheim vorgehen. „Wenn er ausrückte", schreibt Dietrichstein, „wir hätten Mannheim morgen am Tage". Allein Clerfayt kam vorerst nicht weit über Worms hinauf; um so eifriger wurde die Belagerung Mannheims von Wurmser betrieben. Ende Octobers verlor der Feind die letzten wichtigen Stellungen außerhalb der Mauern; am 15. November hatte man die Einschließung vollendet, auch auf der linken Seite des Rheins, da der General Latour, zu Clerfayts Unterstützung abgeschickt, am 12. ein siegreiches Gefecht bei Frankenthal bestand

---

[1]) Bellegarde an Alvinzi am 16. October und an Thugut am 22. October, S. 294, 340.

[2]) Dietrichstein am 18. October, S. 327.

und bis gegenüber Mannheim vordringen konnte. So war den
Franzosen der Rückzug abgeschnitten, am 22. November mußte
die Festung mit einer Besatzung von 10,000 Mann und uner=
meßlichen Kriegsvorräthen sich ergeben. [1] Wurmser dachte noch
an fernere Unternehmungen, an die Eroberung von Landau und
einen Einfall in den Elsaß, allein Clerfayt wünschte, daß der
Feldzug ein Ende nähme. Ein Kriegsrath vom 25. November
erklärte die Belagerung von Landau für unthunlich, der Kaiser
bewilligte am 19. December, daß man die Quartiere für den
Winter beziehe, und ertheilte Wurmser den wohlverdienten
Marschallsstab. [2] Doch erfolgten noch einige kleinere Gefechte;
die Franzosen waren über die Nahe und bis an die Gränzen
des Elsaß zurückgetrieben, als zu Ende des Jahres ein Waffen=
stillstand zum Abschluß kam.

III.

Ich habe mir nicht versagen können, den Verlauf dieses Feld=
zuges ausführlicher darzulegen, und ich hoffe, meine Leser wer=
den nicht unzufrieden sein. Denn immer gewährt es eigenthüm=
lichen Reiz, von neu erschlossenen Quellen geleitet, ein noch
wenig bekanntes Gebiet zu durchmessen; auch mag es schon
als Vortheil gelten, daß ich einige Zeit mit einem Gegner zu
rechten mich enthalten durfte. Freilich, wenn es wahr ist,
daß Gegensätze die Erinnerung wecken, so wird man ihn nicht
lange vergessen haben; denn wie könnte' etwas entschiedener
widerlegt werden, als die Gesammtanschauung des Herrn v.
Sybel durch diesen Briefwechsel. Seine Hauptsätze verwandeln
sich beinahe ohne Ausnahme in das Gegentheil. Nach Herrn
v. Sybels Ansicht hat der Kaiser Holland lieber in franzö=
sische Hände fallen lassen, als daß er irgend eine kräftige Be=

---

[1] Vivenot: Thugut, Clerfayt und Wurmser, S. 359, 377, 387.

[2] Vgl. die Briefe Wurmser's an Clerfayt vom 18. November, Clerfayt's
an den Kaiser vom 27. November, und des Kaisers an Wurmser vom
19. December 1795.

wegung seiner Truppen gestattet hätte. Wir sehen, daß man in Wien nichts Besseres wünschte, als die Franzosen hinauszuschlagen. Nach Herrn v. Sybels Ansicht hatte Thugut kein Interesse für Luxemburg, ließ es gleichgültig in die Hände des Feindes fallen und verhinderte, daß Clerfayt zum Entsatze Etwas unternahm. Die Briefe beweisen, daß schon seit December des Jahres 1794 die beständigen Pläne des Wiener Hofes auf den Entsatz der Festung gerichtet sind, daß Thugut eben darin die nächste und eine Haupt-Aufgabe des gewaltigen am Rheine versammelten Heeres erkannte; und das zu einer Zeit, als der Anleihe-Vertrag mit England noch gar nicht abgeschlossen und beinahe unerschwingliche Geldopfer nöthig waren. Nach Herrn v. Sybels Ansicht schob Thugut im Mai das Unternehmen in den Elsaß vor, um die Bewegung auf Luxemburg, überhaupt jede Thätigkeit des Heeres zu hintertreiben. Wir erfahren jetzt: es war Clerfayt, der, hauptsächlich in Folge des Basler Friedens, den Entsatz von Luxemburg für unmöglich erklärte und statt dessen den Ober-Elsaß als Angriffspunct in Vorschlag brachte. Nach Herrn v. Sybels Ansicht weicht Clerfayt, weicht selbst Wurmser in Folge geheimen Auftrags vor den Franzosen zurück. Sogar die Verwüstung des rechten Rheinufers, die Gefahr, Ehrenbreitstein und Mainz zu verlieren, kann Thuguts Interesse keinen Augenblick von den polnischen Angelegenheiten abziehen. Es zeigt sich jetzt, wer den Marschall zum Stehen zwang, wer ihn zum Angriff drängte und immer auf's Neue die Befreiung von Mainz, die Zerstörung des französischen Lagers gefordert hat. Was würden Thugut, Wurmser und die Anderen, welche damals die Kraft ihres Geistes und ihres Armes an die Vertheidigung dieses rheinischen Bodens setzten, was würden sie sagen, wenn sie sähen, wie ein Bewohner dieses selbigen Bodens ihnen dafür den Dank bezeigte? Ich glaube, Wurmser würde über die Dreistigkeit sich erzürnen, und Thugut die Kurzsichtigkeit belächeln.

In der That, nicht leicht wird man wieder einer so vernehmlichen Warnung begegnen, auf Grund vorgefaßter Meinungen ohne thatsächlichen Anhalt Personen und Ereignisse zu be-

urtheilen. Nicht daß ich jeglichen Einfluß der polnischen Verwicklung auf den Krieg am Rheine läugnen, oder gar behaupten
wollte, sie habe Thugut nicht nahe am Herzen gelegen. Unzweifelhaft hat sie einige Kräfte der östreichischen Monarchie an den
östlichen Gränzen festgehalten, und daß Thugut ihr ein lebhaftes
Interesse zuwandte, dürfte man auch ohne Zeugniß aus der Natur der Verhältnisse schließen.[1] Aber daß die polnischen Angelegenheiten den östreichischen Minister so gut als einzig beschäftigt, daß er ihretwillen auf den Krieg am Rheine kaum noch
einen Werth gelegt, jede thatkräftige Bewegung der Armee verhindert habe, diese Ansicht des Herrn v. Sybel ist wieder ein
charakteristisches Beispiel seiner Lieblingsneigung, einen an sich
richtigen Gedanken zur Carricatur zu entstellen. Einzig für die
Mitte Juni bis Ende Juli könnte man am Wiener Hofe und
bei Thugut einen Mangel an Eifer finden und dafür die östlichen Angelegenheiten verantwortlich machen. Man könnte einige von Herrn v. Sybel mitgetheilte Aeußerungen Thuguts
und den Umstand anführen, daß in diesen Wochen der polnische
Streit einen Höhepunct erreichte und die beiden Kaiserhöfe Anfang August ihre Forderungen in Berlin vorlegten. Es steht
aber entgegen, daß schon vor Ablauf des Juli die Ernennung
Wurmsers, also der bestimmte Entschluß zu kräftigem Handeln
erfolgt; auch konnten die Befehle an Clerfayt eben so wohl wie
durch die Verwicklung im Osten sich dadurch verzögern, daß
man die Ausführung nicht mehr dem Marschall, sondern dem
thätigeren Wurmser anvertrauen wollte. Vielleicht mag auch
Beides zu derselben Wirkung sich vereinigt haben.

---

[1] Einige dahin gehende Aeußerungen Thuguts führt Herr v. Sybel im
Ergänzungsheft S. 121, 128, 132 an. Auch in der Depesche nach Petersburg vom 4. Februar 1795 droht Thugut: wenn Rußland nicht treu
an dem Vertrage vom 3. Januar festhalte, den Besitz von Krakau und
Sendomir sowie Sicherung gegen Preußen nicht gewähre, so könne der
Kaiser sich gezwungen sehen, den Frieden mit Frankreich zu beschleunigen, oder auch, wenn er von Rußland und England nicht ausreichend
unterstützt würde, seine Truppen wenigstens zeitweise in die Erblande
zurückzuziehen, um ihnen durch Ruhe frische Kraft zu geben.

Wie mit der Gesammtauffassung, nicht anders verhält es sich mit den einzelnen Behauptungen jenes sonderbaren Kapitels. Sie haben Stützpunct und festen Boden völlig verloren. Doch es liegt nicht in meiner Absicht auf Alles besonders einzugehen. Freilich, wer kann wissen, ob nicht Herr v. Sybel nach wie vor behauptet, die Briefe des Kaisers, und nicht nur diese, sondern auch die Briefe Clerfayts, Wurmsers, Dietrichsteins, der Generale und so vieler Offiziere und anderer Personen, die ganze Correspondenz sei blos „zum Vorzeigen", „zur Erbauung des Engländers" angefertigt? Da jedoch diese Ansicht schwerlich zur Erbauung meiner Leser gereichen dürfte, so könnte sie mit anderen im Alleinbesitz ihres Urhebers beruhen bleiben.

Nur Eins ist zu erwähnen. Wir haben gesehen, wie wesentlich Clerfayt seine Entschlüsse durch den Basler Frieden, durch die Demarcationslinie und die Furcht vor feindseligen Schritten Preußens bestimmen ließ, wie man dann von Wien aus ihn zu beruhigen und seine Besorgnisse zu zerstreuen sucht, ihn von jeder Verantwortlichkeit entbindet und ermahnt, die Kräfte seiner herrlichen Armee nicht, statt gegen den Feind, in einem eingebildeten Kriege mit Preußen zu vergeuden. Ich muß fürchten, beinahe zu viele solcher Stellen angeführt zu haben und hätte noch weit mehrere anführen können. Nach diesem lese man (S. 123) folgende Ausführung des Herrn v. Sybel. Er erwähnt, und zwar vollkommen richtig, nach Edens Depeschen die Befürchtungen, welche der Marschall zu verschiedenen Zeiten wegen Preußen äußerte; weiter, und zwar genau in der Form, wie ich eben mittheilte, die Antwortschreiben des Kaisers, welche Thugut dem englischen Gesandten vorgewiesen habe. Dann fährt Herr v. Sybel fort. „Trotz dieser Befehle geschah, wie wir wissen, dennoch nichts; vielmehr erscheint auch den Juni hindurch in Clerfayts Berichten fort und fort die Sorge über das preußische Corps als stetes Motiv für seine Unthätigkeit. Nun ist doch nichts deutlicher, als daß Clerfayt über die Leistungsfähigkeit seiner Truppen immerhin sicherer als eine Wiener Behörde, daß aber über das Verhältniß zu Preußen er

schlechterdings gar nicht, sondern allein das Wiener Ministerium urtheilen konnte. Man würde verstehen, daß er vielleicht einmal durch den Hinblick auf das preußische Corps bestimmt werden konnte, wenn er dann aber bei diesem Anlasse
von Wien darüber so kategorisch belehrt und instruirt war, wie
es Thugut gegen Sir Morton Eden behauptete, so ist es doch
einfach undenkbar, daß er immer und immer wieder diesen
ihm absolut unerkennbaren Punct hervorgekehrt, daß er im
Falle persönlicher Unlust keinen besseren Vorwand zu finden gewußt,
daß seine Regierung ein so widersinniges Benehmen unge-
ahndet gelassen hätte. Mit einem Worte, wenn Thugut keine
Sorge wegen Preußen hatte, so war eine solche Befürchtung bei
Clerfayt unmöglich; wenn sie bei diesem unaufhörlich hervor-
trat, so ist schon dadurch erwiesen, daß sie für Thuguts Feld-
zugspläne entscheidend war. Allerdings wird dann hieraus folgern, daß alle jene energischen Kaiserbriefe, hier wie 1794, nicht
zur Befolgung, sondern zum geeigneten Vorzeigen geschrieben
waren, und allerdings verträgt sich dies übel mit Hüffer's Vorstellung von Thuguts habitueller Wahrheitsliebe."

Wollte übermüthige Sophistik, zur Selbstkenntniß gelangt,
eine Satire zu eigener Büßung gegen sich selber schreiben, tref-
fendere Worte hätte sie, däucht mich, nicht leicht finden können.
Die ganz eigenthümliche Wirkung liegt darin, daß hier das durchaus
Richtige mit dem Anspruch der völligen Sicherheit, der unumstößlichen Gewißheit auftritt, daß zudem die Quellen einer richtigen Auffassung nicht allein nicht mangelten, sondern sogar benutzt worden sind, nur daß man, statt die nothwendige und natürliche Folgerung zu ziehen, lieber das Aechte und Wirkliche
als Lug und Unwahrheit verwirft, um mit Scheingründen einem
leeren aber um so hartnäckiger festgehaltenen Trugbild nachzu-
jagen. Ich sage: mit Scheingründen. Denn warum sollte nicht
ein Feldherr zwischen dem Feinde und einer nicht unbeträcht-
lichen Heeresmacht, die er eben so sehr als eine feindliche fürch-
tete, ohne genaue Kenntniß der politischen Lage, aber um-
drängt von Zwischenträgern und Halbwissern, warum sollte
er nicht den Basler Frieden für bedrohlicher, die Verbindung

Preußens mit Frankreich für enger gehalten haben, als ein
Minister, der, entfernt von der unmittelbaren Gefahr, im Besitz
aller nöthigen Verbindungen die Verhältnisse klar und sicher
überschauen konnte? Warum sollte er nicht wiederholt dadurch
beunruhigt und von kräftiger Thätigkeit abgehalten worden sein
und diesen Grund dann auch zu seiner Entschuldigung angeführt
haben? Indessen nicht blos für die einzelne Frage, nicht blos
für die Auffassung des Krieges von 1795, sondern für die ganze
Darstellung des Herrn v. Sybel, für die Gesammtanschauung
der Ereignisse ist jene ausgehobene Stelle und das Kapitel, in
dem sie vorkommt, bedeutend. Man kann daraus lernen, was
von jenen festen und unumstößlichen Versicherungen überhaupt zu halten sei und ganz besonders in dem Falle, an
welchen Herr v. Sybel selbst in diesem Abschnitt mehr als ein
Mal erinnert. „Thugut", sagt er (S. 114), „hat 1795 für
den Rhein nicht anders gehandelt, als das Jahr zuvor für
Belgien". „Wie 1794 Belgien, so hat er 1795 das linke Rheinufer den französischen Armeen nach politischer Erwägung, weil
er nicht dafür kämpfen wollte, überlassen" (S. 127). Herr v.
Sybel selbst hat das Urtheil gesprochen: Belgien ist freiwillig
aufgegeben wie der Rhein; eins so wenig wie das andere.
Und in der That, eben diese Correspondenz über den Feldzug
von 1795 beseitigt die letzten Zweifel, welche der richtigen Auffassung der belgischen Angelegenheiten noch entgegenstehen könnten. Wenn ein Feldherr wie Clerfayt an der Spitze eines gewaltigen Heeres einem schwächeren Feinde gegenüber trotz der
dringenden Mahnrufe seiner Regierung zum Handeln sich nicht
bewegen, durch die Androhung kaiserlicher Ungnade von einem
nach Ansicht nahestehender Generale unnöthigen Rückzuge nicht
abhalten ließ, kann es noch befremden, wenn dieser selbe Mann
oder wenn Coburg unter höchst ungünstigen Verhältnissen, von
Krankheit und Kummer gebeugt, gegen feindliche Uebermacht nichts Thatkräftiges unternehmen, wenn sie nach dem
Rath ihrer Generale endlich zum Rückzuge sich entschließen?
Ich, der ich in dieser Sache am längsten zu zweifeln verpflichtet
bin, will auch jetzt die letzte Entscheidung bis zur völligen Er-

öffnung der Wiener Archive vertagen, aber ich weiß nicht, ob Einer meiner Leser es weiter für nöthig hält.

Man könnte einwenden: warum wurde Clerfayt so lange an einer so wichtigen Stelle gelassen? warum hat Thugut ihn nicht entfernt? Bestimmt darauf zu antworten wird nicht leicht; es ist möglich, daß die östreichische Regierung, daß Thugut insbesondere einen Tadel verdienen. Und hier will ich überhaupt einschalten: gewiß ist der Schluß des Feldzuges glänzend, gewiß bleibt es für Oestreich ehrenvoll, in Zeiten allgemeiner Entmuthigung beinahe allein zum Schutze unseres vaterländischen Bodens Kräfte aufgewandt und Opfer gebracht zu haben, die aller Voraussicht nach zu einem günstigen Erfolge hätten führen müssen, wäre nicht in den nächsten Jahren vor Napoleon Bonaparte jede menschliche Berechnung und Anstrengung zu nichte geworden. Aber so wahr dies Alles ist, man muß doch wieder sich gestehen, daß auch in diesem Feldzuge, beschämend für Oestreich und Deutschland, mit großen Kräften das Mögliche nicht geleistet, und der letzte günstige Augenblick, einen schwächeren Feind zu schlagen, nicht benutzt worden sei. Jedoch, was eben die vorliegende Frage angeht, hatte Thugut, selbst wenn er wollte, die Macht, den Oberbefehl des Heeres zu verändern? und war es leicht, einen Besseren an Clerfayts Stelle zu setzen? Dietrichstein, der ihn nicht schont und seine langsame Aengstlichkeit unerträglich findet, meint doch, Alles in Allem genommen habe man keinen tüchtigeren General; er suche in jeder Weise den Soldaten zu helfen, am Tage einer Schlacht werde er, wie sich denn auch vor Mainz bewährt hat, vortrefflich sein. Freilich von der „jugendlichen Raschheit und Frische" Clerfayts kann man nicht mehr reden, seine unzeitige Bedenklichkeit nicht wohl bestreiten. Er klagte dagegen über Mangel an Geld, Bekleidung und Lebensmitteln, wie es scheint, nicht ohne Grund. Dietrichstein bestätigt, daß die Soldaten viel entbehren mußten; „Cäsar und Condé", schreibt er Ende Juli (S. 172), „würden ohne Geld nicht mehr thun können als Clerfayt." Man weiß, die Verpflegungsanstalten waren nie die glänzende Seite des östreichischen Kriegswesens; für den Feldzug von 1795 darf jedoch nicht außer Anschlag bleiben: zu-

nächst die übergroße Rücksicht, mit welcher in den Gebieten der
Reichsstände jede Belästigung vermieden wurde, sodann die au=
ßerordentliche Schwierigkeit, in damaliger Zeit so große Heeres=
massen von fernher zu unterhalten. Um das schwere Geschütz
zur Belagerung von Mannheim herbeizuschaffen, brauchte man
nicht weniger als 1500 vierspännige Wagen, außerdem in Schwa=
ben täglich 1300 für die Zufuhr von Lebensmitteln, an denen
gleichwohl Mangel war. ¹)

Alle diese Uebelstände bilden aber für Clerfayt keine triftige
Entschuldigung; oftmals scheinen seine Klagen auch übertrieben.
Dietrichstein bemerkt nach dem Rheinübergange der Franzosen:
für die Soldaten habe man niemals zu essen, wohin der Feind
aber komme, finde er überall wohlausgestattete Magazine, als
wären sie ganz besonders für ihn hergerichtet. ²) Man möchte wün=
schen, daß Herr v. Vivenot eine größere Zahl von Clerfayts Brie=
fen hätte abdrucken lassen, in denen vielleicht noch Zeugnisse zu sei=
ner Rechtfertigung sich finden könnten; indessen nach dem, was
vorliegt, ist es nicht wahrscheinlich. Aus Allem, was von ihm her=
rührt, spricht etwas unerfreulich Greisenhaftes. Ein Offizier des
Generalstabs ³) schreibt einmal zur Entschuldigung seiner Rückzüge,
er sei weniger grausam als vorsichtig (moins sanguinaire que
sage), ein Lob, das für eine schöne Frau doch schmeichelhafter
als für einen Soldaten klingt. Am meisten spricht gegen ihn,
daß der scharf und freimüthig urtheilende Dietrichstein — j'appelle
un chat un chat sagt er mit dem französischen Satiriker —
zuerst für ihn eingenommen, sich mehr und mehr von ihm ab=
wendet und zuletzt Nichts eifriger wünscht, als daß man ihn so
bald als möglich auf seinen Lorbeern ruhen lasse.

Weit günstiger erscheint Wurmser. Er und nicht weniger die
Offiziere seiner Umgebung verstehen es, ihre Verdienste in's Licht

---

¹) Vgl. den Brief Bellegarde's an Thugut vom 2?. October 1795, S. 344,
und Vivenot: Herzog Albrecht von Sachsen=Teschen I, 237; II, I, 195,
381.

²) Dietrichstein an Thugut am 21. September, S. 226.

³) Plunkett an Grünne Ende October S. 355.

zu stellen, doch läßt sich auch nicht verkennen, daß Unterneh=
mungsgeist und Thatkraft vorzüglich in seinem Hauptquartiere
ihren Sitz hatten, und wenn seine Briefe nach Wien einige Nei=
gung verrathen, dem Marschall Clerfayt die bedächtige Langsamkeit
seiner Bewegungen zum Vorwurf zu machen, so findet man ihn
dafür bei jeder Gelegenheit zu aufopfernder Hülfe und Unter=
stützung bereit. Uebrigens meinte Dietrichstein, als er ihn im
späteren Verlaufe des Feldzugs wiedersah, den Oberbefehl über
die gesammte Armee könne man auch ihm nicht übertragen; er
sei zu alt, höre nicht gut, eine schlaflose Nacht werfe ihn ganz
nieder; wenn Bellegarde nicht aushelfe, würde man nicht fertig
werden. [1]

Bei Weitem am Vortheilhaftesten sind auch diese Briefe für
Thugut. Vorerst ist wieder was er schreibt der Form nach vor=
trefflich, aber auch der Inhalt alles Lobes werth, durchaus klar
und verständig, voll Ruhe und Würde, selbst wenn er auf's
dringendste mahnen, antreiben und sogar den Unwillen des Kai=
sers aussprechen muß; dann wieder für den Marschall von einem
Wohlwollen, einer zarten und schonenden Rücksicht, die gerade
in dergleichen officiellen Schreiben einen überaus wohlthuenden
Eindruck macht. Wie bescheiden ist er, wenn er einmal seine
persönliche Meinung ausspricht! Man hat immer den Hofkriegs=
rath, dann Thugut angeklagt, sie hätten die freie Bewegung der
Generale verhindert. Ueber die späteren Feldzüge will ich nicht
urtheilen, für den von 1795 findet sich das Gegentheil. Die
französischen Feldherrn, selbst der General Bonaparte, wären
froh gewesen, wenn man ihnen so freie Hand gelassen hätte wie
Clerfayt. Wo aber Thugut über kriegerische Ereignisse eine An=
sicht äußert, trifft er beinahe immer das Richtige. Was schon
Lucchesini's Depeschen vermuthen ließen: daß die glücklichsten
Unternehmungen gerade aus Wien veranlaßt seien, findet sich
vollkommen bestätigt. Thugut ist es, der auf die Besetzung des
Hartenberges, dann immer von Neuem auf die Erstürmung des
französischen Lagers vor Mainz gedrungen hat; zuweilen sieht

---

[1] Dietrichstein an Thugut am 21. October 1795, S. 381.

er sogar schärfer als die Feldherrn inmitten des Kriegsgetüm-
mels; er zuerst ahnt auch am Oberrhein den Einfall der Franzosen und legt Wurmser sogleich die Sicherung Mannheims an's
Herz. Auch scheinen Bellegarde und die geistvolleren Generale,
überhaupt wer wie Dietrichstein die Mängel des östreichischen
Militärwesens klar durchschaute, Hoffnung und Vertrauen vor
Allem dem Minister zuzuwenden.

Eins ist besonders merkwürdig.

Herr v. Sybel hat gerade in dem Feldzug von 1795 die
härteste Anklage gegen Thugut gefunden. Nicht nur ein fortge-
setztes System der Lüge und Treulosigkeit, sondern ganz gemeine
Verbrechen des Betrugs, des Schwindels hat er ihm Schuld
gegeben.

Nun findet sich, daß er selbst den Beweis für Thuguts
Treue und Ehrlichkeit geliefert hat. Denn Alles, was er nach
den englischen Depeschen, immer mit der Auffassung, es sei
Täuschung, Thugut den Engländern erzählen läßt, Alles wird
bis auf das letzte Wort durch die jetzt vorliegende Correspondenz bestätigt. Hätte Eden sie vollständig vor Augen gehabt, sie
würde das Urtheil über seinen Freund nur bekräftigt haben.
Ja, wenn wir früher hörten, daß Thugut ein zu großes Anerbieten von Seiten Englands zurückwies, weil er das dafür Ge-
forderte zu leisten nicht im Stande sei, so ergibt sich jetzt, daß
Oestreich zuweilen noch mehr, als wozu es verpflichtet war, an
Truppen geliefert hat. Und so muß man sagen, wenn der Feldzug gegen Thugut Herrn v. Sybel auf dem linken Rheinufer
früher mißlungen ist, so sind seine Versuche auf dem rechten in
eine völlige Niederlage, in den Triumph seines Feindes ausge-
schlagen. Mir kann es denn auch nicht anders als erwünscht
sein, daß wieder Alles, was ich nach unzureichenden Quellen
nur als Vermuthung ausgesprochen, ohne Ausnahme sich bestätigt findet, während die mit der vollen Sicherheit „aus den Acten
gegebene Klarstellung" des Herrn v. Sybel sich im Ganzen und
in den Einzelnheiten als Phantasie erweist.

Herr v. Sybel äußert einmal, mehr als ich könne kein Dichter für seinen Helden thun. Ich habe schon gestehen müssen,

daß die Voraussetzungen, auf welche dies Lob begründet wird, leider bei mir nicht zutreffen. Aber träfen sie zu, hätte ich ge= than, was Herr v. Sybel annimmt, er zeigt jetzt, daß es doch nicht als die höchste Leistung gelten könnte. Denn die feinste und wirksamste Schmeichelei ist die, welche aus der Hülle des Tadels zur Erscheinung kommt, und kein Beweis überzeugender als den der Gegner selbst herbeiführte. Diese Huldigung und diesen Dienst hat Herr v. Sybel dem östreichischen Minister dar= gebracht; das ganze Kapitel könnte darauf berechnet scheinen, Thuguts Vorzüge durch ungegründete Anklagen recht in das hellste Licht zu setzen. Mich däucht, eine solche Leistung darf man wohl die höchste ja unvergleichlich nennen; wenigstens wüßte ich dem Herrn v. Sybel aus allen Zeiten nicht mehr als Einen zu vergleichen: jenen alten Propheten, der den Kindern Israels fluchen wollte, und auf dessen Lippen die Verwünschungen in Segenssprüche sich verwandelten.

Siebentes Kapitel.

Die Unterhandlung des Ritters Carletti.

Von den kriegerischen Ereignissen müssen wir uns wieder zu den diplomatischen wenden, zu den Verhandlungen zwischen Oestreich und Frankreich, welchen auch Herr v. Sybel ein eigenes Kapitel gewidmet hat. Mit Vergnügen bemerke ich in seiner jetzigen Auffassung eine Wendung. Stellen wie: „Thugut habe sich gegen die preußische Unterstützung gesperrt, nicht blos um die Oestreicher aus Belgien hinaus, sondern um die Franzosen in das Land hineinzubringen", finden sich schon in dem Abschnitte über Belgien nicht mehr; von Döhnhoff wird sogar (S. 60) zugestanden, er habe den Gerüchten über geheime östreichische Beziehungen zum Wohlfahrtsausschuß vielleicht etwas zu viel Glauben geschenkt. Auch zur Rechtfertigung des Basler Frieden erscheint nicht mehr „als schlechthin überwiegendes Moment der vollkommen begründete Argwohn des Berliner Cabinets, daß, wenn Preußen mit Frankreich wegen der Rheingränze sich überworfen hätte, dann Oestreich keinen Augenblick anstehen würde, durch die Abtretung des linken Rheinufers sich die Freundschaft des Wohlfahrtsausschusses zu erkaufen." [1] In einem und vielleicht dem wichtigsten Punkte verharrt aber Herr v. Sybel bei seinen früheren Ansichten, und je weniger er meine Ausführungen zu widerlegen im Stande war, um so heftiger sind die Worte, die er dagegen gerichtet hat. Es handelt sich um die Wirksamkeit des Ritters Carletti. Bekanntlich war dieser Di-

---

[1] Geschichte der Revolutionszeit, III, 115, 356.

plomat schon im November 1794 von dem Herzog von Toscana
nach Paris geschickt und nach Abschluß des Friedens vom 9. Fe=
bruar 1795 in der französischen Hauptstadt geblieben. Hier,
heißt es, erwies er sich zugleich für Oestreich thätig, wirkte gegen
den Frieden mit Preußen und sprach endlich, um mit Herrn
v. Sybel (III, 404) zu reden, „das inhaltsschwere Wort aus,
daß Oestreich zu einem sofortigen Friedensschlusse mit der Re=
publik auf definitive Abtretung Belgiens und des linken Rhein=
ufers bereit sei, wenn Frankreich ihm dafür zu dem Besitze Baierns
verhelfe." Bei einem Gastmahl in Hüningen am 18. Mai machte
der französische Repräsentant Merlin von Thionville Hardenberg
von diesem Anerbieten Mittheilung, Hardenberg dem Herzog
von Zweibrücken, und so geschah es, daß der bairische Gesandte
in Wien am 30. Mai eine wenig ehrfurchtsvolle Anfrage oder
vielmehr Beschwerde über die beabsichtigte Vergewaltigung an
den Kaiser richtete. Thugut säumte nicht, in den nachdrücklich=
sten Worten eine solche Anschuldigung zurückzuweisen, auch das
preußische Ministerium ließ überall sein Bedauern über jene Er=
dichtungen aussprechen; gleichwohl erhielten sich Gerüchte dieser
Art, Herr v. Sybel hat sie in seinem Werke ausführlich wieder=
gegeben und ein umfassendes Gebäude politischer Combinationen
darauf gegründet.

Mir schien dagegen und ich hatte den Nachweis versucht, daß
sie mit den jetzt vorliegenden Zeugnissen sich nicht vereinigen
ließen. Sehen wir, was Herr v. Sybel darauf antwortet.

Er beginnt (S. 136—142) mit einer Auseinandersetzung, daß
die politische Lage seit dem Frühling 1794, insbesondere die
Besorgniß vor einem Kriege mit Preußen, den östreichischen Mi=
nister zur Einigung mit Frankreich und zur Abtretung des lin=
ken Rheinufers führen mußte. Meine Leser haben sich aus
dem Früheren bereits ein Urtheil über den Werth solcher De=
ductionen bilden können. Was jetzt zum Vorschein kommt, ist,
abgesehen von einzelnen richtigen Gedanken, die Niemand be=
stritten hat oder zu bestreiten Lust haben wird, eine Mischung
von willkürlichen Annahmen und Folgerungen, denen mit ganz
gleichem Recht völlig Verschiedenes sich entgegenstellen ließe.

Das Thatsächliche beschränkt sich auf zwei von Vivenot [1]) mit getheilte Aeußerungen Thuguts vom 25. Januar und 24. April 1795, welche Herr v. Sybel zuerst mißverstanden, dann in seiner Weise überschätzt hat. Ich gehe hier nicht näher darauf ein; sie sind nicht einmal hinreichend, Oestreichs oder auch nur Thuguts Stellung zum deutschen Reich genau zu veranschaulichen, mit Oestreichs Beziehungen zu Frankreich, insbesondere mit Carletti's Wirksamkeit, stehen sie kaum in Zusammenhang.

Nachdem Herr v. Sybel vorerst festgesetzt, wie Thugut sich werde zu benehmen haben, kommt er zu dem Beweise, daß der östreichische Minister diesen Vorschriften auch wirklich gefolgt sei.

Er charakterisirt zunächst seine Darstellung von Carletti's Thätigkeit und meine Einwendungen dagegen. Gerade hier sucht er nachzuweisen, daß ich seine „literarische Moralität" habe angreifen wollen. Nach dem, was über die letzte Schrift des Herrn v. Sybel gesagt werden mußte, liegt es, wie mir scheint, mehr in seinem als in meinem Interesse, Erörterungen über diesen Punct zu vermeiden. Ich will deshalb nur bemerken, daß der Vorwurf hier wie an allen übrigen Stellen aus der Luft gegriffen ist. Merkwürdiger ist die Behauptung (S. 144), ich habe „ganz und gar mit seinem Beweismaterial und mit keinem anderen operirt." Denn der Theil des Vivenot'schen Werkes, welcher die hierher bezüglichen interessanten Nachrichten enthält [2]), war, als die Geschichte der Revolutionszeit zum letztenmale aufgelegt wurde, noch gar nicht erschienen, und von der Correspondenz zwischen dem Wohlfahrtsausschuß und Barthelemy hatte Herr v. Sybel den Band, welchem ich sehr wichtige Beweismittel entnahm, damals noch gar nicht in Händen gehabt (oben S. 10). Lucchesini's Depeschen mag er im Allgemeinen durchgegangen sein, aber daß er die zuerst von mir angeführten entscheidenden Beweisstellen, zum Beispiel den Bericht vom 28. October 1795 gekannt hätte, wird er doch nicht behaupten wollen; sonst wäre es in der That doppelt verwunderlich, daß er schon meine

---

[1]) Herzog Albrecht von Sachsen-Teschen II, II, 26, 168.
[2]) Herzog Albrecht von Sachsen-Teschen, Bd. II, Abth. II, S. 296.

durchaus begründete Angabe, er habe die Correspondenz Merlins nicht hinreichend benutzt, als einen Angriff „gegen seine
literarische Moralität" betrachten konnte. [1]

Auf die Einzelnheiten meiner Darstellung näher einzugehen
scheint mir nicht erforderlich. Ich finde Nichts darin zu ändern.
Aus dem Briefwechsel Merlins und Barthelemy's mit dem Wohl-
fahrtsausschuß habe ich nachgewiesen, daß die Aeußerungen und
Meinungen der leitenden Volksrepräsentanten mit Herrn v. Sybels
Angaben über die Bedeutung und Wirksamkeit Carletti's in
Paris nicht vereinbar sind. Herr v. Sybel glaubt diesen Nach-
weis durch einen einzigen Kunstgriff zu beseitigen. Er sagt
(S. 148), ich verwechsle Carlettische Verhandlungen kraft eines
amtlichen Auftrags von Seiten Thuguts mit „bloßen privaten
Aufschlüssen, welche die Franzosen auf den richtigen Weg zur
Friedensverhandlung bringen sollten." Mit steigender Lebhaftigkeit verfolgt er diesen Gedanken. „Hüffer", schreibt er,
„redet fort und fort, in Ueberschrift und Text, von Carletti's
„„Unterhandlung"", und beweist dann freilich sonnenklar, daß
eine solche nicht existirt haben kann, da die Franzosen erst hin-
terher die Eröffnung „„einer Unterhandlung"" erwägen. Aber
diese „„Unterhandlung"", der er so bequem den Garaus macht,
ist nichts als seine eigene Erfindung." „Was Hüffer auf zehn
Seiten dagegen erörtert, trifft gar nicht jene Thatsache, sondern
lediglich sein Hirngespinnst einer „„östreichischen Unterhandlung""",
an dem ich ebenso unschuldig bin, wie an seinen Angaben über
Witzleben's Erläuterung der Schlacht von Tourcoing." An meinen Angaben über Witzleben's Erläuterung der Schlacht von
Tourcoing ist Herr v. Sybel gewiß unschuldig, schon deshalb,

---

[1] Mit demselben Rechte findet er in meiner Bemerkung: er scheine den
Mémoires d'un homme d'état ein oder anderen Zug zu entlehnen, den
Versuch, „seine Erzählung von vorne herein zu discreditiren". Dieser
liegt weit eher in seinem eigenen Geständniß, er habe „den betreffenden
Passus dieser werthlosen Compilation bis heute noch nicht einmal gelesen." Denn so viel Werthloses in jenem Werke auch compilirt ist, es
enthält doch einige nicht unwichtige Nachrichten und sollte von Keinem,
der die Geschichte jener Zeit behandeln will, ungelesen bleiben.

weil ich darüber in meinem Buche gar keine Angaben gemacht
habe und zu machen brauchte. Aber auch an all' den Sätzen,
in denen ich von einer Carlettischen oder östreichischen Unter=
handlung spreche? Der unschuldige Herr v. Sybel hat sie also
wohl nicht als eine Unterhandlung dargestellt, noch weniger von
einer Unterhandlung, dieser „Erfindung", diesem „Hirngespinnst"
gesprochen und am allerwenigsten von einer „östreichischen Un=
terhandlung." Ich bitte, in der dritten Ausgabe der Geschichte
der Revolutionszeit die 404. Seite aufzuschlagen. Hier gibt
Herr v. Sybel eine Schilderung von Carletti's Wirksamkeit in
Paris und beginnt dann eine Anmerkung mit folgenden Wor=
ten: „Es verdient Erwähnung, wie die Spuren dieser östrei=
chischen Unterhandlung gleichmäßig an verschiedenen Orten
verwischt sind."

„Wahrlich, so ist's, es ist wirklich so, so hat er's geschrieben!"
mag, wer es liest, sich zurufen, wenn es ihm schwer wird, sei=
nen Augen zu trauen.

Da Herr v. Sybel seine eigene Erzählung als „Erfindung
und Hirngespinnst" bezeichnet, so könnte ich, würde dies Buch
für ihn geschrieben, die Feder aus der Hand legen. Aber ich
fürchte, manche Leser möchten über die Zuverlässigkeit meines Geg=
ners sich eine Ansicht gebildet haben, daß sie von der Regel,
ein Geständniß bilde vollen Beweis, zu seinen Gunsten eine
Ausnahme machen. Auch ist jener mißlungene Ausfall nur für
den Urheber charakteristisch, im Uebrigen völlig bedeutungslos.
Mag man was Carletti gethan hat oder gethan haben soll be=
nennen, wie man will; nicht auf den Namen, auf die Sache
kommt es an. Was ist der Inhalt der Sybelschen Darstellung?
Folgende Hauptsätze: „Carletti vermochte den französischen Staats=
männern seine Glaubwürdigkeit nachzuweisen"; „es gab nicht
Einen, welcher seinen Vorschlag nicht mit voller Sicherheit für
einen Antrag der östreichischen Regierung gehalten hätte"; „alle
ohne Ausnahme waren überzeugt, daß sie jeden Augenblick gegen
die Ueberlassung Baierns an Oestreich den Frieden und das linke
Rheinufer vom Kaiser erhalten könnten"; „alle ohne Ausnahme
richteten nach dieser Voraussetzung ihre Erwägungen und Hand=

lungen ein", und die „völlige Stockung der kriegerischen Opera=
tionen bis zum September 1795 wurde dadurch veranlaßt, daß
die französische Regierung einen Abschluß mit dem Wiener Hofe
nach Carletti's Angaben erwog." [1]

Der Leser mag zunächst urtheilen, wie diese Sätze mit der
Behauptung des Herrn v. Sybel sich vereinigen, er habe nur
von privaten Aufschlüssen Carletti's gesprochen. Sind es blos
private Aufschlüsse, wenn der toscanische Gesandte zwar ohne
förmlichen Auftrag, aber im engsten Einverständniß mit Thugut
den Franzosen für Baiern das linke Rheinufer bietet und jeden
Zweifel über seine Glaubwürdigkeit zu beseitigen weiß? Würden
die französischen Staatsmänner blos private Aufschlüsse eines Men=
schen wie Carletti drei Viertel=Jahre lang zur Grundlage ihrer
politischen Combinationen gemacht, auf private Aufschlüsse hin
den Feldzugsplan verändert, den Einfall in Deutschland ver=
zögert und ihre Soldaten auf dem linken Rheinufer haben dar=
ben lassen? Weiter habe ich aber behauptet und muß ich behaup=
ten, daß alle jene Sätze in den uns überlieferten Zeugnissen, ins=
besondere in dem Briefwechsel Merlin's, Barthelemy's und des
Wohlfahrtsausschusses ihre Widerlegung finden. Wie? den fran=
zösischen Staatsmännern hätte Carletti die Glaubwürdigkeit seiner
Anerbietungen vollständig erwiesen, Niemand hätte gezweifelt,
daß man jeden Augenblick für Baiern den Frieden und das
linke Rheinufer erhalten könne, man hätte den Plan des Feld=
zugs mit Rücksicht darauf verändert, und doch würde den ganzen
Frühling hindurch immer von Neuem erwogen und in Frage
gestellt, ob es wohl möglich sei, mit dem Kaiser eine Un=
terhandlung auf diesen Punct hin anzuknüpfen, man fragte,
ob vielleicht der toscanische Gesandte für solche Anknüpfungen
sich würde benutzen lassen, Merlin v. Douay schriebe noch am
20. September seinem Namensvetter von Thionville: Der Kai=
ser hat, wie Du weißt, bisher noch keinen Schritt für den Frie=
den gethan? In einem officiellen östreichischen Actenstück möchte
auf einen solchen Ausdruck kein Werth zu legen sein, aber in

---

[1] Geschichte der Revolutionszeit III, 404, 414.

dem vertraulichen Briefe eines Franzosen beweist er Alles. Es war unmöglich, ihn zu gebrauchen, wenn man in der That den Beweis erhalten hatte, daß Carletti's Vorschläge von Thugut und dem Kaiser gebilligt würden.

Herr v. Sybel will beständig seine Leser glauben machen, die Erwägungen im Schooße des Wohlfahrtsausschusses, insbesondere der Gedanke, dem Kaiser Baiern anzubieten, seien von Carletti angeregt. Aber auch diese Annahme ist willkürlich; sie gingen aus der Lage der Verhältnisse hervor. Von Oestreichs Absichten auf Baiern brauchte man nicht erst durch Carletti unterrichtet zu werden; sie waren seit vielen Jahren bekannt genug und den französischen Machthabern schon durch die besorglichen Warnungen der preußischen Diplomaten beständig im Gedächtnisse erhalten.

Aehnlich steht es mit den Berichten des preußischen Geschäftsträgers in Paris. Ich hatte gesagt (S. 162): „Wäre es den Franzosen gelungen, Gervinus völlig von der Existenz Carlettischer Anerbietungen zu überzeugen, so läge selbst darin, wenn man die Umstände in Betracht zieht, noch keineswegs auch für uns ein überzeugender Beweis. Nun aber, wenn Sieyes und Boissy jene ihnen höchst willkommenen Gerüchte nur nicht widerlegen, wenn Gervinus selbst die Ueberzeugung gewinnt, Carletti habe nicht förmlich im Auftrage Thuguts gehandelt, so heißt das, scheint mir, ungefähr so viel, als daß er überhaupt nichts von Bedeutung darüber in Erfahrung bringen konnte." Herr v. Sybel kommt hier (S. 146) wieder auf seinen Unterschied zwischen Unterhandlung und privaten Aufschlüssen. Er will „meinen Satz drei bis vier Mal gelesen haben, ob er irgend wo vielleicht einen verborgenen Sinn enthalte; lieber habe er seiner Fassungskraft mißtrauen als bei mir ein so arges Quidproquo annehmen wollen". Aber es handelt sich hier gar nicht um ein Quidproquo, sondern um einen sehr einfachen Sinn, den auch die gewöhnlichste Fassungskraft schon beim ersten Lesen recht gut wahrnehmen kann. Wenn die französischen Machthaber, welche ihren lebhaftesten Wunsch dahin gerichtet, ihr politisches System darauf gegründet hatten, Preußen durch die Furcht vor östreichischen Unterhandlungen zu einem Bündniß zu drängen, wenn diese nach Allem, was in Basel geschehen und dann mit so gewaltigem Lärm verbreitet war, den Gerüchten über Carletti nur nicht widersprachen, also dem preußischen Geschäftsträger Nichts von einiger Erheblichkeit mittheilten, so ergibt sich deutlich genug, daß sie nicht viel mitzutheilen wußten. Wäre ihnen der Beweis für die Glaubwürdigkeit Carletti's von diesem erbracht worden, sie hätten sicher nicht versäumt, auch Gervinus die Ueberzeugung beizubringen, daß der toscanische Gesandte nicht blos im Sinne — ein vieldeutiger Ausdruck, der nichts Bestimmtes bezeichnet — sondern im Auftrage Thuguts handelte, gleichviel ob dieser Auftrag in officieller, diplomatischer Form — denn darauf kommt Nichts an — oder wie immer, wenn nur in der Art ertheilt war, daß er die Glaubwürdigkeit des Unterhändlers außer Zweifel setzte.

Schon aus dem Gesagten darf man schließen, daß ein wirksamer Einfluß Carletti's, wie Herr v. Sybel ihn darstellt, niemals stattgefunden hat. Aber nehmen wir einmal an, was nicht anzunehmen ist: Carletti habe für den Vertrauten Thuguts gegolten und wirklich die französischen Machthaber getäuscht: wo ist der Beweis, daß er wirklich in Uebereinstimmung mit Thugut gehandelt, die wahren Absichten des östreichischen Ministers den Franzosen eröffnet hat? Warum konnte ein so ungünstig beleumdeter Mann, wie Carletti in allen gleichzeitigen Berichten auftritt, nicht einen falschen Schein annehmen, um die Wünsche seines Fürsten zu fördern und sich und seinem ehrgeizigen Minister größere Bedeutung zu verschaffen? Wo liegt also der Beweis, dessen Herr v. Sybel benöthigt ist? Ich bin ganz seiner Meinung: „Brief und Siegel darf man dafür nicht fordern"; aber was hat er denn anzubieten?

So weit ich sehe, einzig die Annahme eines „engen Einverständnisses" zwischen Thugut und Carletti's Minister, dem Marquis Manfredini. Aber ein solches Verhältniß, selbst wenn es bestanden hätte, bewiese es auch für Thuguts Verbindung mit Carletti, bewiese es, daß Thugut ihm Aufträge für den Convent gegeben hätte, und gar Aufträge der geheimsten, gefährlichsten

Art, für die ein so prahlerisch=vielredender Mensch wie Carletti, ein Diplomat, auf welchen die Verwandtschaft des Kaisers mit dem Herzog von Toskana den nächsten Verdacht fallen ließ, doch schwerlich als geschicktes Werkzeug erscheinen konnte? Aber nicht einmal mit Manfredini ist das „enge Einverständniß" Thuguts hinreichend bezeugt. Herr v. Sybel hatte es in der Geschichte der Revolutionszeit (III, 352), ohne irgend einen Beweis zu geben, angenommen. Ich bemerkte (S. 169), diese Annahme gründe sich wahrscheinlich auf Lucchesini's Depesche vom 29. November 1794, nach welcher, trotz scheinbarer Unzufriedenheit mit dem Friedensschluß Toscana's, Thugut noch Beziehungen zu Manfredini durch einen sehr geheimen Briefwechsel unterhielt. Ich setzte jedoch hinzu, schon am 17. December schreibe Lucchesini, daß über die Beziehungen Thuguts zu Manfredini nichts Bestimmtes bekannt sei. Wie es scheint habe ich den Beweis, welchen Herr v. Sybel im Sinne hatte, richtig getroffen, denn er beruft sich jetzt gerade auf diese beiden und auf keine anderen Depeschen Lucchesini's; man könnte glauben, es sei ihm durch die Angabe ein Dienst erwiesen, so freundlichen Eifer zeigt er, ihn zu vergelten. Den Inhalt der Depesche vom 17. December soll ich unrichtig angegeben haben. Es tritt eben hier der zweite und zugleich der letzte jener „einigen Fälle" ein, in denen Herr v. Sybel (S. XI) „notiren zu müssen glaubt, daß ich aus preußischen Depeschen so ziemlich das Gegentheil dessen berichte, was in Wahrheit darin steht." Er hat denn auch nicht versäumt, diesen Fall in das vortheilhafteste Licht zu setzen. Im Anhange (S. XIV) theilt er die Depesche Lucchesini's mit, gibt im Texte (S. 150) von der hierher bezüglichen Stelle eine wörtliche Uebersetzung und wendet sich in einer Anmerkung gegen meine Angabe, daß man nach Lucchesini's Bericht vom 17. December über Thuguts Beziehungen zu Manfredini nichts Bestimmtes wisse. Die Depesche vom 17., sagt er, „wiederhole die bestimmte Angabe der geheimen Correspondenz und lasse nur unbestimmt, ob Thugut seinem Freunde bloße Erlaubniß oder Vollmacht zur französischen Unterhandlung gegeben habe."

„Welche Sicherheit", ruft er aus, „bietet nach einem solchen Verfahren noch irgend eine von Hüffer gemachte archivalische Mittheilung?"

Die Uebersetzung des Herrn v. Sybel lautet folgendermaßen: „So sicher es ist, daß Manfredini in laufendem Briefwechsel „mit Thugut steht, so bleibt es noch ein Problem, ob er „(Manfredini) es ist, welcher Thugut seine guten Dienste „zur Anknüpfung mit Frankreich zuerst angeboten hat: „mag ihm nun Thugut bloß erlaubt haben, die Gesinnun= „gen des Convents zu studiren, mag er ihm bestimmte „Aufträge und ausgedehnte Vollmacht gegeben haben, „jedenfalls ist es Thatsache, daß Manfredini seit dem „Beginn des Kriegs sich in den Kopf gesetzt hat, der „Pacificator Europas zu werden."

Ich könnte nun vielleicht fragen: wäre es billig, allen archiva= lischen Mittheilungen, die ich gemacht habe oder machen werde, jede Glaubwürdigkeit abzusprechen wegen unrichtiger Wiedergabe dieser einen Stelle? Denn unter mehr als hundert, die ich aus Berliner Acten anführte, hat Herr v. Sybel nur noch eine ein= zige namhaft gemacht, die er wegen eines ähnlichen Fehlers no= tiren zu müssen sich veranlaßt glaubte; und der Grund lag, wie man sich erinnert, darin, daß Herr v. Sybel die von mir ange= führte Urkunde nicht gekannt, sondern sie mit einer anderen ver= wechselt hatte. Weiter könnte ich bemerken, daß hier gar nicht mehr von einem sehr geheimen, sondern von einem laufenden Briefwechsel die Rede ist, der seiner Natur nach nicht als ein geheimer vorauszusetzen, Lucchesini ja auch keineswegs verborgen geblieben ist. Aber ich lege gar keinen Werth darauf. Was beweist denn der Briefwechsel an sich, der ebenso wohl, ja nach den vorhandenen Nachrichten sogar wahrscheinlicher, Mißbilligung und Abmahnung, als Einverständniß und Zustimmung zu den tosca= nischen Unterhandlungen enthalten konnte, vielleicht auch keines von Beiden? Denn daß zwischen den Ministern zweier Brüder, Herr= scher so nahe sich berührender Staaten, auch bei gegenseitigem Mißvergnügen nicht jede Verbindung aufhören konnte, versteht sich doch von selbst. Worauf es ankommt ist, was Lucchesini etwa

über den Inhalt jenes Briefwechsels oder im Allgemeinen über
die Beziehungen Thuguts zu Manfredini aussagen oder wenigstens vermuthen konnte. Hier wäre nun zu bemerken: etwas
ganz Bestimmtes sagt auch die Uebersetzung des Herrn v. Sybel über das Verhältniß beider Männer nicht. Zuerst gilt es
Lucchesini noch als Problem, mithin als etwas Unbestimmtes,
ob Manfredini Thugut seine Dienste zuerst angeboten habe.
Dann stellt er zwei Möglichkeiten: daß Thugut dem toscanischen
Minister entweder bloße Erlaubniß, oder daß er ihm bestimmte
Vollmacht gegeben habe, einander gegenüber. Aber Herr v. Sybel
würde antworten: Sei es das Eine oder das Andere, Erlaubniß
oder Vollmacht, eins von Beiden sagt doch die Depesche, daß
Manfredini bekommen habe, und jedes von Beiden genügt zum
Beweise, daß Lucchesini Thugut mit der toscanischen Unterhand-
handlung im Einverständniß glaubte. Viel hätte ich in der
That dagegen nicht einzuwenden und müßte mir also Herrn
v. Sybels Richterspruch über die Glaubwürdigkeit meiner archivalischen Mittheilungen, wenn nicht im Allgemeinen, doch in
Bezug auf die vorliegende Urkunde beinahe gefallen lassen.

Zum Glück kann man gerade den Schriften des Herrn v. Sybel die Lehre entnehmen, wie nützlich es ist, neben Auszügen
oder sogar neben der Uebersetzung eines Actenstückes auch den
Originaltext vor Augen zu haben. Eben in diesem Falle verdanken wir Herrn v. Sybel einen solchen Vortheil; es wäre
unverzeihlich, ihn nicht zu benutzen. Die hieher bezügliche
Stelle der Depesche, genau wie das „Ergänzungsheft" sie mittheilt, lautet:

„Quant au général de Manfredini, Sire, je dois ajouter
à ce que j'ai eu l'honneur de vous mander à son sujet, que
s'il est hors de doute qu'il entretienne une correspondance
suivie avec le B. de Thugut, il n'en demeurera pas moins
un problème, si c'est lui qui par une suite de l'amour
propre excessif qui le domine, ait offert au Ministre des
affaires étrangères son entremise et son crédit auprès de la
Convention nationale, pour ménager un accommodement
avec la Cour de Vienne. Si le B. de Thugut lui a seule-

ment permis (unleserlich) en son particulier les intentions
de la Convention, ou s'il a donné au général Manfredini
des commissions plus précises et des pleinpouvoirs plus étendus, il est de fait que cet homme ambitieux et vain,
qui depuis le commencement de la guerre, s'est mis en tête
d'être le pacificateur de l'Europe, étoit il y a quinze jours,
au point d'aller faire un voyage à Rome et à Naples, où
il étoit attendu au départ des dernières lettres comme un
négociateur volontaire."

Herr v. Sybel wird freilich nach einem Paragraphen seiner
Zunftgesetze mir das Recht bestreiten, auf dem Gebiete der neueren Philologie eine Meinung zu äußern. Gleichwohl möchte
ich mir die Frage erlauben: hat man jemals in einem französischen Wörterbuch oder einer Sprachlehre gelesen, daß die deutsche Wendung: „mag — mag" statt „soit — soit" durch „si
— si" sich wiedergeben ließe? Man wird kein Beispiel dafür
auffinden. Herr v. Sybel äußert ferner, und gerade in diesem
Kapitel (S. 145): „er wisse, daß viele brave Leute schlechte Lo-
giker seien", und wenn er nicht in seiner Vorrede (S. II) mein
Herz als eine „Mördergrube" bezeichnete, so dürfte ich mir
schmeicheln, daß er zu diesen braven Leuten, wenn auch schlechten Logikern mich·gerechnet hätte. Gleichwohl möchte ich mir
die Bemerkung erlauben: welche sonderbare Logik wäre es,
wenn Lucchesini schriebe: „Mag Thugut dem Manfredini bloße
Erlaubniß, die Gesinnungen des Convents zu erforschen, oder
bestimmtere Aufträge und weitere Vollmacht gegeben haben, es
ist eine Thatsache, daß dieser Mann vor vierzehn Tagen auf
dem Puncte stand, eine Reise nach Rom und Neapel zu unternehmen." Nicht etwa nach Paris, sondern nach Rom und Neapel
— mit den Aufträgen Thuguts für den Convent! Herr v. Sybel
hat sich freilich über diese sonderbare Entgegenstellung hinweggehol-
fen; er übersetzt: es ist eine Thatsache, daß Manfredini sich in
den Kopf gesetzt hat, der Pacificator Europa's zu werden. Aber
ein Blick auf das Original wird meine Leser überzeugen, daß
er durch das Komma nach den Worten commencement de la

guerre verleitet worden ist, Theile ganz verschiedener Sätze zusam=
menzufassen. Der Gegensatz zu „der Thatsache", zu diesem il
est de fait, ist also anderswo zu suchen und unzweifelhaft in
den kurz vorhergehenden Worten: il est un problème, nur daß
diese zu den folgenden Sätzen in einer andern Verbindung ste=
hen, als Herrn v. Sybel vorgekommen ist. Doch ich werde zu
lang; meine Leser haben gewiß schon bemerkt, daß nur durch
unrichtige Stellung der Interpunction — sei es durch Herrn v.
Sybel, oder, wie man zu seinen Gunsten, da es unzählige Male
vorkommt, annehmen darf, durch den bechiffrirenden Beamten —
jene Sätze einen Sinn erhalten konnten, wie ihn die Ueber=
setzung im „Ergänzungshefte" wiedergibt. Der erste Satz schließt
nicht mit den Worten: avec la Cour de Vienne, sondern vier
Zeilen später mit pouvoirs plus étendus, und die richtige Ue=
bersetzung mußte lauten: „Es bleibt nicht weniger (trotz des
Briefwechsels) ein Problem, ob Manfredini es ist, der in Folge
der unbegränzten Eigenliebe, die ihn beherrscht, dem Minister
der auswärtigen Angelegenheiten seine Vermittlung und seinen
Einfluß beim Convente zur Herstellung einer Einigung mit dem
Wiener Hofe angeboten habe, ob der Freiherr v. Thugut ihm
nur erlaubt habe, die Absichten des Convents zu erforschen oder
ob er ihm bestimmtere und ausgedehntere Vollmachten ge=
geben habe. Thatsache ist, daß dieser ehrgeizige und eitle
Mann, welcher seit Anfang des Krieges sich in den Kopf ge=
setzt hat, der Friedensstifter Europa's zu sein, vor vierzehn
Tagen auf dem Puncte stand, eine Reise nach Rom und Neapel
zu unternehmen, wo er beim Abgang der letzten Briefe als ein
freiwilliger Unterhändler erwartet wurde." Also nicht blos der
erste Fall, ob Manfredini als Friedensvermittler sich aufge=
drängt habe, sondern ebenso die beiden folgenden: ob er bloße
Erlaubniß, oder ob er Vollmacht bekommen habe, alle drei sind
ein Problem. Die Stelle besagt also gerade, wie ich angegeben,
über die Beziehungen Thuguts zu Manfredini sei nichts Be=
stimmtes bekannt. Sie kann um so weniger für Herrn v. Sy=
bel beweisen, als Lucchesini deutlich genug zu verstehen gibt,

daß Manfredini weit wahrscheinlicher sich Thugut aufgedrängt als Aufträge von ihm bekommen habe. [1]

Wollte nun Herr v. Sybel in der ihm eigenthümlichen un=partheiischen Redeweise fortfahren, so müßte er sagen: „Welche Sicherheit bietet, nachdem ich diese Depesche Lucchesini's, nicht weniger die Memoiren des Prinzen Ligne unrichtig wiederge=geben habe, noch irgend eine meiner Uebersetzungen aus dem Französischen? welche Sicherheit bietet, nachdem ich so viele fran=zösische Stellen, ganze Reihen von englischen Actenstücke mißver=standen habe, noch irgend einer meiner archivalischen Auszüge? Wer kann, da mir in dieser Streitschrift so viele unrich=tige Behauptungen nachgewiesen sind und vielleicht noch nachge=wiesen werden, dem, was ich von meinen Gegnern sage, noch irgend Glauben schenken? Wer kann" — — aber wohlwollende Leser würden Herrn v. Sybel hier unterbrechen und ihm be=merklich machen, daß er in einigen Puncten zu streng gegen sich selbst verfahre. Es scheint in der That gerathen, dergleichen allgemeine Urtheile nur im äußersten Falle auszusprechen. Hätte ich den Fehler, welchen Herr v. Sybel mir Schuld gibt, wirklich begangen, so brauchten deshalb noch immer nicht meine sämmt=

---

[1] Beiläufig will ich bemerken, daß ich mein Excerpt vor mehr als zwei Jahren gerade so, wie ich es mittheilte, und ohne die geringste Ahnung niederschrieb, daß es einmal zu einer Controverse mit Herrn v. Sybel führen könne; sonst würde ich nicht unterlassen haben, die ganze Stelle und zugleich die Erwähnung des Briefwechsels, so wenig sie auch be=weist, meinen Lesern zur Kenntniß zu bringen. — Eine genaue Be=rechnung der Fälle, in denen Herr v. Sybel meine unrichtige Wieder=gabe preußischer Depeschen „notiren" mußte, führt nunmehr zu folgen=dem Ergebniß: Gefunden hat Herr v. Sybel keinen einzigen Fall; ge=glaubt zu finden hat er zwei; daraus macht er in der Vorrede des Ergänzungsheftes „einige Fälle", und behauptet dann in seiner Zeit=schrift (XIX, 449): „die von mir mitgetheilten Urkunden" — also mehr als hundert preußische — „bewiesen kaum an einer Stelle, was sie beweisen sollten." Man sieht, meine Fehler, denen Herr v. Sybel den Garaus macht, vermehren sich noch schneller, als die Raubge=sellen in steifleinenen Röcken, gegen welche Falstaff seine Heldenthaten verrichtete.

lichen archivalischen Mittheilungen ihre Glaubwürdigkeit zu verlieren, und eben so wenig möchte ich aus den Mißverständnissen
des Herrn v. Sybel folgern, daß er nicht bei größerer Aufmerksamkeit eine richtige Uebersetzung aus dem Französischen anzu-
fertigen im Stande sei. Aber mit aller Sicherheit darf man
den Schluß ziehen, daß ein Schriftsteller, welcher der Nachsicht
seiner Leser in so hohem Grade bedürftig ist, der nach allen
Seiten so viele und so arge Blößen wie Herr v. Sybel sich gegeben hat, sehr wohl thäte, den Ton höhnischen Uebermuthes
auf ein bescheidenes Maß herabzustimmen und nicht bei dem
vermeintlichen Fehler eines Anderen sich in Redensarten auszu-
lassen, die selbst bei einem wirklichen als geschmacklos und un-
geziemend gelten müßten.

Besonders an jener Stelle. Denn gleich auf den nächsten
Seiten fehlt es nicht an neuen Verstößen. Außer den bestimmten Erklärungen des östreichischen Cabinets hatte ich auch den
Briefwechsel zwischen Lucchesini und dem preußischen Ministerium
häufig gegen die Sybel'sche Darstellung anzuführen. Allerdings
werden in den Jahren 1794 und 1795 häufig Friedensgerüchte
erwähnt, dabei auch Carletti als östreichischer Agent. Daß man
aber in Berlin geglaubt hätte, es würde bald zu einem Abschluß
kommen, daß man Merlins oder Hardenbergs Erzählungen
Glauben geschenkt oder Wichtigkeit beigelegt hätte, dafür ist
bis jetzt wenigstens kein Zeugniß gefunden. Herr v. Sybel
sucht dies zu bestreiten. Seiner Art gemäß verliert er kein
Wort über die von mir hervorgehobenen Zeugnisse. Lucchesini
schreibt wörtlich am 28. October 1795: „Unterstützt durch
das erleuchtete und tiefgehende Urtheil des Ministeriums Ew. Majestät befestige ich mich von Tag zu Tage mehr
in der Ansicht, welche ich derjenigen des Freiherrn v. Hardenberg entgegenzusetzen wagte, daß eine geheime Verhandlung über
den Frieden und den Tausch von Baiern zwischen dem Wiener
Hofe und der französischen Regierung gar nicht existirt." Hiervon und von ähnlichen Aussprüchen haben die Leser des Herrn
v. Sybel nichts zu erfahren. Er meint (S. 152): über meine
Ansicht von dem Glauben der preußischen Regierung „hätte

mich Tauenzien's Correspondenz bündig aufklären können." „In zwei dicht auf einander folgenden Depeschen", fährt er fort, „instruirt die preußische Regierung den Gesandten am 8. Juni, sie wisse jetzt positiv, daß Carletti geradezu östreichischer Agent sei, und andere Agenten, z. B. ein gewisser Hillmann, nach Basel gesandt seien; kein Zweifel, daß Oestreich seit Robespierre's Sturz eine Annäherung an Frankreich versucht habe, es sei dann auch in England, trotz des Anleihvertrags ein hohes Mißtrauen gegen den Kaiser vorhanden — und dann am 11., daß Hardenberg in Hüningen jene Enthüllungen von Merlin und Pichegru erhalten, Oestreich davon Anlaß zu einem starken Dementi genommen habe, das Ganze ein reines Mißverständniß gewesen sei." „Wird irgend jemand" setzt er hinzu, „abgesehen natürlich von Vivenot und Hüffer, geneigt sein, in der Depesche vom 11. einen Widerruf der Angaben des 8. zu erblicken?"

Großer Gott, wie die Welt dem Lügen ergeben ist! ruft der Engländer, den ich in der letzten Anmerkung erwähnte; und die Leser des Herrn v. Sybel werden ihm schwerlich widersprechen. Bisher sind sie unablässig von den Lügen Thuguts unterhalten; jetzt vernehmen sie, daß seinen berliner Collegen nicht viel mehr zu trauen sei. Das preußische Ministerium erklärt in Petersburg, in Wien, in Regensburg, es halte die Erzählungen Merlins für unbegründet, für eine Erfindung des Franzosen. Aber Herr v. Sybel weiß aus den ihm eigenen Quellen, daß diese Betheuerungen gerade wie vordem die kaiserlichen Briefe nicht ehrlich gemeint, daß sie nur „zum Vorzeigen", zur Erbauung des Wiener Hofes oder Thuguts bestimmt waren. Und in der That, verhielte sich Alles, wie er eben erzählt, so müßte man ihm wohl recht geben. „Jetzt", läßt er die Minister am 8. Juni schreiben, jetzt, also gerade durch Merlin und Hardenberg, „wissen wir positiv, daß Carletti östreichischer Agent ist." Deutlicher kann man sich nicht ausdrücken, die Widerlegung der Basler Gerüchte, drei Tage später, könnte danach in der That nur als leere Förmlichkeit erscheinen.

Durch die Güte des Herrn Geheimen Archivraths Friedländer war es mir im letzten Sommer vergönnt, von den beiden

Depeschen, die hier in Frage kommen, Kenntniß zu nehmen
Was enthalten sie? Tauenzien hatte mehrmals dem Ministerium
angezeigt, man fühle sich in Petersburg der kriegslustigen Ge=
sinnungen Oestreichs nicht völlig versichert. Das Ministerium
antwortet darauf am 8. Juni, es gebe allerdings mehrere Gründe
für diesen Verdacht. Trotz der öffentlichen Erklärungen des Wie=
ner Cabinets zweifle doch Niemand, daß der Graf Carletti einer
seiner Agenten in Paris sei, und daß er im Namen des Kaisers
Friedensworte überbracht habe. Gleichzeitig seien geheime Agen=
ten, unter Anderen ein gewisser Hillmann, nach Basel geschickt,
und sie müßten wohl mit einem besondern Auftrage betraut
sein, da Herr v. Degelmann, der östreichische Minister bei der
Eidgenossenschaft, die laufenden Geschäfte dort besorgen könne.
Endlich brauche man nur die Erklärung, welche der Kaiser kürz=
lich dem Reichstage in Regensburg gemacht habe, zu lesen, um
sich zu überzeugen, daß zwischen dem Wiener Cabinet und Frank=
reich seit dem Tode Robespierre's Unterhandlungen bestanden
haben und noch jetzt bestehen. [1]) Man sieht: was Herr v. Sy=
bel in dieser Urkunde gesucht hat, eine Bestätigung der Merlin=
schen Erzählungen steht schlechterdings nicht darin. Das Mini=
sterium sagt nichts Anderes, als daß nach allgemeiner Annahme
Carletti für einen östreichischen Agenten gelte. Es ist dies gar
nichts Unbekanntes und von mir selbst mehr als einmal hervor=
gehoben. Daß man aber — worauf es hier ankommt — zur Zeit
der Ausstellung jener Depesche besondere positive Kenntnisse über
Carletti erlangt hätte, ist lediglich ein Zusatz des Herrn v. Sybel.
Es ergibt sich im Gegentheil aus der ganz unbestimmten Art,
wie im Allgemeinen die Beweise für die östreichische Friedensliebe
aufgezählt werden, wie dann weiter von Hillmann und der kai=
serlichen Erklärung die Rede ist, daß man bestimmte Nachrichten
über Carletti durchaus nicht besaß. [2]) Am Tage nach Außer=

---

[1]) Die Worte des Originals finden sich im Anhange.

[2]) Dies erklärt auch das Ministerium an demselben Tage in einem Schreiben an Lucchesini.

tigung dieser Depesche, am 9. Juni [1]) langte Lucchesini's Bericht
vom 3. an; man erhielt Kenntniß von der pfalzbairischen Beschwerdeschrift, von ihrer Zurückweisung durch Thugut, von dem
übeln Eindruck, welchen die im Reich verbreiteten Erzählungen Hardenbergs in Wien hervorgerufen hatten. So rasch als möglich,
schon am 11. Juni schrieb das Ministerium an Tauenzien, daß
jene von Merlin herrührende falsche Nachricht (fausse nouvelle)
über das Anerbieten des linken Rheinufers gegen Baiern keinen
Glauben verdiene, und es ist gar kein Grund für die Annahme,
diese Worte seien nicht aus innerer Ueberzeugung hervorgegangen. Denn am folgenden Tage (dem 12. Juni) wird an Lucchesini
eine Depesche ganz ähnlichen Inhalts gerichtet; darin heißt es
nicht blos in dem mit Buchstaben, sondern auch in dem mit
Chiffern geschriebenen Theile, das Ministerium bedaure jene
wahrscheinlich apokryphen Gerüchte über Carletti, von dem man
noch nichts Sicheres wisse; sie scheinen nur auf Erzählungen des
Repräsentanten Merlin zu beruhen.

Herr v. Sybel hat also nicht allein der ersten Depesche an
Tauenzien vom 8. Juni einen ihr fremden Inhalt gegeben,
sondern auch das Verhältniß beider Urkunden (vom 8. und
11.) zu einander nicht richtig aufgefaßt. Die erste handelt
von dem allgemeinen Gerücht, daß Carletti für den Kaiser
oder gar als kaiserlicher Agent in Paris thätig sei. Diese
Annahme schlösse, wie ich schon in meinem Buche bemerkte, keinen Tadel ein; man dürfte sie als wahrscheinlich betrachten,
wenn nicht der Briefwechsel des Wohlfahrtsausschusses widerspräche. Die zweite Urkunde redet dagegen von der Merlinschen
Erzählung, von dem in der That verrätherischen Anerbieten des
linken Rheinufers für die französische Hülfe zum Raube Baierns.
Beide Urkunden stehen also nicht zu einander im Gegensatz, sondern sie handeln über verschiedene Thatsachen, von denen man
die eine recht wohl bejahen und doch die andere mit voller Ue-

---

[1]) Gütige Mittheilung des Herrn Geh. Archivrathes Friedländer.

berzeugung verneinen konnte. [1] Ich muß aber hier bemerken, daß in der Sybel'schen Schrift beständig die Frage, ob der Kaiser Unterhandlungen mit Frankreich gewünscht und etwa durch geheime Agenten angebahnt habe, mit der ganz verschiedenen verwechselt wird, ob durch Carletti's Vermittlung für Baiern das linke Rheinufer angeboten sei. Die letztere ist nach den bis jetzt vorliegenden Zeugnissen zu verneinen, von der ersteren läßt sich nur sagen, daß wir darüber Bestimmtes noch nicht anzugeben wissen. Im Ministerium des Auswärtigen in Paris hat sich nur eine einzige Urkunde gefunden, welche bis zum Herbste 1795 auf östreichische Eröffnungen hindeutet. Ein Beamter im auswärtigen Ministerium, Gerard de Rayneval, schreibt um diese Zeit an Thugut: die freundlichen Gesinnungen der französischen Regierung müßten ihm auf demselben indirecten Wege (voye indirecte) bekannt geworden sein, auf welchem der Kaiser die seinigen habe übermitteln lassen. Herr v. Sybel bringt diese Stelle im Text (S. 156), und das ganze Document im Anhange seines Buches zum Abdruck und legt darauf „erhebliches ja entscheidendes" Gewicht. Trüge nun der Brief, wie das „Ergänzungsheft" (S. XV) angibt, wirklich das Datum des 18. Octobers, so wäre er von gar keiner Wichtigkeit. Denn eben aus der ersten Hälfte dieses Monats sind mehrere Unterhand-

---

[1] Sonderbarer Weise stimmt Herr v. Sybel in seinem Urtheil über das preußische Ministerium hier mit Thugut überein. Die zweite Depesche an Tauenzien vom 11. Juni oder eine von ähnlichem Inhalt war in Petersburg geöffnet, am 9. Juli abschriftlich nach Wien geschickt und dort entziffert worden. Aber Thugut fand in dem Inhalt nur einen neuen Beweis von Unredlichkeit. Nous ne savons pas moins, schreibt er im August an Cobenzl, que les ministres Prussiens dans l'Empire ne cessèrent d'insinuer en même temps, qu'une pareille déclaration n'était qu'une affaire de complaisance, et qu'il n'en existait pas moins des preuves réelles (de l'absurde calomnie de nos prétendues négociations par le canal de Carletti). Vgl. Vivenot: Thugut, Clerfayt und Wurmser, S. LXVI. Für die preußischen Gesandten im Reich möchte ich in der That nicht einstehen, aber das berliner Ministerium beschuldigt Thugut, so weit sich bis jetzt urtheilen läßt, mit Unrecht der Heuchelei.

lungen bekannt [1]), auf welche Raynevals Worte ohne Anstand sich
beziehen ließen. Nach meinen Aufzeichnungen und einer gütigen
Mittheilung des Herrn Archivdirectors Paul Faugère ist er aber
nicht am 18. October sondern am 18. September geschrieben,
und so kann er wenigstens die besondere Genauigkeit bezeugen,
mit welcher in Sybel'schen Schriften Alles, was sich auf Daten
bezieht, behandelt zu werden pflegt. Für Carletti beweist er
aber auch in diesem Falle nichts; ja nach Herrn v. Sybels eige=
nen Ausführungen, besonders nach der Gestalt, die er in seiner
neuesten Schrift der Sache zu geben sucht, kann jene Angabe sich
auf Carletti nicht einmal beziehen. Denn dieser soll ja ohne jeden
amtlichen Zusammenhang mit Thugut, nur durch private Auf=
schlüsse die Franzosen auf den richtigen Weg zur Friedensunter=
handlung geleitet haben. Von einem solchen Manne konnte
man doch nicht wohl dem östreichischen Minister schreiben, er
habe die friedlichen Gesinnungen des Kaisers übermittelt. Nur
von einer indirecten Eröffnung haben wir bestimmte Nachricht.
In Folge des Reichsgutachtens vom 3. Juli 1795 hatte der
Kaiser zu Ende des Monats unter dänischer Vermittlung einen
Waffenstillstand und die Berufung eines Congresses vorschlagen
lassen. Es ist nun gar nicht unmöglich, daß der officiellen
Ablehnung der östreichischen Vorschläge vertrauliche Eröffnungen
an den Kaiser auf demselben Wege vorangegangen, und Ray=
nevals Worte dahin gerichtet wären. Für wahrscheinlich
kann ich es aber nicht halten; es bleibt hier wie in anderen
Fällen Nichts übrig, als zu erwarten, ob neue archivalische Mit=
theilungen darüber Auskunft geben. Mit Bestimmtheit kann
man aber sagen, daß Herr v. Sybel ohne irgend ausreichenden
Grund, wenn nicht eine Epopöe, doch einen Roman erzählt hat,
welcher Oestreich und Deutschland in hohem Maße zur Unehre
gereichen würde, und daß er diesen Roman jetzt durch will=
kürliche Auslegung der Urkunden in Ansehen zu erhalten sucht.
Wie sorglos er dabei verfährt, mag nur noch ein einziges
Beispiel zeigen. Er redet von dem Unmuth der Engländer,

---

[1]) Oestreich und Preußen, S. 198, 199.

daß Thugut gegen den toscanischen Frieden und Manfredini nicht entschiedener eingeschritten sei. Grenville wünschte einmal im April 1795, daß Thugut die Versicherung, Oestreich unterhandle nicht durch Carletti, auch öffentlich aussprechen möge. „Das geschah denn auch etwas später", fügt Herr v. Sybel (S. 153) hinzu, „freilich erst, wie wir wissen, als durch Pfalzbaiern Merlins Enthüllungen schon veröffentlicht worden waren." Aber auch hier hat Herr v. Sybel sich getäuscht. Schon in meinem Buche (S. 164) hätte er lesen können, daß bereits die Wiener Zeitung vom 6. Mai 1795, also lange vor dem Mittagsmahl in Hüningen, die officielle Erklärung enthält, der Kaiser erachte es unter seiner Würde, die Gerüchte über den Grafen Carletti zu widerlegen, für die auch nicht der Schein einer Veranlassung sei. Nicht weniger ist in der preußischen Depesche an Tauenzien vom 8. Juni, also bevor irgend etwas über die pfalzbairische Beschwerdeschrift in Berlin bekannt geworden war, von den öffentlichen Protesten des östreichischen Ministeriums gegen die ihm zugeschriebene Verbindung mit Carletti die Rede.

Achtes Kapitel.

Die Präliminarien von Leoben.

I.

Mit dem Jahre 1795 endet die „Geschichte der Revolutionszeit", also zugleich der Gegensatz zwischen diesem Buche und dem
meinigen. Allein Herr v. Sybel gibt den Kampf noch nicht auf,
er wendet sich in einem letzten Abschnitt des Ergänzungsheftes
gegen das, was ich aus den beiden nächsten Jahren mittheilte.
Mehrere Seiten (159—163) füllt er wieder mit Vermuthungen
über Thugut's politisches System; auf festeren Boden gelangt
man erst, wo von den Diplomaten des Jahres 1796 die Rede ist.

Ich hatte aus den archivalischen Quellen in Wien, Paris
und Berlin eine, mir scheint, ziemlich vollständige Darstellung
der Verhandlungen zwischen Frankreich und Oestreich gegeben.
Es zeigte sich unzweifelhaft, daß Oestreich während dieses Jahres in beinahe aufdringlicher Weise mit Friedensvorschlägen
angegangen wurde, Thugut aber in einer kühl abweisenden
Haltung verharrte. Ueber seine Beweggründe habe ich mich
dabei nur selten ausgelassen, auf deutsch-nationalen Patriotismus nicht mit einer Silbe hingedeutet. Aber freilich
aus den Ereignissen geht hervor, daß das linke Rheinufer dem
Kaiser nicht gleichgültig war. Denn wer einen Gegenstand
für so hohen Preis, wie er damals Oestreich geboten wurde,
nicht aufgeben will, beweist allerdings, daß er ihn nicht für

werthlos erachtet; nur folgt daraus keineswegs, daß er nicht für höheren Preis ihn dennoch aufgeben könne. Dieser einfache Satz scheint meinem Gegner unbegreiflich. Immer von neuem läßt er mich behaupten: weil Thugut den Franzosen das linke Rheinufer nicht gleichgültig preisgegeben hat, deshalb hat er es allen Interessen der östreichischen Monarchie als patriotischer Großdeutscher vorgezogen.

Von meinen Mittheilungen darf Herr v. Sybel seinen Lesern nicht viel verrathen; hat er doch früher erzählt, kein Blatt des Wiener Archivs vor dem Jahre 1797 sei von mir benutzt worden. Wenn ich über das vielbesprochene und in der That äußerst charakteristische Treiben Poterats zuerst genauere Auskunft gebe [1]), so meint Herr v. Sybel (S. 163), ich „erzähle des Breiteren von der Sendung dieses völlig untergeordneten Agenten." Allein eben hier zeigt sich recht augenscheinlich, wie wenig er den Werth dieser Nachrichten zu schätzen versteht. Wer sie nur zur rechten Zeit gekannt hätte! Allein in Holland hätte er 14,000 Gulden damit verdienen können. Denn die Ankunft Poterats in Wien erregte gewaltiges Aufsehen; die Diplomaten erschöpften sich in Vermuthungen, was er überbracht und ausgerichtet haben möchte. Vor anderen war die neue batavische Republik interessirt; kam der Friede zu Stande, so mußte er auch über ihr Geschick entscheiden. Baron von Haesten, der langjährige Gesandte in Wien, hat denn auch mehrere Depeschen über den geheimnißvollen Ankömmling an seine neue Regierung gerichtet. Zuerst am 14. October 1795 schreibt er dem Greffier Quarles, Poterat sei seit Anfang des Monats in Wien und habe ihm am 4. einen Brief des batavischen Geschäftsträgers in Basel, Johann de Witt, überbracht. In den folgenden Tagen sahen sie sich mehrmals. Poterat erzählte in der gewohnten ruhmredigen Weise, er habe von seinem Freunde Thugut die nöthigen Pässe erhalten und dann nicht versäumt, in Wien die

---

[1]) Oestreich und Preußen, S. 196, 211. Die merkwürdigen Berichte von und über Poterat denke ich demnächst ihrem wesentlichen Inhalt nach im Originaltext zu veröffentlichen.

alte Bekanntschaft zu erneuern. Er setzte auseinander, daß Oest=
reich zum Frieden gezwungen sei, jedoch immer in allgemeinen
Ausdrücken, ohne über seine Pläne Bestimmtes zu eröffnen.
Gegen die Mitte des Monats reiste er wieder ab, angeblich, um
in Verona über Ludwig XVIII. Kundschaft einzuziehen. Haef=
ten vermuthet aber mit Recht, er habe einen anderen Weg, etwa
nach Basel, eingeschlagen, und sicher in Wien eine Unterhand=
lung angeknüpft.

Die batavische Regierung, noch mehr gespannt, beauftragt
den Gesandten am 3. November, es koste was es wolle, in das
Geheimniß einzudringen; die erwähnte Summe von 14,000 Gul=
den wird ihm zur Verfügung gestellt. Wenige Tage später er=
hielt man einen Brief des Geschäftsträgers aus Basel vom 28.
October. Johann de Witt war mit Poterat schon früher in Paris
bekannt gewesen. Der Franzose hatte ihn auf der Reise nach
Wien in Basel besucht und ebenso, als er aus Wien nach Paris
zurückkehrte. Er rühmte seine Erfolge; Thugut und der Baron
Blumendorf, den man ihm gewissermaßen als Aufseher beige=
geben, seien zum Frieden geneigt, die Abtretung Belgiens und
selbst des linken Rheinufers kein Hinderniß, Säcularisationen
die nothwendige Folge. Näheres wollte er auch hier nicht mit=
theilen. Man mag in solchen Reden immer die Bestätigung fin=
den, daß Poterat, wie ich schon in meinem Buche (S. 211) be=
merkte, bei dem ersten Aufenthalt in Wien nicht alle Hoffnung
verloren hatte. Im Uebrigen können solche Worte aus solchem
Munde wenig bedeuten. Seinem eigenen Minister schreibt er
später (im Januar) gerade das Gegentheil: Thugut habe mit
Emphase von den Pflichten des Kaisers als Reichsoberhaupt
und von der Unmöglichkeit gesprochen, das linke Rheinufer oder
Säcularisationen zu bewilligen. Für Haeften und die Wiener
Diplomatie blieb auch die zweite Reise Poterats im December
1795 ein undurchdringliches Räthsel[1]); erst aus seinen eigenen

---

[1] Ich entnehme diese Notizen dem interessanten Werke von G. W. Vreede:
Geschiedenis der Diplomatie van de Bataafsche Republick, Utrecht
1863, I, 223, Bijlage XXVIII, 136.

Briefen ersieht man jetzt, mit welchen Anerbietungen er nach
Wien gekommen war, um es nach wenigen Tagen unzufrieden,
ohne Erfolg wieder zu verlassen.

Bedeutender als dieser mißlungene Versuch ist die Sendung
des geheimen Rathes Zwanziger im Herbst 1796. Sie steht mit
gleichzeitigen Schritten Bonapartes im nächsten Zusammenhang,
bereitet die Verhandlungen Clarkes vor und veranlaßt die erste
genaue Formulirung der französischen Forderungen so wie eine
der merkwürdigsten Aeußerungen Thuguts. [1]   Herr v. Sybel
bemerkt (S. 166) eben so fein als wohlwollend, ich nenne diese
Verhandlung nur deshalb unter den minder wichtigen die wich=
tigste, um Häusser's „nachlässiges Verschweigen" derselben in
ein desto ungünstigeres Licht zu stellen. Am längsten ver=
weilt er bei den Verhandlungen des neapolitanischen Gesandten,
Marchese de Gallo mit Barthelemy; hier erwirbt er sich auch
das Verdienst, zwei interessante Berichte aus dem Provinzial=
archiv in Neapel zum Abdruck zu bringen. In meinem
Buche hatte ich ausgeführt, daß Oestreich während des
Sommers 1796 nur in Verbindung mit England auf eh=
renvolle Bedingungen den Frieden eingehen wollte. Anders
stand es mit den schwachen italienischen Höfen. Schon
nach den ersten glücklichen Erfolgen Bonapartes suchte sogar
Neapel sich durch ein Abkommen zu sichern. Der Gesandte in
Wien erhielt den Auftrag, sich zu diesem Zweck nach Basel zu
begeben. Thugut setzt am 2. Juni Degelmann von de Gallo's
baldiger Ankunft in Kenntniß, bemerkt aber, der Kaiser sehe
diese Reise mit Bedauern und werde seinerseits auf Ver=
handlungen ohne Zuziehung Englands niemals eingehen. Als
Degelmann am 22. Juli aus eigenem Antriebe auf die Mög=
lichkeit hindeutet, sich mit Barthelemy in Verbindung zu setzen,
gibt Thugut am 14. August zur Antwort, es liege für jetzt
nicht in der Absicht des Kaisers, Anträge zu machen oder Eröff=
nungen herbeizuführen. „Man sieht", hatte ich hinzugefügt,
„durch Degelmann ist während des Sommers nichts von Bedeu=

---

[1] Oestreich und Preußen, S. 219.

tung geschehen; immerhin könnte aber de Gallo, der bis zum
18. Juli in Basel den Frieden zwischen Frankreich und Neapel
vorbereitete, auch für den Kaiser thätig gewesen sein." Ich hatte
dafür auf einen Brief Bonaparte's vom 26. Juni und die Er=
zählungen des Ministers Delacroix verwiesen, aber auch bemerkt,
Lucchesini berichte am 18. August: de Gallo habe sich bemüht,
vor der Abreise einen Auftrag von Thugut an Barthelemy zu
erwirken, jedoch nur eine nichtssagende Aeußerung des Kaisers
aufgefangen und über ihren Werth in Basel angebracht. „Be=
stimmtes", hatte ich geschlossen, „ist mir darüber noch nicht be=
kannt, und nur so viel gewiß, daß in keinem Falle ein Er=
gebniß gewonnen wurde". Herr v. Sybel tadelt diesen Schluß
— ein charakteristischer Tadel — als einen „vorsichtigen", und
glaubt dann meine Darstellung durch die beiden neapolitanischen
Depeschen zu widerlegen. Ich theile gern von dem Inhalte
etwas mit, wenn auch de Gallo als Autor mit dem Grafen Co=
benzl sich nicht vergleichen läßt.

„Lange und vielfach", schreibt der Gesandte am 2. Juni aus
Wien, „habe er verhandelt, um die beiden Aufgaben, die man
ihm gestellt, zu erfüllen: nämlich den Kaiser und seinen Minister
zum Frieden in Gemeinschaft mit Neapel zu bewegen, und das
Benehmen des Königs zu rechtfertigen. Das Letzte sei ihm ge=
lungen, obgleich der Wiener Hof sehr gewünscht hätte, daß Neapel
wenigstens bis zur Entscheidung des Krieges in der Lombardei
der Coalition treu geblieben wäre. Denn bei glücklichem Er=
folge würden die beiden Höfe Herren von Italien gewesen sein
und in Anbetracht des schlechten Verhaltens des Papstes, der
Venetianer und des Königs von Sardinien nach Gutbefinden
darüber verfügt haben" (S. XIX).

„Was nun den Frieden angeht", fährt de Gallo fort, „so hat
sich dieser Hof durchaus nicht überreden lassen, den Feind im
gegenwärtigen Augenblick darum zu bitten. Ich beehre mich,
Ew. Excellenz zu wiederholen, was ich schon so oft
versichert habe, daß der Kaiser den Frieden niemals
ohne England eingehen, auch nicht anbieten wird, so
lange die Lage der Dinge so widerwärtig bleibt. Können seine

Truppen nicht einigen Erfolg am Rheine erlangen und
die Franzosen nicht aus dem Mailändischen vertreiben, so kann
auch der Kaiser nur einen sehr schlechten Frieden erhalten; er
wird tief gedemüthigt und verliert die Tripelallianz. Gerade
das ist es, was Frankreich, Preußen und Spanien erreichen wol=
len, indem sie ihn zu einem Separatfrieden drängen. Zur Be=
stätigung kann ich Ew. Excellenz eine ganz vertrauliche Mitthei=
lung des Freiherrn von Thugut von gestern Abend wieder=
holen. Ich malte ihm aus, in welche Gefahren die Monarchie ge=
rathen könnte, wenn die Franzosen nach einem glücklichen Feld=
zuge in Italien durch das Veltlin oder durch Friaul in's Innere
der Erblande eindrängen. Thugut ging so weit, mir zu sagen,
daß auch in diesem Falle der Kaiser sich aus Wien entfernen,
aber keinen Separatfrieden abschließen dürfe. Will er ihn ab=
schließen, so ist er der Herr, aber Thugut wird ihn sicher nicht
unterzeichnen. Bei alledem besteht sowohl bei dem Kaiser als
bei dem Ministerium der lebhafte Wunsch, auf die bestmögliche
Weise zu einem allgemeinen Frieden zu gelangen; aber erst
nachdem man in diesem Feldzug alle Mittel aufgeboten hat, die
Bedingungen zu verbessern. Auch England scheint damit ein=
verstanden."

„Da ich nun in keiner Weise erreichen konnte, daß von Seiten
dieses Hofes etwas nach Basel abginge, so habe ich mich trotz
des heftigen Widerstandes, den man anfänglich dagegen erhob,
entschlossen, sogleich die Reise anzutreten. Man hätte hier ge=
wünscht, ich möchte statt dessen dem König noch mancherlei Vor=
stellungen machen." Indessen de Gallo hat darauf nicht einge=
hen können und setzt die Gründe auseinander. Er meint, aus
dem, was er gesagt, werde man die Freundschaft des Wiener
Hofes für den König von Neapel und den aufrichtigen Wunsch
nach Frieden erkennen, „freilich", setzt er hinzu, „immer unter
der Voraussetzung, daß er allgemein ist und ehrenvoll. Als
man meinen Entschluß, gleich abzureisen, gesehen hat, ist zwi=
schen dem kaiserlichen Hofe und mir viel über die Lage der
Dinge so wie über die Nothwendigkeit und die Art, sich mit
Ehren herauszuziehen, geredet worden. Endlich hat dies Mini=

sterium sich entschlossen, die Unterhandlungen Seiner Majestä
und meine Verbindung mit Barthelemy in so weit zu benutzen,
daß der König über den allgemeinen Frieden unterhandeln könnte,
und die Ehre hätte, der Vermittler zu sein. Der Freiherr von
Thugut hat mich deshalb beauftragt, alle Nachforschungen und
Schritte zu thun, welche ich für geeignet halte, die Unterhand=
lung zu erleichtern und zu eröffnen; jedoch in der Weise, daß
die Franzosen mit Rücksicht auf den Einfluß Seiner Majestät
des Königs auf den Kaiser mich beauftragten, dem Wiener Hofe
Vorschläge zu machen. Dieser würde sie dann den Engländern
übermitteln, um die Unterhandlung mit Allen zu eröffnen. In
solchem Falle könne ich, da der Waffenstillstand des Königs viel=
leicht schon unterzeichnet, mithin für Seine Majestät Nichts mehr
zu fürchten wäre, den Abschluß des Definitiv=Friedens entweder
verschieben, damit der König ihn mit allen Anderen zugleich un=
terzeichne, oder der König könne, falls er aus was immer für
einem Grunde nicht warten möge, als neutrale Macht das Amt
des Vermittlers übernehmen (S. XXII). Der Baron Thugut
hat auch lange über die Natur der Vorschläge gesprochen, mit
denen ich mich befassen dürfe; ihre Grundlage ist, daß der
Friede ein allgemeiner, kein particulärer sei. Den lan=
gen Conferenzen mit jenem würdigen Minister, von denen ich
aus Mangel an Zeit keinen eingehenden Bericht erstatten kann,
hat der Kaiser selbst noch in dringendster Weise den Wunsch
hinzugefügt, daß ich ihm auf ein oder anderem Wege den Frie=
den verschaffe, entweder zugleich mit dem König und den Alliirten,
oder unter der Vermittlung des Königs. Aber strenges Geheim=
niß ist dabei erforderlich; denn es würde in England das größte
Mißtrauen, in Frankreich die größte Kühnheit, in Spanien die
größte Eifersucht hervorrufen, wenn man durchschaute, daß meine
Anwesenheit in Basel den Frieden der Uebrigen anbahnen
und zur directen oder indirecten Vermittlung des Königs füh=
ren könnte..... Sollte ich annehmbare Vorschläge von Frank=
reich erhalten, so wird der Kaiser sie in London zur Kenntniß
bringen, um sie dort in Berathung zu ziehen und gemeinschaft=
lich durch mich zu beantworten, bevor die öffentliche und förm=

liche Unterhandlung ihren Anfang nimmt; denn die Untrenn=
barkeit der verbündeten Höfe muß die erste Grund=
lage der Verhandlungen sein (S. XXIII)."

De Gallo setzt hinzu, Degelmann werde den Auftrag erhal=
ten, ihm jede nöthige Aufklärung zu geben; auf Verlangen Thu=
guts habe er den englischen Gesandten von seiner Reise nach
Basel vorher in Kenntniß gesetzt. Er fragt noch, wie er sich zu
verhalten habe, wenn die Franzosen den Sitz der Verhandlun=
gen nach Paris verlegen wollten; denn der Kaiser habe ihm
selbst und durch Thugut erklärt, er werde nicht dulden, daß ein
an seinem Hofe beglaubigter Gesandter eine Vertretung bei ei=
ner feindlichen Macht übernehme. Dieser letzte Gedanke nebst
Einigem, was mit Barthelemy verhandelt wurde, bildet auch den
Hauptgegenstand der zweiten Depesche aus Basel vom 30. Juni.
Der Krieg am Rheine hatte unterdessen eine ungünstige Wen=
dung genommen, der Rückzug des Erzherzogs Karl ließ befürch=
ten, daß die französischen Heere in Deutschland und Italien auf
dem Wege durch Tyrol sich vereinigen könnten; von Neapel war
der Fürst Belmonte=Pignatelli bereits zum Gesandten ernannt,
um in Paris den Frieden zum Abschluß zu bringen. De Gallo
schreibt, er habe Thugut auf die Gefahren aufmerksam gemacht
und einen vertrauten Secretär, Herrn von Baptist, nach Wien
geschickt, um über die politischen und militärischen Angelegenhei=
ten Bericht zu erstatten. Er theilt einen Brief an Thugut mit,
in welchem er um Nachricht bittet, ob er selbst sich nach Paris
begeben dürfe.

Dies ist der Inhalt der beiden Urkunden, welche nach Ansicht
des Herrn v. Sybel meine Erzählung und meine vorsichtigen
Schlüsse widerlegen. Der Leser mag selbst urtheilen; ich kann
nicht anders, als eine Bestätigung darin finden. Daß der Kaiser
nur auf ehrenvolle Bedingungen und nur in Verbindung mit
England einen allgemeinen, keinen Separatfrieden schließen wolle,
ist hier nicht blos einmal ausgesprochen, sondern immer von
Neuem wiederholt und als Vorbedingung alles Uebrigen hin=
gestellt. Zu wenig Anderem läßt der Kaiser sich jetzt herbei
als zu dem, was England und Oestreich in den Noten vom 8.

März und 21. Mai den Franzosen schon angeboten hatten. [1]
Und selbst die Ermächtigung, von welcher de Gallo schreibt, wie
viel Mühe hat es gekostet, sie zu erhalten, und wie wenig Werth
hat offenbar Thugut darauf gelegt! Anerbietungen soll der Ge=
sandte gar nicht machen, nicht einmal merken lassen, daß man
in Wien Eröffnungen durch seine Vermittlung entgegenzunehmen
sich bereit erklärt habe.   Dazu kommt noch, daß de Gallo von
seiner Regierung beauftragt war, den Kaiser, und zwar in Ver=
bindung mit Neapel, zum Frieden zu bewegen, daß er also, wie
auch Lucchesini bezeugt, auf jede Weise in die Stellung eines
Vermittlers sich einzudrängen und unzweifelhaft seine Erfolge im
günstigsten Lichte darzustellen suchte. Endlich, was die Anfrage in
dem Briefe an Thugut betrifft, so wissen wir, de Gallo hat die
gewünschte Erlaubniß nicht erhalten; er reiste nicht nach Paris,
sondern nach Wien zurück. Schon daraus erhellt, daß ein Er=
gebniß, wichtig für den Kaiser, in Basel nicht erreicht wurde.
Mir scheint also, nach den unzulänglichen Urkunden konnte ich
nicht leicht vorsichtiger, aber auch nicht leicht richtiger mich
ausdrücken, als ich gethan. Vergleichen wir damit die Darstel=
lung des Herrn v. Sybel.

„Thugut", sagt er (S. 164), „war anfangs über die Feigheit
Neapels sehr ingrimmig und ermahnte de Gallo zur Standhaf=
tigkeit. Als dieser aber den bestimmten Befehl zur Reise nach
Basel vorzeigte, nahm Thugut die Gelegenheit wahr, den von
Carletti angeknüpften Faden weiter zu spinnen. In langen Con=
ferenzen entwickelte er dem Neapolitaner die Lage des Staates
und sein politisches System" — davon sagt der Gesandte Nichts —.
„Leider, berichtet de Gallo nach Neapel, habe ich keine Zeit,
dies im Einzelnen aufzuschreiben" — er hatte doch Zeit, als die
Grundlage aller Bedingungen zu erwähnen, der Friede müsse ein
allgemeiner, kein particulärer sein; nur Herr v. Sybel hat, wie
es scheint, keine Zeit, diese Worte mitzutheilen. — „Der Kaiser",
heißt es wenig später, „wiederholte dem Marchese die Weisung
Thuguts persönlich, ja er ging bis zu der Erklärung, Gallo möge

---

[1] Oestreich und Preußen S. 215.

ihm den Frieden schaffen, entweder in Gemeinschaft mit Neapel und den übrigen Alliirten, oder unter neapolitanischer Vermitt= lung." Die Leser müssen annehmen, der Kaiser mache hier noch ein besonderes Zugeständniß, in Wahrheit sagte er gar Nichts, als was auch Thugut gesagt hatte; daß Oestreich im einen wie im anderen Falle nicht für sich allein, sondern nur in Verbin= dung mit England den allgemeinen Frieden schließen wollte, bleibt dabei durchaus bestehen. „Die Sache", fährt Herr v. Sybel fort, „wurde übrigens in das tiefste Geheimniß gehüllt. Degelmann, der den Marchese in allen Stücken unterstützen sollte, empfing zugleich die oben erwähnten Befehle, ihn überall zu ver= läugnen." Beinahe mehr Unrichtigkeiten als Worte. Nach de Gallo's Bericht sollte ihm Degelmann die nöthigen Aufschlüsse geben, und damit vollkommen im Einklang schreibt Thugut am 2. Juni an den östreichischen Geschäftsträger, daß er sich allen diplomatischen Schritten de Gallo's fern halten, aber in andern Dingen ihm, so weit als möglich, zur Hand gehen solle. Den zweiten der „Befehle", auf welche Herr v. Sybel sich hier be= zieht, nämlich die Anweisung, Degelmann solle „mit Barthelemy in gar keine Verbindung treten, da der Kaiser keine An= träge noch Unterhandlungen beabsichtige", diesen Befehl hat er aus meinem Buche angeführt, um Thugut wieder als Lügner darzustellen. Das Datum verschweigt er aber. Der Be= fehl ist nämlich vom 14. August datirt, hat also mit der Unter= handlung de Gallo's nicht das Geringste zu thun, sondern charakteri= sirt nur auf's Neue die Gewandtheit des Herrn v. Sybel, ohne Rück= sicht auf die Gesetze der Zeitfolge Ereignisse zu gruppiren. „Von Basel", heißt es wenig später, „meldete dann de Gallo die höchste Freude über Barthelemy's freundliches und zugängliches Wesen, leider hatte er wieder keine Zeit, die Ergebnisse im Einzelnen schriftlich nach Neapel zu berichten, sondern sandte einen seiner Gesandtschaftsbeamten nach Wien, um Thugut Bericht zu erstat= ten." Nach dem Anfang dieses Satzes wird jeder glauben, die Unterhandlungen de Gallo's, darunter auch die für Oestreich, hätten den besten Fortgang genommen. In Wahrheit übersandte der Wohlfahrtsausschuß eine übermäßig unhöfliche Note, und die Freundlichkeit Barthelemys bestand lediglich darin, daß er die schroffen Ausdrücke milderte und die Erörterungen des Gesandten mit Wohlwollen anhörte. Daß de Gallo die Ergebnisse im Einzelnen aus Mangel an Zeit nicht nach Neapel habe berichten können, ist nicht weniger wie die „höchste Freude" ein Zusatz des Herrn v. Sybel. De Gallo meldet gerade umgekehrt die Einzelheiten (questi dettagli) und bittet nur, man möge sie doch Keinem anvertrauen, weil sie Barthelemy compromittiren könnten. Daß endlich der Brief an Thugut, welchen Baptist nach Wien brachte, vornehmlich die Frage behandelte, ob de Gallo sich nach Paris begeben dürfe, dies hat Herr v. Sybel seinen Lesern mitzutheilen nicht für gut befunden. Denn er hätte dann auch sagen müssen, daß die Erlaubniß ausgeblieben sei, und dadurch seiner Deduction die Spitze abgebrochen. Man denkt vielleicht, ich stelle hier nur eine Reihe kleiner Unrichtigkeiten zusammen. Gewiß nicht so groß, um sie mit früheren zu vergleichen, aber immer lehrreich genug, um zu veranschaulichen, wie Herr v. Sybel einer Erzählung Farbe zu geben weiß.

Er schließt noch die Vermuthung an, es würde zwischen de Gallo und Barthelemy wie früher zwischen Thugut und de Gallo von italiänischen Entschädigungen für Oestreich die Rede gewesen sein. Dies ist schlechterdings nicht als unmöglich zu bestreiten, aber einstweilen eine müßige Frage; ebenso müßig als die andere, ob nicht Thugut gegen besonders günstige Anerbietungen vielleicht von den Engländern sich getrennt hätte. Ich möchte in solchen Fällen für keinen Diplomaten jener Zeit die Bürgschaft übernehmen. Das einzig Richtige ist, sich an den Thatsachen halten, das Schlechte nicht für unmöglich erklären, aber auch nicht eher Jemanden nachsagen, bis man den Beweis in Händen hat.

II.

Keine der Verhandlungen, die ich bisher erwähnte, erreicht an Bedeutung die Präliminarien von Leoben, welche nach fünf Jahren zuerst dem Kriege ein Ziel setzten. Nach dem Vorgange

der auswärtigen Schriftsteller wurde dieser Vertrag auch in
Deutschland, insbesondere von Häusser, als ein Triumph der
Franzosen aufgefaßt; ich versuchte aus der Lage der Verhältnisse,
aus Documenten der östreichischen und preußischen Archive, so
wie aus den Briefen Bonaparte's diese Ansicht als nicht begrün=
det nachzuweisen. Allerdings, bemerkte ich, sei die Fassung der
Präliminarien ungenau, wenn sie im fünften Artikel die Reichs=
integrität als Grundlage eines zu berufenden Friedens-Congres=
ses, und im sechsten nichts desto weniger die constitutionellen Grän=
zen Frankreichs anerkennen. Es lasse sich jedoch zeigen, wie dieser
Widerspruch im Sinne der Abschließenden auszugleichen sei. Die
constitutionellen Gränzen haben außer den belgischen Provinzen
des Kaisers noch Lüttich, Malmedy, Logne und Stablo, so wie
die deutschen Besitzungen im Elsaß umfaßt, aber nicht mehr, na=
mentlich Mainz, Worms und Speier nicht. Frankreich habe also
in Wahrheit auf das linke Rheinufer verzichtet, und die Inte=
grität des Reiches, wenn auch nicht ganz genau, doch im We=
sentlichen richtig als Grundlage des Friedens sich bezeichnen
lassen. Selbst Herr v. Sybel erklärt (S. 171), ich habe die Worte
der Präliminarien „so methodisch, so kenntnißreich, wie nur ir=
gend möglich, erläutert", „meine ganze Erörterung sei so bündig,
wie der Rechtshistoriker wünschen möge, sie würde auch ihn viel=
leicht überzeugt haben", wenn nur — „ein geflügeltes und doch
so gewichtiges Wort Thuguts" diese schmeichelhaften Lobsprüche
nicht wieder in das Gegentheil verwandelte. Thugut soll näm=
lich im November 1796 dem englischen Gesandten erklärt haben,
er wünsche bei dem Frieden mit Frankreich das Reich in seinen
alten Grenzen und Rechten zu erhalten; wenn aber die belgische
Sache zu Oestreichs Zufriedenheit, — durch den Tausch gegen
Baiern — geordnet werden könnte, so würden die Angelegen=
heiten des deutschen Reiches wenig Schwierigkeit mehr machen
(S. 168). Herr v. Sybel hat diese Aeußerung weder im Original
noch in einer wörtlichen Uebersetzung mitgetheilt, er nennt nicht
einmal das Datum des Edenschen Berichtes, in welchem sie sich
finden soll; aber nehmen wir an, sie habe gelautet, wie er an=
gibt. Der Leser mag entscheiden, ob eine ganz unbestimmte

Aeußerung Thuguts, die ein halbes Jahr vor dem Abschluß der
Präliminarien einen völlig verschiedenen Fall, nämlich statt der
Abtretung Belgiens an Frankreich, den Verzicht Frankreichs auf
Belgien zur Voraussetzung hat, ob diese Aeußerung eine Interpre=
tation der Präliminarien widerlegen könne, welche auf Thuguts un=
zweideutiger Instruction (vom 15. April), auf dem Wortlaut des
Vertrags und dem Begriff der constitutionellen Gränzen, auf den
Berichten der östreichischen Bevollmächtigten, den eigenen Briefen
Bonapartes und den Erklärungen des Directoriums beruht, eine
Interpretation, welche Herr v. Sybel selbst so kenntnißreich als
möglich, so bündig wie der Rechtshistoriker wünschen möge, ge=
nannt hat. Vielleicht mag das Lob des Herrn v. Sybel hier eben
so wenig begründet sein als der Tadel; aber gewiß ist, daß die=
ser Tadel das Lob, wenn es begründet war, nicht wieder auf=
heben kann.

Und was er folgen läßt hat nicht mehr zu bedeuten.

Aus den von Herrmann mir zugesandten englischen Depe=
schen hatte ich zwei Unterredungen Thuguts mitgetheilt, vom
21. April und vom 20. Mai. In der ersten gab er Eden von
dem Abschluß der Präliminarien Kenntniß. Er sei dadurch,
fügte er hinzu, nicht weniger als der englische Gesandte
überrascht worden, habe auch den Kaiser um seine Entlas=
sung gebeten. Am 20. Mai, als Eden auf den Unterschied zwi=
schen der kaiserlichen Erklärung über die Reichsintegrität, und
der französischen über die Anerkennung der constitutionellen Grän=
zen hinwies, erwiederte Thugut, es sei dies ein Beispiel von der
ungenauen Ausdrucksweise der Präliminarien. Der kaiserliche
Bevollmächtigte, statt den Artikel in der gegenwärtigen Fassung
zuzulassen, habe die Anerkennung auf die vom Kaiser abgetrete=
nen Niederlande beschränken sollen. Durch die erste Erklärung,
folgert Herr v. Sybel, „schlage Thugut mein Lob seiner offen=
herzigen Wahrheitsliebe, durch die zweite meine rechtskundige
Apologie der Präliminarien in Scherben." Der eine Schluß ist
so voreilig wie der andere. Freilich die Möglichkeit einer sol=
chen Einwendung hatte ich vorausgesehen und vornehmlich aus
diesem Grunde den Inhalt jener Gespräche im Anhange noch mit=

getheilt ¹); denn es gilt mir als unverbrüchliche Regel, niemals etwas zu übergehen, was gegen meine Ansichten sprechen könnte. Die Einwendung hier ist jedoch nur scheinbar. Nicht einmal, daß Thugut Eden eine Unwahrheit gesagt habe, steht fest. Gewiß ist, daß er durch die Präliminarien überrascht wurde, denn aus Merveldt's Depeschen sehen wir: die Unterzeichnung erfolgte auf Bonaparte's Drängen, ehe eine Antwort aus Wien in Leoben eintreffen konnte. Daß Thugut mit dem Vertrage, der die Trennung Oestreichs von England in sich schloß, zufrieden war, läßt sich auch noch nicht sagen, wird auch durch die Instruction vom 15. April nicht erwiesen. Es kann immer ein Minister unter Verhältnissen, wie sie damals in Wien bestanden, eine Instruction ertheilt haben, ohne persönlich ihren Inhalt zu billigen. Ein besonnener Schriftsteller wird nicht Alles, was Thugut hier gesagt hat, sogleich für wahr annehmen, denn allerdings lag in den Umständen Manches, was ihn Eden gegenüber zu einer Unwahrheit verleiten konnte. Aber eben so wenig darf man die letztere ihm Schuld geben, so lange die Vorgänge am Wiener Hofe nicht genügender als bis jetzt bekannt geworden sind.

Noch weniger begründet ist die andere Behauptung von einem Widerspruche zwischen Thuguts Worten und meiner Auffassung der Präliminarien. Daß der Minister nach Allem, was zwischen ihm und Eden früher verhandelt war, sich nicht als unbedingten Vertheidiger des Vertrages hinstellen mochte, liegt in der Natur der Sache; zugleich wollte er von dem Inhalt noch keine Kenntniß geben. Man begreift also, daß er nicht auf ausführliche Erörterungen einging, sondern bereitwillig zugestand, was sich gar nicht in Abrede stellen ließ. Denn daß die Präliminarien sich ungenau ausdrücken, habe ich selbst schon gezeigt; es ist in der That ein wörtlicher Widerspruch zwischen dem 5. und 6. Artikel vorhanden. Die spätere östreichische Interpretation wollte freilich die Anerkennung der constitutionellen Gränzen ausschließlich auf die östreichischen Niederlande beziehen, aber ich habe nach-

---

¹) Den englischen Text findet man in der Beilage V.

14

gewiesen, daß sie, wenn nicht dem Wortlaut, doch dem Geiste des Vertrags und dem Willen der Abschließenden entgegen ist. Einzig mit dieser unrichtigen Interpretation stehen Thuguts Worte nicht ganz im Einklang — auch nicht in entschiedenem Widerspruch —, mit meiner Erklärung stimmen sie vollkommen überein, und mein Gegner hat auch hier wieder in die Luft gestoßen.

Was er noch an freundlichen Redensarten einflicht, kann ich meistens übergehen. Eben hieher bezieht sich die psychologische Erörterung über die Herrmann'schen Excerpte, welche meinen Lesern nur zu wohl aus dem Vorwort erinnerlich sein wird. Gerade als ich den Abschnitt über die Präliminarien — früher als alle übrigen — bearbeitete, erhielt ich die Nachricht von Häusser's Tode; ich denke, es war der Ausdruck des natürlichsten Gefühls, daß mir in solchem Augenblicke die Widerlegung seiner Ansichten doppelt unerfreulich werde. Herr v. Sybel meint, es sei ihm selten „eine widerlichere Verbrämung einer verfehlten Polemik vorgekommen", und ich bin denn auch weit entfernt, zu hoffen oder zu wünschen, daß er meine Gefühle theilen oder loben sollte. Er behauptet noch, ich habe Häusser „wegen seiner gehässigen Stimmung und seiner Trugschlüsse denuncirt." Ich den todten Häusser denuncirt! Daß man Lebendige denuncirt, habe ich wohl erfahren; die Todten, denke ich, könnten der Denuncianten sich getrösten. Aber genug oder schon zu viel! Auch habe ich nicht lange mehr um Geduld zu bitten. Nur zwei Einwendungen bleiben in dem nächsten Kapitel noch abzuthun.

Neuntes Kapitel.

Der Friede von Campo Formio.

I.

Während das Directorium den Inhalt der Präliminarien mehr und mehr zu verändern suchte, fand der Kaiser in möglichst rascher Ausführung seinen Vortheil. Noch vor dem 28. April sprach de Gallo dem französischen Feldherrn in Gratz die Geneigtheit aus, sich vorläufig in einer italienischen Stadt über die wichtigsten Puncte, welche dereinst an den Congreß in Bern gelangen könnten, zu verständigen. Bekanntlich wurde von Bonaparte später behauptet, der Kaiser habe dadurch auf den Berner Congreß Verzicht geleistet. Ohne ausreichenden Grund; es ließ sich erweisen, daß keine förmliche Verhandlung, noch weniger ein diplomatisch wirksamer Verzicht in Gratz zu Stande gekommen sei. Ich fügte aber hinzu, dem Wiener Cabinet geschehe schwerlich Unrecht durch die Annahme, Thugut würde auch gesonderte Verhandlungen nicht vermieden haben, hätte er hoffen dürfen, in solcher Weise rasch und sicher die Bedingungen von Leoben, oder noch größere Vortheile zu erlangen. Statt dessen entwickelten sich die italienischen Angelegenheiten im Gegensatz zu den Wünschen des Wiener Hofes; aber de Gallo unterzeichnete gleichwohl am 24. Mai zu Montebello eine Uebereinkunft, welche in Allem den Wünschen der Franzosen entsprach. Der Congreß in Bern sollte wegfallen, nach den Verabredungen der folgenden Tage das linke Rheinufer an Frankreich, Mantua an die cisalpinische

14 *

Republik gelangen, und der Kaiser durch den Besitz der Stadt
Venedig nur unzureichend entschädigt werden. Thugut verwarf
deßhalb die Uebereinkunft, forderte die genaue Ausführung der
Präliminarien, man begann wieder eifrig zu rüsten und nach
den letzten Gewaltschritten der Franzosen auf das Aeußerste ge=
faßt zu sein.

Diese Darstellung habe ich früher gegeben und wüßte ich
jetzt nicht zu verändern; Herr v. Sybel findet sie dagegen
durch ein Document aus dem Provinzialarchiv zu Neapel völlig
widerlegt. Vorerst läßt er mich wieder ein „Tugendbild von
Thugut" malen; dann äußert er seine Verwunderung, daß
ich für die Zeit vom 24. April bis zum 24. Mai „nur" — er
hätte sagen müssen: vornehmlich — „die gedruckten französi=
schen Quellen benutze." „Soll man annehmen", fragt er (S.
176), „daß de Gallo bei einer Sendung von solcher Wichtigkeit
— wie die nach Montebello — gar keine schriftliche Instruction
empfangen? kann man glauben, daß er vor und nach der Ue=
bereinkunft vom 24. gar keine näher motivirenden Berichte nach
Wien gesandt habe? Oder sind Instruction und Berichte im
Wiener Archive seitdem abhanden gekommen? Oder hätte Hüf=
fer sie vielleicht durch dieselben Gläser betrachtet, wie Cäsar's
Depesche vom 22. Juni oder Lucchesini's Brief vom 17. De=
cember 1794? Jedenfalls scheint so viel deutlich, daß wenn die
Instruction in Wien existirte, es sich übel mit seinen gelehrten
Mienen vertrüge, sie übersehen zu haben, oder wenn sie dort
verloren wäre, seine Fähigkeit zu historischen Combinationen
problematisch würde, falls ihr Inhalt seinen sonst motivirten
Ergebnissen stark widerspräche." Er läßt dann im Anhange
Thuguts Instruction vom 14. Mai vollständig abdrucken und
bittet den Leser zu urtheilen.

Auf diese geschmackvolle Erörterung muß ich zunächst erwiedern:
die von Herrn v. Sybel mitgetheilte Instruction habe ich nicht durch
dieselben Gläser betrachtet, wie die Depesche Cäsars vom 22. Juni
— welche Herr v. Sybel nicht kannte — oder Lucchesini's Brief vom
17. December 1794 — welchem er durch unrichtige Interpunction
und falsche Uebersetzung einen veränderten Sinn gegeben hat —

sondern ich habe sie gar nicht gesehen. Sie war auf dem Wiener Archive, als ich dort arbeiten konnte, nicht vorhanden, wie denn überhaupt von dem Briefwechsel zwischen be Gallo und Thugut der größere Theil verloren oder doch nicht wieder aufgefunden ist. Meine „Fähigkeit zu historischen Combinationen mag immer problematisch werden, falls die Instruction meinen sonst motivirten Ergebnissen stark widerspräche", nur über das Vorhandensein dieses Falles kann ich mit Herrn v. Sybel nicht übereinstimmen. Mir scheint, so genau als ohne Kenntniß des Actenstückes möglich war, findet man den Inhalt in meinem Buche angedeutet; jeder Leser hätte ihn, wenn er nur den Tag der Ausfertigung kannte, im Wesentlichen richtig vorhersagen müssen. Thugut klagt zunächst über die Veränderungen, welche im Widerspruch mit den Präliminarien in Venedig vorgenommen seien. Um ähnliche Schritte zu verhindern, üble Wirkungen, die daraus hervorgehen könnten, zu beseitigen, wünscht er, so bald als möglich zwischen Oestreich und Frankreich zu einem festen Abschluß zu gelangen. Es stimmt dies vollkommen mit be Gallo's Erklärungen in Gratz und mit meiner Vermuthung, Thugut würde vor Sonderverhandlungen nicht zurückgeschreckt sein, hätte sich ein günstiges Ergebniß dadurch erreichen lassen. Keineswegs beweist es aber, was Herr v. Sybel folgert, daß der Congreß in Bern dem östreichischen Minister gleichgültig gewesen sei. Er bedurfte ihn schon, um sich England gegenüber zu decken, noch mehr für den Fall, daß die Franzosen auf die östreichischen Forderungen nicht eingingen. Schon aus diesem Grunde erklärt sich, warum, da dieser letzte Fall wirklich eintrat, der Convention die Anerkennung versagt wurde. Dazu kommen noch zwei Puncte der an die Convention sich anschließenden Verabredung: das Preisgeben des linken Rheinufers und die zu geringe Entschädigung in Italien. Beide habe ich in meinem Buche hervorgehoben, und es ist wenigstens kein Beweis gegen meine Fähigkeit zu combiniren, daß sich gerade diese beiden Bestimmungen auch mit der Instruction im entschiedensten Widerspruch befinden. Herr v. Sybel behauptet freilich (S. 177), Thugut lege auch hier auf die Reichsintegrität gar keinen Werth, erwähne sie „höchst beiläufig, fast nur, um zu versichern, daß der Kaiser die Reichsstände völlig im Stiche lassen würde, wenn sie unvernünftige Prätentionen erheben würden." Aber Alles willkürlich. Die Reichsintegrität ist bestimmt als Grundlage des künftigen Reichsfriedens festgehalten. Daß auf Einzelnheiten nicht eingegangen wird, liegt in der Natur der Sache; die italienische Verhandlung sollte gar nicht den Reichsfrieden, sondern den Frieden Oestreichs mit Frankreich zum Abschluß bringen. Und es zeugt doch nicht gerade von Unredlichkeit, daß der Kaiser die Reichsangelegenheiten lieber von dem Reichscongreß verhandeln, als sich im Voraus mit den Franzosen zu selbstsüchtigen Zwecken darüber einigen will. Dazu kommen noch unzweideutige Nebenbestimmungen. In Bezug auf die Entschädigung des Herzogs von Modena, der den östreichischen Breisgau erhalten sollte, wird (S. XXXVII) bemerkt: der Kaiser werde keine Veränderung des Besitzstandes in Deutschland zulassen, die nicht ohne irgend einen Zwang und mit voller Einwilligung des gegenwärtigen Besitzers vorgenommen würde: eine Erklärung, welche Säcularisationen und damit die unumgängliche Vorbedingung für die Abtretung linksrheinischer Gebiete ausschließt. Weiter heißt es, wenn etwa der Kaiser gegen italienische Erwerbungen auf die Grafschaft Falkenstein verzichte, so dürfe dieselbe doch keinenfalls im Besitze Frankreichs bleiben, man müsse sich vorher einigen über den Gebrauch, welchen Frankreich davon zu machen denke. Die Grafschaft Falkenstein liegt in der Rheinpfalz, nicht weit von den Gränzen Lothringens; es setzt also auch diese Bestimmung gerade nach der bedrohtesten Seite die Reichsintegrität voraus. Eine andere Frage ist, ob Thugut gegen übergroße Entschädigung in Italien nicht gleichwohl auf die Reichsintegrität verzichtet hätte; aber welcher Vortheil läßt von dem Spiel mit so willkürlichen Combinationen sich erwarten? Sicher ist, daß Thugut in jener Instruction die Reichsintegrität nicht aufgegeben hat, Bonaparte auch gar Nichts in Aussicht stellte, was zu einem solchen Opfer hätte bewegen können. Denn für Mantua und das wichtige Gebiet zwischen Oglio und Etsch wurde nur

die Stadt Venedig zum Ersatz geboten, und dieser wesentlich
dadurch geschmälert, daß die Legationen statt, den Präliminarien
gemäß, der Venetianischen Aristokratie also dem Einfluß Oest=
reichs anheim zu fallen, als Theile der italienischen Republik in
Wahrheit französische Provinzen werden sollten.

So wenig man sich also wundern darf, daß Thugut der Con=
vention die Genehmigung versagte, so sehr muß es Wunder
nehmen, daß de Gallo so leicht sich zum Abschlusse, insbesondere
zum Verzicht auf den Berner Congreß, bewegen ließ, und daß
Herr v. Sybel dies Verfahren nicht verwunderlich findet. Er
rechtfertigt de Gallo, indem er ausführt: Thugut wollte durch
Separatverhandlungen günstige Bedingungen erhalten, legte des=
halb auf den Congreß keinen Werth, de Gallo handelte also
recht, wenn er darauf verzichtete. Aber der logische Fehler ist
augenscheinlich. Man kann allenfalls sagen, Thugut würde auf
den Congreß keinen Werth gelegt haben, wenn er auf anderem
Wege bedeutende Vortheile hätte erhalten können. Aber diese Be=
dingung war eben nicht eingetreten, und deshalb — ist die noth=
wendige Folge — legte Thugut großen Werth auf den Con=
greß, und durfte de Gallo nicht darauf verzichten. Hierzu kommt
noch ein Grund, schon allein entscheidend, aber von Herrn v.
Sybel ganz übergangen, obgleich ich in meinem Buche (S. 334)
schon darauf hingewiesen hatte: de Gallo besaß nicht einmal
die nöthige Vollmacht. In einer Note der französischen Gesand=
ten Bonaparte und Clarke vom 20. Juni 1797 heißt es aus=
drücklich, der Marquis de Gallo habe ihnen bald nach seiner
Ankunft (im Mai) mündlich erklärt, es sei ihm deshalb keine
Ermächtigung für den Separatfrieden ausgestellt, weil der Frei=
herr von Thugut vorerst die Form der Vollmachten zu kennen
wünsche, welche das Directorium den Gesandten der Republik
ertheilen werde.... Jetzt, beinahe einen Monat später hätten
der Marquis de Gallo und Graf Merveldt mündlich angezeigt,
sie besäßen keine andere Vollmacht als die für die Präliminarien
ihnen gegebene. [1]) Es besteht gar kein Grund, an der Wahr=

---

[1]) Vgl. Correspondance de Napoléon, Paris 1859, II, 136. Die Voll=

heit dieser Aussage zu zweifeln, und schon danach muß man de Gallo zum Abschluß der Convention für nicht berechtigt halten. Meinem Gegner ist aber das französische Document offenbar unbekannt geblieben, obgleich es immerhin leichter zu finden war, als die früher erwähnte kleine Schrift von de Prabt. Jedenfalls möchte es für die „prosaische Geschichte dieser Dinge", welche Herr v. Sybel meiner „Epopoe" gegenüberzustellen verspricht, von einigem Nutzen sein, wenn er von den wichtigsten darauf bezüglichen Actenstücken in der bekanntesten seit zehn Jahren veröffentlichten Sammlung vorerst Kenntniß nehmen wollte.

II.

Der Uebereinkunft von Montebello folgte eine lange Zögerung; Woche auf Woche verging, ehe nur Unterhandlungen eröffnet wurden. Der Grund lag unzweifelhaft in dem Willen Thuguts, der eine günstige Wendung im Innern Frankreichs erwartete. Er nahm die Forderung des Congresses in Bern wieder auf, und so viel ich sehe, mit gutem Recht. Es zeugt nicht von Unbefangenheit, wenn Herr v. Sybel (S. 180) meint, „das Vorgeben, daß die Berufung des Congresses nach den Präliminarien unwiderruflich festsstehe, habe sich nach den betreffenden Sätzen in der Instruction des 14. Mai kraus ausgenommen." Denn zunächst wird in dieser Instruction das Recht auf den Congreß ausdrücklich festgehalten, dann, wie hätte eine ausschließlich für die eigenen Gesandten bestimmte Instruction den Inhalt der Präliminarien aufheben oder verändern können? Erst als die dringendsten Mahnungen aus Paris, die heftigsten Drohungen aus dem französischen Hauptquartier nach Wien gelangten, als Malmesbury in Lille unterhandelte, und die Anfrage Thuguts, ob er beim Wiederausbruch des Krieges auf englischen Beistand rechnen dürfe, von Grenville schroff zurück-

---

machten vom 24. April, welche ich in meinem Buche S. 331 erwähne, haben einen nur provisorischen Charakter.

gewiesen war, erst da bequemte sich Thugut, die Gesandten in Italien wenigstens zu förmlichen Unterhandlungen für den Definitivfrieden zu ermächtigen. Aber auch jetzt noch zeigte er wenig Neigung, auf die Bedingungen von Montebello einzugehen. Die Instruction vom 11. bis 12. August stellt zunächst sehr weitgehende Forderungen in Italien; Thugut war gewillt, auf das Brescianische Gebiet bis zum Chiese zu verzichten, verlangte aber dafür Venedig, Bologna, Ferrara und für den Herzog von Modena die Romagna. Auf die deutschen Angelegenheiten sollten die Gesandten so wenig als möglich eingehen, zunächst die volle Integrität des Reiches verfechten und die Präliminarien in der Weise auslegen, daß die Anerkennung der constitutionellen Gränzen lediglich die Abtretung der östreichischen Niederlande in sich schließe. Aeußersten Falles und unter der Bedingung, daß die italienischen Angelegenheiten wohl geordnet seien, konnten sie in einem geheimen Artikel das Versprechen geben, der Kaiser werde, falls man sich beim Reichsfrieden über das Gebiet von Lüttich, Stablo, Logne und Malmedy nicht verständige, sein Contingent verweigern. „Sollten etwa", heißt es weiter, „die Franzosen auf den Argwohn zurückkommen, Oestreich, wenn einmal in Besitz jener italienischen Erwerbungen, werde auf dem Reichsfriedenscongreß einen Vorwand suchen, den Krieg zu erneuern, so ist der Kaiser in der Ueberzeugung (aimant toujours à se persuader), daß Frankreich sich nicht von dem fünften Artikel der Präliminarien rücksichtlich der Reichsintegrität entfernen werde, zu dem Versprechen bereit, bei einem gleichwohl fortgesetzten Reichskriege gegen Frankreich nicht mehr als das Contingent zu liefern, zu welchem er als Reichsstand verpflichtet ist."

Herr v. Sybel, der die Instruction aus dem Archiv in Neapel erhalten hat, macht mir (S. III des Anhangs) den Vorwurf, daß ich sie in ungenügendem Auszuge mittheile. Ohne Grund: denn das ganze umfangreiche Document versprach ich mit den übrigen in einer besonderen Sammlung zum Abdruck zu bringen, und die entscheidenden Stellen habe ich auszuziehen nicht unterlassen. Herr v. Sybel behauptet, der Kaiser habe schon durch diese

Instruction das Reich völlig aufgegeben, um seine Erwerbungen
in Italien zu vergrößern. Allein gerade hier verdient er den
Vorwurf, welchen er mir gemacht hat. Nach seiner Ansicht (S. 181)
sollten „die Gesandten in dritter Linie sich das letzte Zugeständniß entreißen lassen, daß der Kaiser, falls das Reich die französische Forderung weigere, dasselbe nur noch mit seinem Reichscontingent unterstützen würde." Es ist richtig: die Unterstützung
ausschließlich durch das Reichscontingent kam beinahe dem Preisgeben des Reiches gleich. Aber ist denn diese Bestimmung ganz
ohne Clausel hingestellt? Ich finde den Zusatz: der Kaiser bewillige sie in der Ueberzeugung, daß Frankreich sich nicht von dem
fünften Artikel der Präliminarien über die Reichsintegrität entfernen werde, nur daß Herr v. Sybel diese gewiß erheblichen
Worte nicht berücksichtigt hat. Weiter soll das Zugeständniß ein-
treten für den Fall, daß man sich beim Reichsfrieden nicht einigen könne. Herr v. Sybel macht daraus den Fall, daß das
Reich die französische Forderung, das heißt nach seiner Ausführung
die Abtretung des linken Rheinufers nicht bewillige. Aber gerade hier liegt der entscheidende Punct. Wie mußte die französische Forderung beschaffen sein, damit die kaiserlichen Gesandten den Artikel zugestehen dürften? Daß man sie gar nicht bestimmen sollte, lag außer aller Berechnung; die Franzosen konnten voraussichtlich am wenigsten darauf verzichten. Wollte man
sich nun genau an die Worte halten, so könnte man sagen, durch
die Instruction sei die Reichsintegrität gewahrt. Denn in der
Ueberzeugung, die Franzosen würden sie nicht verletzen, bewilligt
der Kaiser den Artikel; erwies sich im Laufe der Verhandlungen
diese Ueberzeugung als nicht begründet, so fiel auch die Bewilligung hinweg. Dafür spricht noch, daß Thugut später, gerade wo
er die Vortheile eines solchen Artikels für die Franzosen hervor-
hebt, ausdrücklich die Bedingung beifügt, ihre Forderungen dürften nicht alles Maß überschreiten. Als sehr weitgehend darf
man aber dies Maß in der Sprache und nach dem Geiste der
Instruction nicht annehmen; denn gerade vorher wird die Bewilligung von Lüttich, Stablo, Logne und Malmedy als ein
Uebermaß von Nachgiebigkeit bezeichnet, das die französischen

Bevollmächtigten befriedigen müsse, wenn sie nicht mit Vorbe=
dacht den Abschluß des Friedens durch alles Maß überschrei=
tende Ansprüche unmöglich zu machen beabsichtigten (S. L).
Weiter spricht in diesem Sinne, daß für die Abtretung der Graf=
schaft Falkenstein gerade wie in der Instruction vom 14. Mai
die Bedingung gestellt wird, Frankreich dürfe diese von seinen
Gränzen weit entfernte, inmitten anderer Reichsgebiete ge=
legene Besitzung nicht für sich behalten. Aber eine solche Be=
weisführung, wenn sie auch vor einem Gerichtshofe gelten könnte,
wäre doch nicht geeignet, die Bedeutung eines Actenstückes die=
ser Art in das rechte Licht zu stellen. Die Instruction vom 11.
August bereitet in der That die Wendung vor, welche zu den
Bedingungen von Campo Formio führen mußte.

Voreilig ist die Behauptung des Herrn v. Sybel, die Ge=
sandten hätten „nach einigen diplomatischen Demonstrationen das
linke Rheinufer zur Erlangung möglichst großer italienischer Ge=
biete aufgeben" sollen. Die Franzosen verlangten es noch nicht
einmal; noch in der Sitzung des 6. Septembers beschränkten sie
sich im Wesentlichen auf Mainz und die Pfalz. Aber auch Thu=
gut hielt die Reichsintegrität nicht mehr als etwas Unabänder=
liches fest; die Absicht ging offenbar dahin, die Forderungen der
Franzosen in Bezug auf das linke Rheinufer sowie ihre Zuge=
ständnisse in Bezug auf Italien zu erwarten und nach dem ge=
genseitigen Verhältniß beider eine Entscheidung zu treffen.

Mit dieser Auffassung steht, was in meinem Buche gesagt ist,
auf keine Weise im Widerspruch, schon deshalb nicht, weil es
genau an den Wortlaut der Urkunde sich anschließt. Jene Wen=
dung in Bezug auf die Reichsintegrität hat auch auf die Ver=
handlungen in Udine bis zur Ankunft Cobenzl's, so weit ich mich
erinnere, nicht den geringsten Einfluß geäußert. Gleichwohl hätte
ich sie noch schärfer hervortreten lassen, wären mir die Gründe
völlig bekannt gewesen. Thugut hatte, wie bemerkt, auf die An=
frage, ob er beim Wiederausbruch des Krieges auf englischen
Beistand rechnen dürfe, eine abweisende Antwort erhalten.
Die Kenntniß dieser Thatsache verdanken wir Herrn v. Sybel
— ich hebe es um so lieber hervor, je weniger ich dergleichen

hervorzuheben Gelegenheit fand — aber er vergißt ganz und gar, daß damit auch die beste Entschuldigung des verhaßten Ministers an's Licht gezogen wurde. Denn wie konnte Thugut den Krieg mit einiger Hoffnung wieder anfangen, wenn er auf englischen Beistand verzichten mußte? Ist zu verwundern, daß er in solcher Lage sich zu einem Zugeständniß herbeiließ? Weit eher mag man über die zähe Ausdauer, die muthige Festigkeit erstaunen, welche auch jetzt vor dem überlegenen Feinde nur wenige Schritte zurückwich, jeden Fuß breit Boden vertheidigte und erst nach dem Staatsstreich des 18. Fructidor, als von den innern Zuständen Frankreichs Nichts mehr zu hoffen, und der Krieg bei längerem Widerstande unvermeidlich war, zum Nachgeben sich entschloß.

Auf die Darstellung dieser späteren Verhandlungen, ungefähr ein Drittel und den wichtigsten Theil meines Buches, ist Herr v. Sybel nicht eingegangen. Nur eine Aeußerung hat noch seinen Widerspruch gereizt. Ich sage zum Schluß (S. 476), die östreichischen Staatsmänner hätten jeder Schmälerung des Reichsgebietes, jeder Aenderung der Reichsverfassung sich entgegengesetzt, und man finde keinen Grund für die Annahme, dies sei nur zum Scheine geschehen, um den Preis der Nachgiebigkeit zu steigern. Herr v. Sybel wundert sich über die „Gelassenheit", mit welcher ich trotz der Instruction vom 11. August diese Worte niederschreibe. „Welche Meinung", ruft er aus, „muß dieser Autor von seinen Lesern haben, um ihnen nach solchen Actenstücken eine solche Behauptung zu bieten!" In Wahrheit ist sie vollkommen richtig, diese Behauptung, und, wenn auch nicht in Bezug auf die Instruction vom 11. August von mir geäußert, doch keineswegs mit ihr im Widerspruch. Vielmehr zeigt sich hier noch einmal und, ich freue mich hinzuzusetzen, zum letzten Mal das Irrige der Sybel'schen Auffassung und das Grundlose seiner Vorwürfe. Zwei Ansichten über die östreichische Politik sind als gleich unberechtigt zurückzuweisen: die eine, welche Herr v. Sybel mir zuschieben will: das linke Rheinufer sei von einer Alles überwiegenden Wichtigkeit für den deutsch-nationalen Patriotismus des östreichischen Ministers gewesen; die andere, welche Herr v. Sybel aufstellt: das linke Rheinufer habe für

Oestreich keinen Werth gehabt, sei bei der ersten Gelegenheit
den Franzosen preis gegeben. Die Wahrheit ist, daß, wie früher
bei den polnischen und belgischen Angelegenheiten, zwei verschiedene Interessen neben einander giengen: man wünschte einen
möglichst großen Theil des linken Rheinufers zu bewahren und
möglichst große Erwerbungen in Italien zu machen. Standen
beide Interessen — wenn der Ausdruck erlaubt ist — quanti-
tativ sich in gleicher Größe gegenüber, so ist nicht zu verkennen, daß in dem spätern Verlauf der Unterhandlung, als die
Reichsintegrität einmal aufgegeben war, qualitativ das Interesse
nach der italienischen Seite überwog. Dies habe ich, obgleich
Herr v. Sybel meint, es sei mir „unbequem" gewesen, wahrlich
nicht zu verhüllen gesucht, sondern, wenn ich nicht sehr irre,
keine einzige charakteristische Stelle übergegangen. [1]) Aber freilich aus Allem, was ich anführte, folgt keineswegs, was Herr
v. Sybel will, und aus dem Gesammtinhalt der Verhandlungen folgt von dem, was er behauptete, das Gegentheil.
Unausgesetzt zeigen die kaiserlichen Gesandten sich bereit, auf
Grundlage der Präliminarien abzuschließen, selbst mit Opfern in Italien die Integrität des Reiches zu erkaufen, und
wenn Cobenzl am 7. October den Rest des linken Rheinufers
für den Mincio und die Legationen hingeben will — ein Anerbieten, dessen Verwerflichkeit man nicht nachdrücklicher als ich
betonen konnte — so weigert er sich doch, die von Frankreich
zugestandene Gränze des Mincio ohne die Legationen dafür anzunehmen (S. 423). Eben so weist er am 9. October (S. 435)
Bonapartes Anerbieten zurück, für den gleichen Preis die Entschädigung des Herzogs von Modena nicht Oestreich sondern dem
Reiche aufzubürden; endlich kann es keinem Zweifel unterliegen, daß Oestreich eher den Krieg wieder angefangen, als die
förmliche Abtretung des linken Rheinufers durch den Kaiser, das
heißt einen förmlichen Bruch der Reichsgesetze bewilligt hätte.

Und nun Thugut selbst. Man lese doch den einen Brief
vom 12. October 1797 über den Frieden, den er nicht mehr

---

[1]) Vgl. Oestreich und Preußen, S. 402, 420, 435, 436, 437, 476.

weigern konnte: wie er schreibt der sonst so unerschütterliche
Mann, vom Fieber ergriffen, mit leidendem Kopf, kaum fähig
einige Worte auf's Papier zu bringen, wie er klagt über die
Schmach der Bestimmungen, die man rücksichtlich Deutschlands
zuzulassen gezwungen sei, über die schimpfliche Nothwendigkeit,
einen beträchtlichen Theil des Reiches den Franzosen zu über-
liefern. [1] Aber noch mehr. Sechs Jahre später, als Thugut
lange aus dem Ministerium und von jedem Antheil an den Geschäften entfernt war, hörte Bonaparte noch immer nicht auf,
den Mann zu hassen und zu fürchten, der einzig auf dem Fest-
lande mit ungebeugtem Muth allen Kräften der Revolution,
endlich ihm selber widerstanden hatte. Philipp Cobenzl, der
frühere Vicekanzler, war damals Gesandter in Paris. Er berichtete fort und fort, wie der erste Consul seiner Gewohnheit nach
in Klagen und Beschwerden über seine persönlichen Feinde, insbesondere über Thugut sich erging: Thugut, von englischem Golde
bestochen, sei die Ursache alles Uebels; er habe den Krieg ver-
längern wollen, alle Friedensbedingungen zurückgewiesen und
durch seine Hartnäckigkeit die Monarchie an den Rand des Abgrunds geführt. Nichts ist merkwürdiger, als was der gefallene
Minister am 23. Januar 1803 seinem Freunde Franz Colloredo
darauf erwiedert. „Herr Graf Philipp Cobenzl" schreibt er,
„thäte wohl besser, sich mit seinen Amtsgeschäften und mit der
großen Angelegenheit der Entschädigungen zu befassen, als mit
wichtiger Miene von Schmähreden Bericht zu erstatten, die Bonaparte nur hält und nur halten kann, um sich über ihn lustig
zu machen. Denn es ist doch wahrer Hohn, einem Minister
vorwerfen wollen, er habe Bedingungen des Friedens zurückgewiesen, ohne daß man untersucht, ob die Bedingungen auch jemals annehmbar gewesen sind. Ew. Excellenz, welche mit allen
Verhandlungen bis auf die geringsten Einzelnheiten bekannt waren, können besser als irgend Jemand darüber urtheilen, ob nicht
jeder Friedensantrag unwiderruflich an die zwei Bedingungen
geknüpft war: erstens alle Verbindlichkeiten gegen unsere Bun-

---

[1] Oestreich und Preußen, S. 463.

desgenoſſen im Voraus abzuſchwören, zweitens das linke Rheinufer preis zu geben und den Grundſatz der Entſchädigung durch
Säcularisationen anzuerkennen. Niemals hat man uns die Möglichkeit eines Friedens ohne dieſe beiden Bedingungen gezeigt.
Es wäre alſo erſtens nöthig geweſen, daß Se. Majeſtät damit
angefangen hätten, ihren Verbündeten die Treue zu brechen und
dadurch nicht allein für die Gegenwart ſich allein zu ſtellen, ſondern auch auf die Hoffnung zu verzichten, jemals wieder treue
Bundesgenoſſen zu gewinnen. Es wäre zweitens nöthig geweſen, daß der Kaiſer, das Haupt Deutſchlands und zu ſeiner Vertheidigung verpflichtet, ſich unter der Hand und ohne durch die
Geſetze ermächtigt zu ſein, mit dem Feinde dahin verſtändigt
hätte, ihm das ganze Reichsgebiet jenſeits des Rheines auszu-
liefern; es wäre nöthig geweſen, daß der Kaiſer durch die Zu-
ſtimmung zu den Säcularisationen an der Beraubung derjenigen
ſich betheiligt hätte, deren Eigenthum zu erhalten und zu vertheidigen Se. Majeſtät in ihrem Krönungseide beſchworen hatten. So ſollte der Kaiſer in Hoffnung eines künftigen Friedens
immer und vor Allem ſich von ſeinen Verbündeten trennen, verzichten auf den alten Ruhm der Treue, in welchen Oeſtreich
ehemals ſeinen Stolz geſetzt, verzichten auf jede Achtung in Europa, und jedes Vertheidigungsmittels für die Zukunft im Voraus ſich berauben. Dann wäre ihm als Garantie für die Ausführung des erwarteten Vertrags das heilige Wort Bonaparte's
und die bekannte Gewiſſenhaftigkeit der franzöſiſchen Regierung
geblieben. [1])

Wird man im Ernſte noch behaupten wollen, einem Miniſter,
der in ſolchen Worten die Grundzüge ſeines politiſchen Handelns zum Ausdruck bringt, einem Hof, wo ſolche Worte als die
beſte Rechtfertigung gelten konnten, ihnen ſei das linke Rheinufer gleichgültig, die Reichsverfaſſung ohne Bedeutung geweſen?

Ich glaube, auch Herr v. Sybel hätte dieſen Gedanken ſchwer-
lich feſtgehalten, käme es ihm nicht vor Allem darauf an, meine

---

[1]) Der ganze Brief findet ſich bei Vivenot: Thugut, Clerfayt und Wurmſer, Einleitung S. LXX.

Ansichten zu bestreiten und den Gegensatz zwischen uns möglichst zu verschärfen, statt daß regelmäßig ein Schriftsteller bei dem andern das Gemeinsame, die Bestätigung der eigenen Meinung hervorzuheben geneigt ist. Die wesentliche Bedeutung der Revolutionskriege liegt, so weit ich sehen kann, darin, daß die Reichsverfassung zerstört wird, und Oestreich, des Kaiserthums verlustig, auch den Schwerpunct in Deutschland mehr und mehr verliert. Ich habe auf diese Entwicklung, welche später immer merklicher hervortritt, bereits in meinem Buche hingewiesen und den Frieden von Campo Formio als eine bedeutsame Wendung nach dieser Seite bezeichnen müssen. Dem Ergebniß wird Herr v. Sybel schwerlich widersprechen. Die Verschiedenheit unserer Ansichten besteht aber darin: Er setzt das Ende vor den Anfang; die Entwicklung erscheint beim Beginn des Krieges schon völlig und unwiderruflich abgeschlossen, während sie nach meiner Auffassung allmählich, unter dem Drange der Ereignisse, mit mancherlei Wendungen, bald fortschreitend bald aufgehalten, ja oft gegen den Willen der Betheiligten sich vollzieht. Daß dies Letztere wie im Leben des Einzelnen so auch in der Entwicklung der Staaten als das Naturgemäße, daher an sich Wahrscheinliche zu betrachten ist, leuchtet ein; daß es in diesem Falle auch durch die Thatsachen Bestätigung finde, läßt sich nach dem, was vorliegt, nicht bestreiten.

Beilagen.

I. zu S. 84.

~~~~~~

Aus Thuguts Depesche an Cobenzl. Wien, den 10. April 1794.

Les troubles survenus en Pologne sont un événement
très fâcheux et propre à exciter dans ses suites possibles
toute l'attention de Sa Majesté. Je ne m'étendrai pas ici
sur le fait de la première levée de bouclier faite par Madalinsky ni sur l'explosion opérée à Cracovie par Kosciusko;
je ne doute pas, que Votre Excellence n'ait déjà eu con-
naissance des détails, qui y sont relatifs, et que de plus
Elle ne soit mieux informée, que nous ne le sommes jusqu'ici, si l'exemple dangereux de ces chefs ·des insurgents a
influé d'une manière nuisible sur la tranquillité d'autres
palatinats éloignés de nos frontières en Pologne ou en Li-
thouanie. Kosciusko hat fest versprochen, die kaiserliche
Gränze nicht zu überschreiten, allein auf dergleichen Zu-
sagen wird man nicht mehr geben, als sie verdienen. Au
surplus, quoique le nombre de nos troupes en Galicie
soit jusqu'à présent peu considérable, und obwohl mehrfach
von einem Complotte zur Verbreitung populärer Princi-
pien berichtet wird, als deren Vertheidiger sich Kosciusko
hinstellt, so kann man sich über diese Dinge leichter beruhigen, que sur la crainte des nouveaux projets d'iniquité
et de turbulence dont la Prusse peut être justement soup-
çonnée. Kaum war die Nachricht von einigen Insulten, die
Madalinsky auf seinen Streifzügen längs der neuen preussi-

15

schen Gränzen sich erlaubt hatte, nach Berlin gelangt, als der Befehl erging, in Polen einzurücken, pendant qu'à la cour et à la ville l'on se rejouissoit publiquement d'un évènement, qui selon l'opinion et le vœu Prussien devoit amener le partage du reste de la Pologne, afin de mettre fin à un gouvernement faible, incapable d'assurer la tranquillité de ses voisins.

Thugut hörte mit Erstaunen, dass Igelström, sei es wegen der durch den Aufstand hervorgerufenen Besorgniss, sei es aus anderen unbekannten Gründen, das Vorgehen der preussischen Truppen zu billigen, ja sogar den Wunsch zu hegen schien, de se concerter avec elles pour les faire avancer contre les rebelles jusque dans le palatinat de Cracovie. Freilich richtete derselbe gleichzeitig auch an den General Harnoncourt die Aufforderung, die Gränzen zu sichern, und legte dem kaiserlichen Geschäftsträger in Warschau nahe (insinua), man möge ein Truppencorps bilden prêt à agir contre les insurgents, en cas de besoin, d'accord avec celles de Russie et de Prusse.

Der Kaiser, getreu seinem System, nur nach Verständigung mit dem nahen Bundesgenossen seine Schritte zu thun (de concerter ses démarches avec son intime allié), hat sich auf die einfachsten Massregeln beschränkt, welche durch die Sicherheit seiner Staaten und die Rücksicht auf Russland erfordert wurden.

In Galizien verbietet eine Proclamation jede Verbindung mit den Insurgenten. So werden ihre Anführer gehindert, die Meinung zu verbreiten, als wären die Anschauungen der beiden Kaiserhöfe bezüglich des Aufstands verschieden. Die Ausfuhr von Waffen und Pulver ist verboten.

Une partie de nos troupes se réunit vers Cracovie, parceque cette ville est le foyer de l'insurrection, et pour y mettre à couvert nos salines de Wieliczka et de Bochnia; le reste sera employé dans les parties de la frontière les plus exposées à quelque insulte de la part des brigands.

Der Kaiser hat befohlen, dass einige Bataillone und Ca-
valleriedivisionen zur Verstärkung nach Galizien abgehen.

Telles sont, Monsieur le comte, les mesures préalables
que Sa Majesté a cru devoir ordonner. En attendant nous
espérons toujours que la valeur des troupes de Sa Majesté
Impériale de toutes les Russies étouffera bientôt des troubles, que la folle témérité de quelques aventuriers insensés
s'est avisé de susciter, et nous nous flattons aussi, que
monsieur le baron d'Igelström, revenu de la première im-
pression d'une explosion subite, ne tardera pas d'apercevoir,
que les forces qu'il a sous ses ordres suffiront aisément pour
venir à bout de ces bandes indisciplinées, sans avoir besoin
de recourir à l'assistance des troupes Prussiennes.

Auf alle Fälle aber, selbst wenn man den Einmarsch
preussischer Truppen entschuldigen zu können glaubt, wäre
wenigstens ihr Aufenthalt in Polen für Oestreich nicht
gleichgültig. Keinenfalls kann der Kaiser zugeben, dass
sie sich in Krakau oder anderen der galizischen Gränze
nahe liegenden Gebieten festsetzen. Les considérations
qui fondent à cet égard la juste répugnance de Sa Majesté sont trop connues pour qu'il fut besoin de les
rappeller ici. Le Ministère de Sa Majesté Impériale de
toutes les Russies est convenu avec nous de leur validité
dans tous les temps; et ce sont les mêmes considérations
qui ont servi de base à la promesse positive que nous a
été faite en dernier lieu, de faire fortifier par la république
différents points sur nos frontières, et de nous faire adjuger
le droit d'y entretenir garnison, nommément dans la ville
et dans le château de Cracovie.

Auf Thugut's Bitte will Rasumowski dem Baron Igelström schreiben, um denselben, wenn noch Zeit ist, auf
die Nachtheile einer preussischen Mitwirkung aufmerksam
zu machen. Was auch der Erfolg dieser Vorstellungen sein
mag, jedenfalls müssen die beiden Kaiserhöfe sich über
die gegenwärtige Lage und deren mögliche Folgen offen
und klar aussprechen.

15 *

Ohne Schwierigkeiten zu erheben hat der Kaiser im vorigen Jahre Russlands beträchtliche Vergrösserung zugestanden und sich seinerseits mit dem feierlichen Versprechen begnügt, dass die Kaiserin behülflich sein werde, Oestreich Compensationen von gleicher Bedeutung zu verschaffen; er hat ein Beispiel seiner Freundschaft gegeben en restreignant de son côté ses vues à des acquisitions qui, si non incertaines et dépendantes plus ou moins des événements, devaient au moins être achetées par la continuation des sacrifices énormes d'une guerre ruineuse. Toujours inaccessible à tout mouvement de jalousie ou de défiance lorsqu'il s'agit des intérêts de Sa Majesté Impériale de toutes les Russies, l'Empereur a applaudi au traité d'alliance entre la cour de Petersbourg et la Pologne, qui assurait à la Russie à jamais l'influence la plus décisive sur la république. Sa Majesté ne désire point, qu'il arrive en Pologne aucun changement dans l'état des choses tel, qu'il se trouve établi par les derniers traités. Dans cette supposition elle ne formera aucune prétention territoriale à la charge de la république et se bornera à la demande de l'exécution de l'arrangement convenu entre les deux cours impériales relativement à son droit de garnison de quelques places à fortifier pour la sûreté de ses frontières de Galicie.

Aller Billigkeit, allen kaiserlichen Interessen aber würde es widersprechen, wenn Preussen in den jetzigen Ereignissen einen Vorwand für neue Erwerbungen zu finden suchte.

In Gemässheit der letzten Verträge hat Russland die Republik in ihrem Gebiete unverletzt zu erhalten und wird gewiss Preussen gegenüber alle Energie an den Tag legen, für welche eine überlegene Macht die Mittel gewährt. Aber der Kaiser muss wünschen, vertraulich in Kenntniss gesetzt zu werden, welche Schritte der Petersburger Hof beabsichtigt, um der preussischen Habgier entgegen zu treten und die sofortige Abberufung der preussischen Truppen zu bewirken. Stets wiederholt ist Russland aufzufordern, eine ansehnliche Truppenzahl in Polen, nahe den preussischen

Gränzen zu unterhalten. Die Thatsache, dass Igelström preussische Hülfe angerufen, die geringe Stärke der russischen Streitkräfte in Polen muss den Berliner Hof bei künftig sich bietender Gelegenheit ermuthigen.

Un autre objet bien pressant des voeux de Sa Majesté c'est de voir bientôt disparaître entièrement toutes les apparences d'une rupture possible entre la cour Impériale de Petersbourg et la Porte. L'Empereur est si loin de toute pensée de contrarier les projets quelconques que la sagesse de l'Impératrice pourra adopter à l'égard de l'empire Ottoman, qu'il n'hésitera même pas de concourir à leur accomplissement avec toute la loyauté d'un allié fidèle; mais dans l'actuelle situation des choses il serait bien difficile de se tranquilliser sur les suites incalculables qu'entraînerait vraisemblablement une guerre avec les Turcs. Dänemark und Schweden rüsten, der Baron von Stael soll im Begriffe stehen, ein enges Bündniss mit Frankreich zu unterzeichnen, Bernstorf sich beim Nationalconvent um Geldunterstützung für den Hof zu Stockholm bemühen; man behauptet, türkisches Geld habe derselbe schon erhalten.

D'un autre côté on peut prévoir avec certitude, qu'une rupture avec la Porte n'auroit plutôt éclâté, que la cupidité Prussienne s'occuperoit de nouvelles vues de rapine. L'Autriche forcée de s'y opposer, obligée de courir au plus pressé, se trouveroit hors de mesure de continuer la guerre avec la France; des défaites ou un accommodement avilissant pour tous les souverains qui ont pris part à la coalition assureroit le triomphe de la démocratie et le bouleversement de tous les trônes dans une époque plus ou moins éloignée. Cobenzl kann von diesen Mittheilungen den Gebrauch machen, der ihm geeignet scheint.

Erste Nachschrift. Wien, den 10. April.

Der Eifer des Kaisers für die Coalition hat ihn bewogen, seine Reise nach Belgien nicht zu verschieben. En s'éloignant ainsi du centre de ses états, Sa Majesté s'est parfaitement rassurée sur l'idée de tout inconvenient, que pourrait entraîner son absence, par la confiance sans bornes qu'Elle place dans la loyauté des sentiments de son Auguste Allié, et dans sa promesse magnanime de vouloir bien surveiller et réprimer même, s'il en était besoin, par la préponderance de ses forces les projets nuisibles, dont la politique inquiète d'une cour, toujours également dangereuse aux deux Empires, pourrait s'occuper. Der Kaiser ist am 2. April abgereist, Thugut will den Abend reisen, Rasumowski in wenig Tagen folgen. Cobenzl soll seine Depeschen nach Brüssel richten.

Zweite Nachschrift. Wien, den 10. April.

Die ostensible Instruction mag Cobenzl, wie es ihm angemessen scheint, verändert oder unverändert übergeben. Ce que nous devons désirer le plus c'est de parvenir à provoquer des ouvertures, qui puissent mener à des combinaisons solides de vues et mesures entre les deux cours Impériales tant pour le présent que pour l'avenir, afin de pouvoir fonder une confiance sincère dans les sentiments de la Russie avec nous, et nous tranquilliser sur tout soupçon d'un partage d'affection entre nous et la Prusse, soupçon auquel la conduite apparente de la cour de Petersbourg ne laisse pas d'autoriser quelquefois. Si la Russie n'agissait pas vis à vis de la Prusse avec toute l'énergie requise, pour l'obliger à retirer ses troupes de la Pologne, il ne resterait sans doute à l'Empereur, que d'y faire entrer les siennes également, dès qu'on aura réuni un peu plus de force en Galicie; et si tel étoit le destin de la Pologne qu'elle dût subir un nouveau démembrement partiel ou total, il seroit au moins de l'intérêt le plus essentiel de la monarchie, de prendre à l'avenir toutes les mesures nécessaires pour qu'un pareil événement ne pût avoir lieu sans qu'il en échût à Sa Majesté un lot convenable et propre à compenser les inconveniens des successifs aggrandissements immoderés de la Prusse. J'ignore de quelle manière les derniers événements de Pologne influeront sur l'affaire de notre accession, en renforçant ou en ralentissant l'empressement de la cour de Berlin à cet égard. Nach seinem Ermessen mag Cobenzl das Abkommen mit Preussen mehr oder weniger zu beschleunigen suchen.

Nous ne pouvons trop insister sur l'indispensable nécessité de terminer les affaires de France avant de penser à une guerre contre la Turquie; une rupture avec la Porte qui précéderait cette époque provoquerait infailliblement les plus grands malheurs, pendant que la crise actuelle passée et les deux cours Impériales étant une fois convenues de tout ce qui concerne leurs intérêts, rien ne saurait empêcher l'exécution des projets quelconques que l'Impératrice se proposerait contre l'empire Ottoman. Eben ist Cobenzl's Depesche vom 18. März eingetroffen; sie wird dem Kaiser sehr willkommen sein.

II. zu S. 87, 97.

Aus Thuguts Instruction für Cobenzl vom 29. November 1794.

Thugut stellt zuerst seine Forderungen in Bezug auf die letzte Theilung Polens, wie sie S. 97 angegeben wurden.

En attendant comme les retranchements considérables que l'Empereur consent de faire au plan exposé par Votre Excellence à Petersbourg, diminuent infiniment l'importance quelconque, qu'auroit pu avoir le lot de Sa Majesté en Pologne, le droit de l'Autriche, pour obtenir ailleurs un supplément abondant d'indemnités et de compensations, en devient d'autant plus manifeste. La cour de Berlin elle-même ne sauroit disconvenir de ce droit, vu qu'indépendamment des réclamations, auxquelles l'Empereur pourroit être autorisé par la nature du nouveau partage, il est évident, que notre accession préalable, au moins implicite, à la convention du $\frac{23}{12}$ janvier 1793, doit servir de base aux arrange-

ments actuels, et que par conséquent, d'après l'esprit même
de la dite convention et d'après les principes reconnus par
les cours, il est dû à l'Autriche du chef du précédent partage un équivalent pour les acquisitions faites par la Russie et par la Prusse.

Au moyen de l'appui prépondérant de Sa Majesté l'Impératrice en faveur de son fidèle allié, il est donc à présu-
mer, que la cour de Berlin elle-même pourra être contrainte
à l'aveu formel, qu' indépendamment de la part de l'Autriche dans le nouveau démembrement de la Pologne, il lui
compète en général un supplément de dédommagement ailleurs, et que les deux autres cours copartageantes sont dans
le cas de l'assister par tous les moyens les plus efficaces
dans la poursuite des acquisitions, auxquelles elle est en
droit de prétendre.

Mais la déloyauté de la cour de Berlin ne laissant que
bien peu de valeur à ses aveux et à ses engagements, quelque positifs et solemnels qu'ils pussent être, l'Empereur ne
fonde uniquement toute sa confiance, que sur l'établissement
du concert séparé et secret, qui va avoir lieu avec son intime allié; concert auquel Sa Majesté met d'autant plus
de prix, qu'en La tranquillisant sur ses intérêts, il ne peut
que servir en même temps à raffermir et consolider de
plus en plus une union, qui est et sera toujours chère à
son coeur.

En résumant ainsi avec le ministère de l'Impératrice ce
qui concerne les engagements particuliers et séparés à prendre
entre les deux cours impériales, l'intention de Sa Majesté
est, que Vous fassiez observer la nécessité, dont il est, qu'il
soit convenu expressément:

„Que Sa Majesté Impériale de toutes les Russies con-
„courra par tous les moyens, qui sont en son pouvoir, à faire
„obtenir à Sa Majesté le supplément d'indemnités et de
„compensations, qui Lui est dû d'après le principe reconnu
„d'une égalité parfaite dans les acquisitions respectives;
„que si la contrariété des événements ne permettoit point

„à Sa Majesté de s'indemniser sur la France, l'Impératrice
„approuvoit pleinement les vues de dédommagements rela-
„tives à la revendication des droits de l'Autriche sur les
„diverses parties du territoire de Venise usurpées par la
„République, ou même tel autre projet d'acquisition, qui
„pût remplir convenablement le but proposé; que si quel-
„que cour, que ce fût, vouloit troubler l'Empereur par une
„attaque hostile dans l'exécution des mesures prises pour
„se procurer les compensations, qui lui compètent, Sa Ma-
„jesté l'Impératice n'hésiteroit point de faire cause commune
„avec Sa Majestè, et de l'aider de toutes ses forces à re-
„pousser une telle aggression; que l'Impératrice prenoit le
„même engagement pour le cas, ou le Roi de Prusse se
„porteroit à des menaces, à des démonstrations hostiles et
„à des voyes de fait envers l'Autriche, et qu'en général la
„stipulation secrète relative à la Porte dans le traité d'al-
„liance, étoit déclarée s'étendre désormais à la Prusse éga-
„lement, c'est à dire que dans tous les cas, où la Prusse
„attaqueroit l'un des deux intimes alliés, l'autre ne se bor-
„neroit point aux secours stipulés dans le traité d'alliance,
„mais agiroit sans délai avec toutes ses forces contre l'en-
„nemi commun.

Au surplus ayant déjà eu l'honneur de Vous entretenir
en différentes occasions et d'une manière détaillée sur tout
ce qui regarde ce même objet, je ne puis que laisser aux
lumières de Votre Excellence d'appliquer aux circonstances
présentes, autant que besoin sera, les instructions que le
27. Février et dans mes dépêches subsequentes j'ai été dans
le cas de vous transmettre d'ordre de Sa Majesté.

III. zu S. 115, 118, 120.

Die geheime Declaration vom 3. Januar 1795.

Erst jetzt durch Cobenzl's Berichte und nachdem A. v.
Arneth den Briefwechsel zwischen Joseph II. und Katharina veröffentlichte, wird dies merkwürdige Document in

allen Einzelnheiten verständlich. Der darin angeführte Bündnissvertrag ist eben der, welcher durch eigenhändige Briefe der Monarchen vom 21. und 24. Mai 1781 zum Abschluss kam. Ursprünglich dachte man sich der gewöhnlichen Formen zu bedienen. Aber Katharina verlangte das Recht der Alternative, nämlich dass in dem einen der ausgefertigten Exemplare des Vertrags ihr Name zuerst genannt würde, ein Anspruch, welchen Joseph wegen des noch immer behaupteten Vorrangs eines römischen Kaisers zuzugestehen für unmöglich hielt. Die eigenhändigen Briefe sollten diesen Schwierigkeiten abhelfen und zugleich für eben so verbindlich gelten, als ein Vertrag in der feierlichsten Form.

Beide Theile verbürgten sich ihre Besitzungen mit Ausnahme dessen, was Russland in Asien, Oestreich in Italien besass; bei feindlichem Angriff von Seiten irgend einer Macht wird ein Hülfscorps von 12000 Mann zugesagt. Im Falle eines Krieges gegen das osmanische Reich, wenn nämlich die Türken die Verträge nicht beobachteten oder selbst zum Angriff übergingen, versprach dagegen jeder der Verbündeten dem Angegriffenen oder Verletzten seinen Beistand mit eben so vielen Truppen, als dieser selbst verwenden würde. Diese Bestimmung sollte ursprünglich einen geheimen Artikel bilden, findet sich denn auch in einem besondern Schreiben ausgesprochen. Von Thugut, Cobenzl und sogar in der Declaration wird sie noch als geheimer Artikel bezeichnet, aber nicht ganz richtig, denn nach der neugewählten Form blieb die gesammte Uebereinkunft geheim. Sie wurde zunächst auf acht Jahre geschlossen, aber im Mai 1789 (Arneth a. a. O. S. 333) in derselben Form auf acht Jahre erneuert.

Die eigenhändigen Briefe vom 10. September und 13. November 1782 besassen dagegen keine eigentlich rechtliche Kraft, schon desshalb nicht, weil Katharina den Absichten des Kaisers auf venetianische Provinzen am 4. Januar 1783 die Zustimmung verweigert, und Joseph in dem nächsten Briefe vom 25. Februar den ganzen Entwurf als für den Augenblick unausführbar bezeichnet hatte. Nur mündlich wurde dem östreichischen Botschafter später von Besborodko die unbedingte Zustimmung Katharinas zu dem Briefe vom 13. November, also zu der Vergrösserung auf Kosten Venedigs ausgesprochen.

Ernst Herrmann (Geschichte Russlands VI, 461) hat Auszüge aus beiden Briefen zuerst veröffentlicht. Bei ihm lautet die Stelle über Venedig: der Kaiser verlange toutes les possessions de la terre ferme Venitienne avec les îles y appartenantes, bei Arneth heisst es etwas zweideutig: les possessions de la terre ferme ainsi que l'Istrie et la Dalmatie Venitiennes.

Déclaration secrète.

Les deux Cours Impériales, après avoir reglé et assuré par des déclarations ministérielles, échangées aujourd'hui entre Elles, les lots qui leur compètent dans le partage général de la Pologne, ont jugé dans l'intimité de Leur union, qu'il était essentiel de pourvoir dans la même forme, ou telle autre dont Elles conviendront ensuite, à leurs intérêts mutuels et leur convenance respective. Par une suite de Sa vive amitié pour Sa Majesté l'Empereur, S. M. l'Impératrice, ayant bien voulu concourir aux vues et intentions que ce Monarque Lui a fait connaître par rapport aux nouvelles indemnités auxquelles il a droit pour les frais et sacrifices que la présente guerre Lui a fait essuyer, S. M. l'Empereur a autorisé en conséquence le soussigné, muni de Ses pleins pouvoirs les plus amples, à déclarer et à promettre en Son nom ce qui suit:

„Que S. M. l'Empereur accédera à la convention secrète du 23. (12.) Janvier 1793 conclue entre les cours de St. Petersbourg et de Berlin, pour autant qu'elle concerne les intérêts des deux Cours Impériales, l'échange de la Bavière contre les Pays-bas et les acquisitions faites en vertu de cette convention par la Cour Impériale de Russie, à laquelle seule, jusqu'à ce que celle de Berlin ait à son tour accédé à l'arrangement convenu entre les deux Cours Impériales par rapport au nouveau partage de la Pologne, Sa Majesté l'Empereur garantit formellement et solennellement les acquisitions susdites.

„En outre la stipulation secrète relative à la Porte Ottomane dans le Traité d'Alliance entre les deux Cours Impériales, sera étendue désormais à la Prusse également, c'est à dire, que dans tous les cas, où la Prusse attaquerait l'un des deux hauts Alliés, l'autre ne se borneroit point aux secours stipulés dans le Traité d'Alliance, mais agiroit sans délai avec toutes les forces contre l'ennemi commun.

Enfin dans le cas d'une nouvelle guerre commune des deux Cours Impériales contre la Porte Ottomane, S. M. l'Empereur s'engage à contribuer de tous les moyens à ce que conformément aux termes de la correspondance autographe de feu S. M. l'Empereur Joseph II de glorieuse mémoire avec S. M. l'Impératrice, et notamment aux lettres du 10 Septembre et du 13 Novembre 1782, le plan qui y fut tracé soit exécuté en plein, autant que les circonstances le permettront, et que nommément la Moldavie, la Valachie et la Bessarabie soient à jamais séparées de l'Empire Turc et érigées en souveraineté indépendante en faveur d'un Prince ou d'une Princesse de la famille Impériale de Russie et de leurs descendants des deux sexes à perpétuité; de même que S. M. l'Impératrice s'engage à contribuer de tous Ses moyens, à ce que les pays désignés dans la susdite lettre de S. M. l'Empereur du 13 Novembre 1782, soient à jamais séparés de l'Empire Turc et réunis à la Monarchie Autrichienne.

En réciprocité des engagements ci-dessus spécifiés, les Plénipotentiaires de S. M. l'Impératrice, également munis de pleinpouvoirs nécessaires, ont déclaré et promis au nom de leur Auguste Souveraine, que S. M. l'Impératrice de toutes les Russies concourera par tous les moyens qui sont en Son pouvoir, à faire obtenir à S. M. l'Empereur des Ro-

mains les suppléments d'indemnités et de compensations
qui Lui sont dû d'après les principes reconnus d'une égalité
parfaite dans les acquisitions respectives; que si la contrariété des événements ne permet point à S. M. l'Empereur
de s'indemniser sur la France, S. M. l'Impératrice donne
d'avance Son adhésion la plus complète aux vues de dédommagement que pourrait fournir la revendication des
droits de l'Autriche sur les diverses parties du territoire
de Venise usurpées par cette République et même à tel
autre projet d'acquisition qui pût remplir convenablement
le but proposé, pourvu que ce projet ne déroge en rien à
ce qui a été discuté dans la correspondance autographe de
feu S. M. l'Empereur Joseph II de glorieuse mémoire avec
S. M. l'Impératrice, et notamment aux lettres du 10 Septembre [1]) et du 13 Novembre 1782 relativement à l'appro-
priation des conquêtes que les deux Cours Impériales fe-
raient sur la Porte Ottomane en cas de guerre commune
avec cette Puissance, auquel cas S. M. l'Impératrice s'engage à contribuer de tous Ses moyens à ce que les pays
désignés dans la susdite lettre de feu S. M. l'Empereur du
13 Novembre 1782 soient à jamais séparés de l'Empire
Turc et réunis à la Monarchie Autrichienne, de même que
S. M. l'Empereur S'engage à contribuer de tous Ses moyens
à ce que le plan tracé dans la susdite correspondance soit
exécuté en plein, autant que les circonstances le permettront,
et que nommément la Moldavie, la Valachie et la Bessarabie soient à jamais séparées de l'Empire Turc, et érigées
en souveraineté indépendante en faveur d'un Prince ou
d'une Princesse de la famille Impériale de Russie et de
leurs descendants des deux sexes à perpétuité;
[que] S. M. l'Impératrice S'engage en outre, dans le cas, où
quelque Cour que ce fut, hormis celles du midi qui sont
exceptées du casus foederis dans les Traités subsistant entre

---

[1]) Bei Miliutin a. a. O. 1, 297 und danach in meinem Buche S. 136
wird statt des 10. unrichtig der 17. September genannt.

les deux Cours Impériales ¹) voulût troubler S. M. l'Empereur par une attaque hostile dans l'exécution des mesures prises pour se procurer des compensations qui Lui compètent, à faire cause commune avec S. M. l'Empereur et à l'aider de toutes ses forces à repousser une telle agression; que S. M. l'Impératrice sera tenue au même engagement pour le cas où la Cour de Berlin se porterait à des démonstrations hostiles et à des voies de fait envers l'Autriche, et qu'en général la stipulation secrète relative à la Porte Ottomane dans le Traité d'Alliance entre les deux Cours Impériales sera désormais étendue à la Prusse également, c'est à dire, que dans tous les cas, où la Prusse attaqueroit l'un des deux hauts Alliés, l'autre ne se borneroit point aux secours stipulés dans le traité d'Alliance, mais agirait sans délai avec toutes les forces contre l'ennemi commun.

Il est de plus convenu de part et d'autre que le présent acte échangé contre un pareil de la part des plénipotentiaires de S. M. l'Impératrice, seront considérés l'un et l'autre comme ayant force, valeur, obligation du traité le plus formel etc.

Fait à St. Petersbourg, 3. Janvier 1795 (23. Décembre 1794).

Signé: Louis Cobenzl.

IV. zu S. 191, 193, 197.

Aus der Depesche des preussischen Ministeriums an Tauenzien vom 8. Juni 1795 und der Instruction für Poterat vom 28. November 1795.

Il paraît par les détails que vous me rapportez, qu'on n'est pas sans défiance à St. Petersbourg sur la sincérité du système guerrier de la cour de Vienne. Il y a plusieurs raisons qui autorisent ces soupçons. Personne ne doute,

---

¹) Diese Ausnahme, berichtet Cobenzl am 5. Januar, sei auf den Wunsch der russischen Bevollmächtigten eingefügt.

que malgré les protéstations publiques du ministère Autrichien le comte Carletti ne soit un de ses agents à Paris et qu'il n'ait porté au nom de l'Empereur des paroles de paix. On a envoyé en même temps des émissaires secrets et entre autres un nommé Hillmann, et il faut bien, qu'ils aient été chargés de quelque commission particulière, le Baron de Degelmann, qui réside dans cette ville en qualité de Ministre d'Autriche accrédité auprès du corps Helvétique, étant à même d'y suivre les affaires courantes. Enfin il suffit de lire la déclaration que l'Empereur a fait remettre récemment à la Diète de Ratisbonne, pour se convaincre, qu'il a existé de négociations entre le cabinet de Vienne et la France depuis la mort de Robespierre, et qu'il en existe encore aujourd'hui.

Auf die Anfrage, ob im Ministerium des Auswärtigen zu Paris die Spur östreichischer Unterhandlungen vor dem October 1795 noch aufzufinden sei, gab die Direction des Archivs folgende Antwort: Des recherches viennent d'être faites avec le plus grand soin au dépôt de ces archives. On n'y a trouvé qu'un seul document, où il soit fait allusion à des ouvertures venant de l'Autriche. E'lles avaient passé par une voye indirecte et inconnue. Cette pièce, datée du 18 Septembre 1795 n'est d'ailleurs qu'un projet de lettre au baron de Thugut, projet auquel il ne fut donné de suite.

Dagegen lautet der Anfang der Instruction für Poterat vom 28. November:

Le Baron Thugut a déclaré, „que l'Empereur n'est point acharné à faire la guerre à la France; qu'il désire beaucoup d'en voir la fin; qu'étant extrêmement occupé du bonheur de ses sujets, il serait très empressé de leur procurer les avantages de la paix, aussitôt qu'il serait possible d'en faire une solide et durable etc."

Les dispositions de la république sont parfaitement conformes à celles de l'Empereur.

Wann und auf welchem Wege Thugut diese Worte nach Paris gelangen liess, wüsste ich für den Augenblick noch nicht anzugeben. Vielleicht sind sie die Erwiederung auf Poterats erste Sendung nach Wien im October, vielleicht diejenigen, auf welche Raynevals Brief vom 18. September Bezug nimmt. Man sieht, sie enthalten nichts, was Merlins Erzählungen über Carletti bestätigte und das nicht bei jeder Gelegenheit ebensowohl öffentlich als heimlich geäussert wäre.

V. zu S. 209.

Aus Edens Depeschen an Grenville.

Vienna. Saturday, April 22. 1797.

When I waited upon him (Friday), he said on my entering the room, that he was sorry, to have to announce to me, that the preliminaries of peace between the Emperor and the French Republic had been signed on the night of the 18. instant by the Neapolitain Ambassador and Count Meerfeldt on the part of the Emperor, and by Buonaparte on the part of the French Republic, that the precipitation of this transaction, concluded under powers of the nature of those given to the Austrian Plenipotentiaries and under old full powers which Buonaparte had sent for from Milan, had occasioned to him as much surprize as it did to me, and that Mr. de Gallo and General Meerfeldt, sensible of the irregularity of their proceeding, had excused their conduct from the necessity of Buonaparte, on account of the want of subsistence making some immediate forward movement, and from the promise of that officer, instantly to evacuate His Imperial Majestys German provinces and to withdraw into the Venetian territory on the Emperors ratification of the preliminaries being shewn to him. The Austrian Minister added, that in consequence of this event, inconsistent with the principles, which had guided his administration, and the measures, that he had recommended, he had judged it proper, to give in his resignation, which His Imperial Majesty had been pleased to accept, but with orders to continue to discharge the functions of his office, till His Imperial Majesty could appoint a successor to him, who, he thought it likely, might be the Imperial ambassador at Petersbourg .... The Austrian Minister, in answer to these instances, observed, that his opinion on the subject of a separate peace was sufficiently known to me, as was also his attempt, to remove the necessity of it, by directing in as much as depended on him, the measures, which circumstances had made it necessary to adopt, chiefly to the object of gaining time. He then went through the various difficulties, which were accumulated at the same time upon this Government and which have been so repeatedly stated to Your Lordship. He mentioned, that the effective force in regular troups, as yet assembled here, did not exceed 20,000 men, and asserted, that the loss of a battle must be attended with the ruin of the Austrian monarchy, and he insisted, that under all those circumstances he could not certainly take upon himself, to recommand to the Emperor, to refuse His ratification of the preliminaries. As to the communication of them to me, he was not, he said, at liberty to make it without an express order from the Emperor, as there was contained in them a stipulation, that they should be kept in profound secret....

Vienna. Saturday, May 20. 1797.

I afterwards took occasion to introduce the subject of the preliminary articles and observed, that it did not appear to me, how the Emperors acknowledgment of the limits of France, as decreed by the law of the Republik, which was stated in the message from the directory of the thirtieth past to the two Councils, was consistent with the integrity of the Empire, which had been declared by this Court to be one principal basis of the preliminary stipulations. The Austrian Minister eluded a precise answer to this observation, by remarking to me, that this was one instance of the vagueness of expression with which the Preliminaries

II. Der Feldzug des Jahres 1795 nach den in letzter Zeit veröffentlichten Urkunden 144

III. Ergebnisse 164

Siebentes Kapitel.

Die Unterhandlung des Ritters Carletti 175

Achtes Kapitel.
Die Präliminarien von Leoben.

I. Diplomaten des Jahres 1796, Poterat, Zwanziger, de Gallo . . 196

II. Bedeutung der Präliminarien von Leoben vom 18. April 1797 . 206

Neuntes Kapitel.
Der Friede von Campo Formio.

I. Thuguts Instruction vom 14. Mai und die Uebereinkunft von Montebello vom 24. Mai 1797 211

II. Thuguts Instruction vom 11. August; Gründe des Friedens von Campo Formio vom 17. October 1797. Werth der Reichsverfassung und des linken Rheinufers für Oestreich. Endergebniß 216

Beilagen.

I. Aus Thuguts Depesche an Cobenzl vom 10. April 1794 225

II. Aus Thuguts Instruction für Cobenzl vom 29. November 1794 . 231

III. Die geheime Declaration vom 3. Januar 1795 233

IV. Aus der Depesche des preußischen Ministeriums an Tauenzien vom 8. Juni 1795, und aus der Instruction der französischen Regierung für Poterat vom 28. November 1795 238

V. Aus Edens Depeschen an Grenville vom 22. April und vom 20. Mai 1797 240